南韓疆域地圖

北韓

首爾
Seoul

仁川國際機場

南韓
South Korea

釜山
Busan

濟州島
Jeju-do

福岡
Fukuoka

日本

U0023122

INDEX

首爾交通小百科

1/ 由機場至市內交通	交通-4
2/ 市內交通	交通-5
3/ KR PASS教學	交通-7

專題報導

景點標誌索引:

書內將景點分類,一眼分辨食、買、玩等類別,方便讀者尋找景點。

餐廳/小吃
購物/手信
玩樂/體驗
遊覽/景觀
動物園/水族館/動物Cafe
博物館/美術館/藝術

酒店/旅館/民宿
溫泉/溫泉旅館
交通工具
寺廟
教堂
神社

首爾

明洞
1-0

南大門
2-0

光化門廣場
5-0

狎鷗亭・
6-0 新沙洞・
江南

東大門
3-1

仁寺洞
4-0

三成洞
9-0

梨大新村
7-0

弘大
8-0

聖水・首爾林
10-0

梨泰院
12-0

三清洞
11-1

釜山

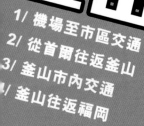

南浦洞
13-2

海雲台
14-2

首爾旅遊須知
須知-1

三清洞
11-2

仁寺洞
4-2

明洞
1-2

弘大
8-2

梨大
7-2

光化門
廣場
5-2

南大門
2-2

N-Tower
首爾塔

梨泰院
12-2

漢江

金浦
機場

首爾
市中心

仁川
國際機場

鷺梁津水產市場
F4-0

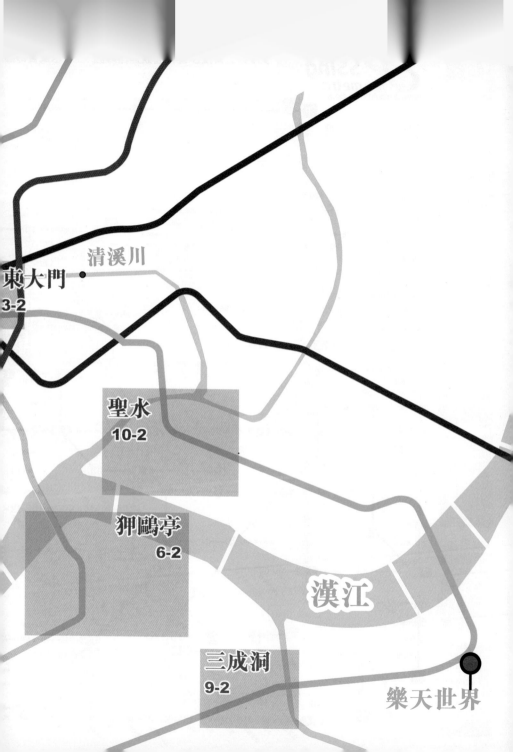

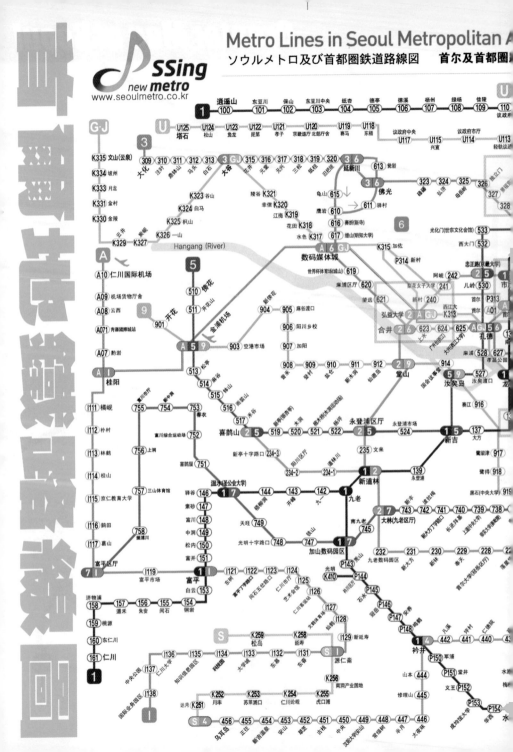

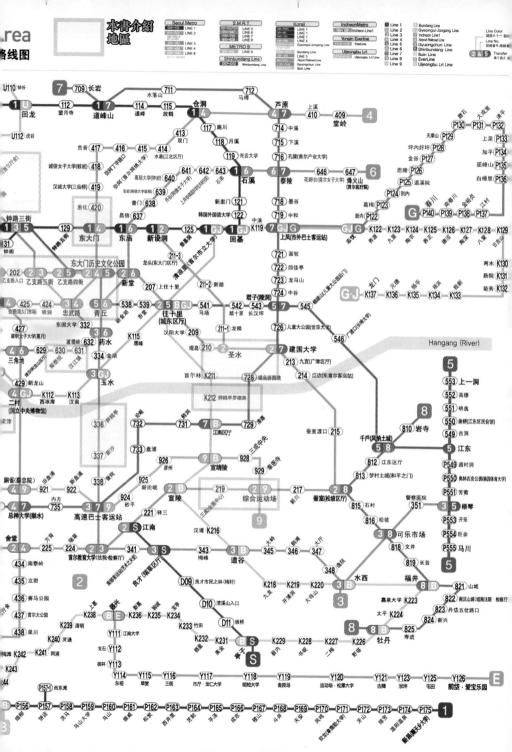

Transportations
1/ 由機場至市內交通：

機場鐵路

流程跟香港的港鐵差不多，在仁川機場到步後，可選乘機場鐵路普通列車或A'REX直通車到市中心。機鐵列車分以下兩種：

A'REX網址：www.arex.or.kr

仁川機場快線 (AREX)
車程：43分鐘
票價：成人W11,000、兒童W8,000
車站：仁川國際機場第二及第一航廈、首爾車站

仁川機場一般列車
車程：59至66分鐘
票價：價格按區間不同
首爾站 - 仁川國際機場第一航廈：成人W4,450
首爾站 - 仁川國際機場第二航廈：成人W5,050
車站：仁川國際機場第二航廈、仁川國際機場第一航廈、機場貨物辦公樓、雲西、永宗、青羅國際城、黔岩、桂陽、金浦機場、麻谷渡口、數碼媒體城、弘大、孔德、首爾站

機場巴士

　　來往機場與市區，乘搭機場巴士會比機場鐵路較方便很多，因為機場火車必須要轉車，如果手持大型行李不太方便。

　　機場巴士直達多個熱門住宿地區，前往明洞只需1小時左右，車費每位約W17,000起。從機場入境大堂前往機場火車站花時甚多，路不好走，不及機場巴士在入境大堂出面即是。

網址：https://airportlimousine.co.kr/

常用巴士路線：
6001- 東大門東橫INN、
　　　　東大門Fashion Town
6002- 新村、東大門站
6015- 南大門市場、Ibis明洞賓館、
　　　　明洞世宗賓館

的士

　　的士分一般（銀白色、橙色車身）、模範（黑色車身）及珍寶七人座3款。費用不菲，一般的士起錶W4,800；珍寶的士起錶W7,000，的士往市區（以弘大為例）W50,000-60,000（45分鐘）；而模範的士收費更高昂，需W80,000-95,000，另加W7,000高速公路費用。

首爾機鐵路線圖

仁川國際機場站 T2及T1

普通列車 Commuter Train

機場貨物廳舍站
車費：W1,050
車程：3分鐘

雲西站
車費：W1,650
車程：7分鐘

黔巖站
車費：W3,500
車程：21分鐘

轉仁川地下鐵 1號線

桂楊站
車費：W4,150
車程：26分鐘

轉5、9號線

金浦機場站
車費：W4,650
車程：33分鐘

轉6號線、京義線

數碼媒體城市站
車費：W4,850
車程：42分鐘

轉2號線、京義線

弘大入口站
車費：W4,950
車程：46分鐘

轉5、9號線、京義線

孔德站
車費：W4,950
車程：49分鐘

轉京義線、
1號線(往東大門)
4號線(往明洞)

首爾站
車費：W5,050
車程：58分鐘

車費：成人W11,000、兒童W8,000／車程：43分鐘
A'REX直達列車

※只顯示部分車站，資料截至2023/12

2/ 市內交通：

地鐵

　　首爾的地鐵系統相當完善，共有9條地鐵線，大部分景點均有覆蓋，運行時間約由早上5點半至凌晨12點半。此外，各地鐵線均以不同顏色區分，所有分站亦各自有其數字編號，即使不懂韓語，遊客也能輕易分辨方向。

[基本票價] 10km 以內 /W1,400

[附加票價] 10-50km 以內：每超過5km 加收 W100；超過50km：每超過8km 加收 W100

※ 連續乘坐首都圈內、外地鐵時，首先適用首都圈內的票價，

　　首都圈外（平澤 - 新昌，加平 - 春川）區間內每超過4km 加收 W100

※ 換乘地鐵和公車時：統一里程比例制（統一票價）

※ 適用方法：使用交通卡乘坐時才能享受優惠，上車及下車時須用交通卡輕觸刷卡機，

　　　　　　否則無法享受免費換乘優惠（不同的交通工具各自收取不同的費用）

※ 從前一個交通工具下車後30分鐘以內乘坐下一個交通工具時，適用統一票價制（30分鐘以後乘車時視為獨立

　　通行，將另行收取費用。（但21:00至第二天7:00屬於凌晨或夜間時段，換乘有效時間為60分鐘）

參考： http://www.seoulmetro.co.kr/
　　　　 https://tchinese.visitseoul.net/transportation

的士

一般的士

模範的士

珍寶的士

　　的士分3款，最普遍的是一般及模範的士，還有珍寶七人座款。首1.6公里只需 W4800，之後每131米 W100，計時費每30秒 W100。模範、珍寶及電召服務會再貴一些。

　　普遍的士司機不諳英語，記得預先準備韓文地址，亦可選乘貼有「Free Interpretation」字樣的的士，利用專人翻譯熱線代為溝通。

電召網址及熱線：www.intltaxi.co.kr

深夜的士基本費用

	起錶	街道 (後續) 收費	計時費
22:00-23:00； 2:00-4:00	1.6km/W5,800	131m /W120	每30秒 /W120
23:00-2:00	1.6km/W6,700	131m /W140	每30秒 /W140

巴士

　　首爾巴士共分4大路線，以藍、綠、紅及黃色區分，分別提供由首爾市中心至近郊的巴士服務。4大巴士線中，遊客最大機會會用上的為黃色巴士線，此循環路線圍繞市內主要觀光景點運行，票價由 W1,400起。要留意一點，如利用乘車證付錢，緊記上下車時都必需拍卡。

巴士路線圖：https://english.seoul.go.kr/service/movement/route-map/

Transportations
Korail 火車及長途巴士

　　來回首爾至其他縣市，可選乘火車或長途高速巴士。Korail分KTX、新村號及無窮花號3種，行走至水原、龍山、釜山等地，列車最高時速可達300公里；至於高速巴士，路線更覆蓋全國，市內共有5個主要長途高速巴士站，以位於地鐵江邊站旁的東首爾客運站及首爾汽車客運站人流最多。

Korail 網址：
www.korail.com

T-money、Cashbee 與 One Card All Pass

　　説到底，其實是同一款交通卡，跟香港的八達通十分相似，可以用來付車費及在便利店購物。分別地方其實是發卡的公司不同，以及首次發行日期不同。簡單來説，在2015年開始，大部份在首爾區內購得的交通卡該是 One Card All Pass (OCAP) 版的 T-Money 卡！(但仍有商店發售舊版的 T-Money 卡)

	T-Money（舊版）	T-Money(OCAP版)	Cashbee
發行機構	T-Money		樂天集團
適用地方	地鐵、巴士及便利店	地鐵、火車、高速公路、巴士及便利店	地鐵、巴士、部份的士及便利店
優惠	每程交通減W100	每程交通減W100	在樂天旗下商店購物有特別優惠

購買：貼有 T-money 標誌的便利店 (如7-11、CU、GS25、MiniStop 等) 及地鐵售票機

價錢：每張 W4,000 (不含儲值額)

增值：在貼有 T-money 標誌的便利店 (如7-11、CU、GS25、MiniStop 等) 及地鐵售票機增值，每次最少 W1,000。
退卡時，將扣除 W500 作為手續費，再退還餘額。

交通卡可以在貼有T-money標誌的便利店買到。

在地鐵站裡有增值機為交通卡增值。

使用方式

巴士：上巴士後，立即在感應器拍卡。下車時，再在感應器拍卡扣錢。

地鐵：在閘口上的感應區拍下即可入閘，出地鐵時再拍卡出閘即可。

T-money 網址：
https://www.t-money.co.kr/ncs/pct/tmnyintd/ReadFrgnMpassEngIntd.dev

---

KR Pass

　　韓國鐵路通票 KR(Korail) PASS 是專為遊客而設的全國火車證，讓遊客以超特惠價錢搭乘韓國高速鐵道 (KTX) 及其他鐵路網，最快2小時內由首爾前往釜山及其他地點！KR Pass 分為彈性通票 (2日卷/4日卷)，與及連續通票 (3日卷/5日卷) 四種。

彈性通票 (2日卷)	成人 W131,000、兒童 W66,000、青少年 W105,000
連續通票 (3日卷)	成人 W165,000、兒童 W83,000、青少年 W132,000
彈性通票 (4日卷)	成人 W234,000、兒童 W117,000、青少年 W187,000
連續通票 (5日卷)	成人 W244,000、兒童 W122,000、青少年 W195,000

截至 2023/12

※ 從首次搭乘 KTX 列車起 10 天內，隨意選擇多 1 天 (2日卷) /3 天 (4日卷) 搭乘 KTX 列車

※ 例子：(4日卷) 2024 年 1 月 2 日首次搭乘、1 月 4 日第二次搭乘、1 月 7 日第三次搭乘及 1 月 11 日最後一次搭乘

※ 推薦對象：

　　沒有具體旅行計劃的人士

※ 從首次搭乘 KTX 列車起計，連續 3 天 /5 天內無限搭乘 KTX 列車

※ 例子：(3日卷) 2024 年 1 月 2 日首次搭乘、1 月 3 日第二次搭乘、1 月 4 日最後一次搭乘

※ 推薦對象：

　　想仔細到訪和探索韓國每個都市的人士

彈性通票使用　　　　　　　　　　　　　**連續通票使用**

經濟通票

※ 2~5 人搭乘同一班列車時，以更優惠的價錢購買彈性通票和連續通票

※ 注意事項：所有同行人士必須搭乘同一班列車

適用列車：

- 高速列車：KTX、KTX- 山川
- 一般列車：ITX 新村號、新村號、無窮花號、Nuriro 號、ITX 青春號
- 觀光列車：O-train (中部內陸循環列車)、V-Train (白頭大幹峽谷列車)、S-Train (南道海洋列車)、DMZ-Train (和平列車)、A-Train (旌善阿里郎列車)、Westgold-Train (西海金光列車)
- SRT 列車及 Metro(一般地鐵) 不適用

KTX 全國六大路線。

KORAIL 劃位網站。

完成網上劃位後需要列印憑證才可在預約日使用。

購買途徑：

- KORAIL 官網：https://www.seoultravelpass.com/
- Klook 或 KKday 等代理商

訂購後會收到電郵憑證，抵韓國後可於首爾站、釜山站、大邱站、慶州站、全州站等，以及所有可購買 KTX 之票券櫃檯兌換票券

使用方法

- KR PASS 票可用手機畫面代替，但座位指定券需要打印。在 KORAIL 網站上輸入電子憑證上的 16 位數字 KORAIL PASS 預約號碼，並完成劃位：https://www.letskorail.com/ebizbf/EbizBfKrPassMyReservationNew.do
- 檢票時請出示 KR PASS 票、座位指定券和護照即可
- 沒有提前預約座位的人，預約日當天請在旅客中心出示護照和打印的 KR PASS 票或手機畫面進行預約座位

交通
-3

韓國旅行 必備孖寶 WOWPASS

WOWPASS

扣帳卡
+交通卡

WOWPASS是一種專為遊韓旅客設計的電子支付方式，它是一張可以用外幣儲值、付款、搭乘大眾交通工具的外國旅客專屬預付卡。購入後，旅客可以直接利用外幣（如港幣）兌換成韓幣為WOWPASS儲值，然後在不同的商店直接當扣帳卡般消費。此外，WOWPASS還具備T-Money交通卡功能，可以搭乘地鐵、巴士和計程車，為旅客的旅程省卻換匯、另購交通卡的不便。

自動換匯機可於明洞站、弘大站、江南站、高速巴士站、金浦機場站等首爾主要地鐵站及酒店等70多個地點找到。

WOWPASS的自助增值機遍佈多個遊客區，包括弘大、明洞、機場等，通常出現在地鐵站。旅客可以用外幣為WOWPASS充值，甚至提取現金韓幣。旅客還可以下載WOWPASS APP，通過APP接收付款資訊，查看各大品牌特別返現活動，並查看卡上餘額。

註：要用護照申請
https://www.wowpass.io/

沒有韓國電話 不懂韓語 也可預約 Catch Table Global

Catch Table Global是一款專為外國人在韓國預訂餐廳的應用程序。該應用程序已被超過300萬用戶選擇，用戶能在其中預訂7000多家餐廳，包括首爾、釜山和韓國各地的獲獎餐廳。

該應用程序提供24小時實時預訂服務，無需打電話。用戶可根據日期、時間和人數等所需條件檢查預訂的可用性，並實時確認預訂。此外，還提供熱銷餐廳的獨家折扣價格。

Catch Table Global還提供篩選功能，可以根據預訂的目的推薦適合餐廳，包括日期、人數、價格範圍、食物類型和桌子類型，亦會推薦了適合約會、單人餐、家庭聚會等的餐廳。

註：Catch Table只有韓文介面，記得下載安裝的是Catch Table Global。

WOWPASS購買及充值教學

1. 遊客可於出發前購買WOWPASS卡（KKday訂價HK$29），亦可抵韓國後在當地購買（W4,000-5,000）。

2. 在遊客區的地鐵站或公交站，尋找 WOW Exchange 自動換匯機，按指示把外幣放入機內為 WOWPASS 卡充值。兌換機可支援美金、港幣、台幣、日圓等16種常見貨幣，亦設有中、英、日及韓文指示。兌換率都是按照即時官價，非常划算。

無論出發前有沒有申請WOWPASS卡，抵韓後都要在自動換匯機出卡。如出發前已申請，記得按[我有事前預約碼]，並輸入代理商提供的6位數憑證。

WOWPASS卡有多種語言指示，可以充值亦可提取現金（韓元）。

如要兼具T-Money功能便要在地鐵售票機或便利店使用韓元進行儲值。

WOWPASS App 並不能取代 WOWPASS 卡，但可以隨時查看 WOWPASS 卡餘額及消費。

3. 由於韓國仍有地方只收現金，遊客充值之餘，也可以在換匯機提取少量現金以備不時之需。

4. 除了購物，遊客也可把 WOWPASS 卡當 T-Money卡使用，支付交通使費。但注意 WOWPASS 的儲值金額和 T-Money 的儲值金額是兩個獨立的帳戶，需要分開充值。如果打算使用 WOWPASS 乘坐公共交通工具，便需要先在地鐵售票機或便利店使用韓元進行儲值。

5. 除了使用實體卡，建議同時安裝 WOWPASS App，再登錄發行的卡片，便可以隨時隨地查看餘額及消費明細，並獲得特定品牌的消費回饋。

英文介面易用。

點選餐廳就會出現可供預約的日期、時間、人數。

常會按人頭訂訂金，請仔細看退款/訂金條件。

接受多間海外信用卡繳付預約/訂金（訂金在你準備到達用膳就會在餐費內抵銷）。

全首爾最大的百貨公司
THE HYUNDAI SEOUL

交 地鐵 5 號線汝矣島站 (915)1 號出口步行約 5 分鐘

汝矣島現代百貨 THE HYUNDAI SEOUL 是全首爾最大的百貨公司，商場樓高12層，聚集了各地品牌，包括 Prada、Gucci、Burberry 等國際名牌。其中包括 H&M 旗下極簡生活品牌 ARKET（아르켓）在此開設了亞洲第一間分店，而且非常跟貼潮流，很多韓國 MZ 世代熱門品牌都可以找到品牌店，例如 EMIS、MARITHÉ FRANÇOIS GIRBAUD、THISISNEVERTHAT 等，驚喜多又集中！商場還設有藝文中心、展覽公演場地、室內植物園和多國美食餐廳，中庭的室內植物園更會在不同的節日有特別的布置，是首爾食買玩的最新熱點。

全首爾最大的百貨公司
THE HYUNDAI SEOUL

地：首爾永登浦區汝矣島路 108 서울시 영등포구 여의도로 108　電：02-767-2233

時：10:30am-8:00pm，每月一日的休息日請參考官方網頁

網：https://www.ehyundai.com/DP/lang/en/DP000014.do?branchCd=B00140000

現代百貨各樓層簡介：

6/F：	餐廳與藝術（Dining & Art）
5/F：	室內植物空間（Sounds Forest）
4/F：	生活（Life & Balance）
3/F：	時裝（About Fashion）
2/F：	現代生活（Modern Mood）
1/F：	化妝品、外國名牌（Exclusive Label）
B1/F：	首爾美食（Tasty Seoul）
B2/F：	創意空間（Creative Ground）

5/F

「Sounds Forest」巨大的庭園造景

一次拍過夠 playing in the box

人氣商店

5/F

潮流興韓式自拍，位於現代百貨5樓的 playing in the box 佔地2千尺，絕對是自拍基地。場內有10台自拍機，可隨意挑選近200款相框及不同的卡通人物合照，甚至有道具提供增加搞怪氣氛。而且一次只收 W6,000，非常抵玩。想再認真自拍，場內有六個不同主題的攝影室，包括夢幻 Café 及 Pink 世界等，最啱一班 Friend 影相打卡留下美好回憶。

B1/F B1/F有不少人氣食店品牌進駐

B2/F 即場自動退稅機

B2/F

超人氣必逛服裝店emis帽子

B2/F 生活雜貨NICE WEATHER，可以找到韓國小眾傢俱家品牌。

B2/F H&M旗下「Arket」生活品牌，「Arket」從簡約服飾到日常用品，北歐風及其實用性，是全亞洲首間分店。

B2/F 人氣商店

鞋山鞋海 BGZT Lab

BGZT Lab是韓國最大的二手網站번개장터的首間波鞋實體店，位於現代百貨的B2樓層。這裡不僅出售各種運動名牌或限量版波鞋，還提供中古波鞋的鑑定、清潔、修復等服務。此外，這裡還有一面壯觀的「波鞋牆」，展示了數百雙不同款式的波鞋，吸引了許多波鞋愛好者和打卡者。

直擊南韓的心臟地帶
青瓦台

🚇 地鐵 3 號線景福宮站 (327)5 號出口步行約 10 分鐘

青瓦台本館於1991年建成，共有兩層，1樓為總統夫人的辦公室和會議室，而2樓是總統的辦公室。

掛有列代總統的油畫。

迎賓館建於1978年成，是招待外國首腦的地方。

青瓦台（청와대）為大韓民國歷史古蹟，由1948年至2022年間為大韓民國國的總統府，是韓國的最高權力象徵。從2022年5月10日開始，新任政府將總統府遷至龍山總統室前，把青瓦台對外開放，令國民及外國遊客都可以一窺這個曾經是權力核心的神秘面貌。青瓦台的前方是景福宮和光化門，兩旁是北村三清洞、桂洞和西村孝子洞，連同周邊的國立美術館、民俗博物館、歷史博物館等，新舊交錯，安排大半天行程在這一帶也不錯！

總統官邸入口仁壽門，是總統及家人的居住空間。

常春齋於1983年建造完成，是青瓦台內首個傳統韓式建築。

📍 首爾鐘路區青瓦台路 1 號 서울특별시 종로구 청와대로 1

🕐 3-11 月 9:00am-6:00pm、12-2 月 9:00am-5:30pm，星期二不開放（假日除外）

💰 免費入場，但須提早一個月上網預約，並必需要有韓國手機號碼；
或到正門的綜合服務處申請，9:00am 及 1:30pm 各有名額 500 位

🌐 http://www.opencheongwadae.kr

人氣文創品牌旗艦店
Wiggle Wiggle Zip 위글위글집

交 地鐵盆唐線狎鷗亭羅德奧站(K212)5 號出口步行約 5 分鐘

　　Wiggle Wiggle Zip 是韓國文創品牌 Wiggle Wiggle 的旗艦店，以其繽紛、有趣和奇幻的產品廣為人所愛。店名中的「Zip」意味著這裡是 Wiggle Wiggle 的壓縮版，代表把品牌旗下過的產品都集中於此。店內共有四層樓，每一層都有不同的主題和產品。一樓是收銀台和拍照區，以及「Smile Room」，展示了一些有趣和獨特的產品，包括寵物用品等。二樓是「Dress Room」，展示了一些時尚和家居服飾。

　　三樓的亮點是「Flip Room」，這裡所有的家具，包括床和梳妝台，都被固定在天花板上，創造了一個顛倒的世界。四樓是「Wiggle Home」，展示時尚的生活和科技產品。這裡還有一個露台區，裝飾了一些色彩繽紛的物品，包括一個半粉紅色的汽車車身和一個看起來像是巴士站的場景，讓粉絲們買過夠拍過夠。

微笑花花是 Wiggle Wiggle 的招牌 icon，四處都有其蹤影。

地：首爾江南王在州路 168-31 서울시 강남구 언주로 168 길 31　電：050713402057

時：11:00am-8:00pm　網：http://www.wiggle-wiggle.com/

光影藝術新焦點
Arte Museum Gangneung
아르떼뮤지엄

🚇 地鐵首爾站 (426) 或永登浦站 (139) 搭乘 KTX 高速列車到江陵站，車程約為 1.5 小時。然後在江陵站附近的巴士站搭乘 202 號巴士到 Arte Museum Gangneung，車程約 20 分鐘

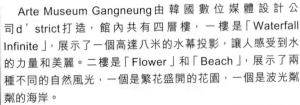

Arte Museum Gangneung由韓國數位媒體設計公司d'strict打造，館內共有四層樓，一樓是「Waterfall Infinite」，展示了一個高達八米的水幕投影，讓人感受到水的力量和美麗。二樓是「Flower」和「Beach」，展示了兩種不同的自然風光，一個是繁花盛開的花園，一個是波光粼粼的海岸。

三樓是「Forest」和「Garden」，展示了兩種不同的綠色空間，把傳統和現代藝術結合。四樓是「Wave Circle」和「Cave」，展示了兩種不同的光影效果，一個是波浪形狀的燈光裝置，一個是洞穴形狀的投影裝置。除了這些主要的展區，館內還有其他一些有趣和互動的展區，例如「Star」、「Thunder」、「Sun」和「Live Sketchbook」。這些展區讓遊客可以與光影互動，創造出自己的藝術作品。

📍 江原道江陵市蘭雪軒路 131 강원도 강릉시 난설헌로 131

📞 033 640 4562　🕐 10:00am-8:00pm

F1-4　💰 HK$96(KKday)　🌐 www.artemuseum.com/GANGNEUNG

復古風 Starbucks
星巴克 京東1960店
스타벅스 경동 1960점

交 地鐵 1 號線祭基洞站 (125)2 號出口步行 5 分鐘

京東1960店是星巴克位於東大門區的分店，它的特色是將一座建於1960年代的廢棄電影院改造成了一個具有復古氣息的咖啡館。這家分店佔地約363.5平方米，分佈在三、四樓，保留了電影院的原有結構和元素，如屏幕、座位、燈光等。此外，這家分店還與 LG 電子合作，開設了一個名複合文化空間，提供復古遊戲、逃脫遊戲等娛樂項目，並出售各種商品，將銷售收入全數捐贈給東大門區。該分店還定期舉辦地區藝術家的現場表演，為顧客提供音樂享受。另外，這裡的麵包和甜點每賣出一份產品，就會向東大門區捐贈 W300，藉此促進地區的文化發展。

地 首爾東大門區祭基洞 1019 3F-4F 서울특별시동대문구제기동 1019 3F~4F
電 01522-3232　時 9:00am-10:00pm　網 http://www.starbucks.co.kr

F1-5

首度向公眾開放
德壽宮惇德殿돈덕전

交 地鐵 1 號線市廳站 (132)3 號出口出站即達

惇德殿是大韓帝國時期，高宗（1863-1907年在位）為慶祝即位40周年而建，後也作外交場所及迎賓館使用，是位於德壽宮後方的一座兩層西洋式建築。進入20世紀20年代以後，惇德殿幾乎沒有再被使用過，後來更被日本殖民者拆毀。由2018年起，惇德殿經過6年重建，宮殿紅色的磚頭、青色的窗框，以及象徵皇室的李花裝潢的欄杆與圓錐形狀的尖塔，才再次重現人間。

惇德殿的一樓與二樓是不同的文物展示空間、影象展示空間、圖書室、文化藝術活動空間等，在此可一覽大韓帝國外交歷史的相關文物，也有常設展覽和特備展覽等。

地：首爾中區世宗大路99　**時**：9:00am-5:30pm
費：成人 W1,000 圜、18歲以下及65歲以上人士免費（包括參觀德壽宮其他建築）

首爾米芝蓮必比登推介
Bib Gourmand

想搵好嘢食，有人喜歡老店、有人喜歡新HIT排隊店、有人喜歡跟當地的食評APP搵食，當然也有人喜歡跟《米芝蓮指南》。最新的首爾米芝蓮指南剛於2023年11月出爐，推介的食肆並不是一定貴到負擔不起，其中必比登美食推薦就豐儉由人，大多都可以人均W10,000-35,000左右，以下是小記的心水選擇：

首爾米芝蓮：https://guide.michelin.com/mo/zh_HK/seoul-capital-area/kr-seoul/restaurants

麻浦牛腩雪濃湯마포양지설렁탕

交 地鐵5、6號線孔德站（529）8號出口行5分鐘

　　1974年開業的麻浦區元老級麻浦牛腩雪濃湯，清爽、乾淨的雪濃湯的味道始終如一，難怪連續4年都獲米芝蓮推介。

地 首爾麻浦區桃花洞181-37 서울 마포구 도화동 181-37
時 7:00am-9:00pm　費 W12,000 起

明洞餃子명동교자

交 地鐵4號線明洞站（424）8號出口行3分鐘

　　「明洞餃子」是一間有接近60年歷史的刀削麵專門店，連續第七被選定為必比登推介餐廳，價錢實惠，每天都有很多本地人和外國人排隊。

拌麵也不錯

地 首爾中區明洞10街29 서울 중구 명동 10 길 29
時 10:30am-9:00pm　費 W10,000 起

揭榜食堂게방식당

交 地鐵7號線江南區廳站（730）3號出口步行3分鐘

　　老闆與經營了25年蟹醬專賣店的父母合作誕生的醬蟹餐廳，這裡不僅準備了醬蟹和鮮辣蟹套餐，還準備了不用自己動手、更容易吃的蟹籽白飯、鮑魚醬白飯、蝦醬白飯等多種菜單。套餐基本提供米飯、湯和幾款家常基本小菜。

地 首爾江南區宣陵路131街17 서울 강남구 선릉로 131 길 17
時 11:30am-9:00pm (3:00pm-5:30pm 休息)、星期日休息
費 醬蟹套餐 - 時價 (2023 年 11 月參考價 W40,000)

首爾四大地下街

　　首爾的地下街絕對是尋寶地，因為相同的貨品比起明洞、弘大等遊客區便宜，而且又不像東大門般要至少兩件起批，加上地下街由地鐵站直達，完全不用怕日曬雨淋，簡直是女生們最愛的購物天堂！

高速巴士客運站地下街Goto Mall 고투몰

🚗🚌 地鐵 3、7、9 號線高速巴士客運站 (339)8 號出口

　　Goto Mall 由兩條長直的地下街組成，約有600多家商店，主要售賣女裝，而且款式多，價格便宜，不少更由W5,000起跳，至於地下街的尾端，是售賣韓式家品店，有各式各樣的廚具、床上用品、毛巾、裝飾品等，「阿珠媽」都啱行！

網頁：www.gotomall.kr
營業時間：10:00am-10:00pm

江南地下街 강남역 지하상가

🚗🚌 地鐵 2 號線及新盆唐線江南站 (222) 出站即達

　　雖然江南區物價非常高，但它的地下街卻非常便宜！這裡有不同風格的女裝，亦有售賣首飾、鞋及手袋的店舖。部分女裝價格由W10,000起跳，非常吸引！至於接近新盆唐線的地下街，裝潢較新，以化妝品店為主，而折扣有時會比明洞等遊客區多，不妨留意一下。

電話：02-553-1898　營業時間：10:00am-10:00pm

永登浦地下街 영등포 지하상가

🚗🚌 地鐵 1 號線永登浦站 (139)5 號出口

　永登浦地下街是眾多地下街中地理位置最方便的一個，距離弘大三個站，雖然對比之下較細，但售賣男女老幼服飾的店舖都有，適合一家人逛，隨著地下街還可步行至新世界百貨、時代廣場等，可安排同一天血拼！

電話 :02-2631-1248
營業時間 : 10:00am-10:00pm

蠶室地下街 잠실 지하상가

🚗🚌 地鐵 2 號線三成站 (219)5、6 號出口直達

　蠶室地下街比永登浦更小一點，約有140間商店，商品以女裝為主，服飾偏向高級和成熟。地下街連通樂天百貨、樂天超市及樂天世界，亦有很多餐廳和咖啡店，絕對可以一次過滿足大家。

營業時間 : 10:00am-8:30pm

追星 追夢 新玩法

韓國最大K-POP大本營
COEX Ktown4U

 地鐵2號線三成站（219）5號出口行3分鐘

同一個位置從前是SM TOWN，現在的COEX Artium是韓國最大的K-POP綜合設施，K-POP學院及咖啡廳和各種快閃Pop-Up Store。常設店鋪可以買到單曲專輯、相冊、新專輯預購等，不時更會預告簽名會！要特別留意K-POP學院會不定期舉行各大經理人公司的選秀會！就在2023年10-11月，JYP和YG就已舉行了幾場選秀，而且不限國籍，是追夢者的黃金機會。

BlackPink專輯，還有小卡送。

COEX Ktown4U

3樓K-POP學院的舞蹈室和聲樂室可以讓觀眾體驗和拍攝。

4樓Café和Pop-Up Store。

2樓是Ktown4U專賣店，相冊、新舊專輯、應援手燈全部一應俱全。

4樓百變的活動場地。

🏠 首爾江南區永東大路513 Coex Artium 2-4樓 서울 강남구 영동대로 513 코엑스아티움 2-4 층

🕐 2樓10:00am- 8:00pm、3樓12:00nn-10:00pm、4樓11:00am-8:00pm　🌐 https://kr.ktown4u.com/

追星有100種方法，以前大家都喜愛蒲經理人公司的前後門，碰運氣希望可以「野生捕獲」心儀偶像。不過今時今日追星方法已是五花八門，有粉絲繼續追星追行程去齊Fan meeting 和Concert、有粉絲追捧韓星代言的品牌產品、有粉絲甚至直接來韓國學KPOP DANCE學唱歌，感受偶像同款Training生活！以下的追星方法未必百試百靈，但一定比純靠運氣成功率高得多！

SM 新基地
KWANGYA@SEOUL

🚕 地鐵盆唐線首爾林站（K211）4號出口行1分鐘

自從SM ENTERTAIN-MENT公司搬到首爾林，「KWANGYA」就成為了新的SM TOWN。同是官方周邊商店，平日去不用預約，不過在舉行藝人Fan meeting 或生日Party event就需要用Naver預約了。除了SM家族的專輯和周邊產品之外，有時會有不同的限量商品發售。

KWANGYA@SEOUL。

新舊專輯。

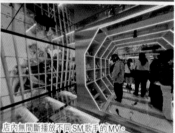

店內無間斷播放不同SM歌手的MV。

不同SM歌手的周邊和紀念T。

SM家族的專輯和周邊產品。

aespa的聯乘產品。

熱賣專輯
弘大 AK Artbox 專櫃

 地鐵 2 號線弘大入口站（239）4 號出口

　　弘大是潮人聖地，也是搶購韓星最新專輯及周邊商品的好地方。弘大站旁的 AK Plaza，一入大門就是 KPOP 專輯櫃，想快手買專輯是不錯的選擇！

KPOP 專輯櫃。

入手 NEW JEANS。

AK&（에이케이앤）

🏠 首爾麻浦區楊花路 188 서울 마포구 양화로 188 AK Plaza　📞 027899800
🕚 11:00am-10:00pm　🌐 https://www.akplaza.com/

可愛小卡
MUU Café with KPOP

 地鐵 2 號線弘大入口站（239）4 號出口

　　WITH MUU 也位於 AK PLAZA 商場內，主要售賣 K-POP 周邊商品，新舊專輯、應援手燈為主，門口旁邊擺設 Lucky Draw 幸運盒的可以抽藝人的小卡，又有特別主題的人生四格，可以打卡影個紀念照啊。

MUU 門口的 Lucky Draw 招聚大量粉絲。

大量周邊小物，甚至是偶像手辦公仔。

店面又大，貨品又齊。

🏠 AK PLAZA 2 樓
🌐 https://www.withmuu.com/

食偶像落肚
STARFOX ARTIST CHOCOLATE
아티스트 초콜릿 썬샤인 명동점

 地鐵 4 號線明洞站 (424)5、6 號出口步行 2 分鐘

STARFOX ARTIST CHOCOLATE 是一個專門販售韓國 K-POP 偶像主題朱古力和商品的品牌，它與韓國 SM 娛樂公司合作，推出了 BTS、SEVENTEEN、SUPER JUNIOR、NCT、aespa 等多個團隊的獨家產品。這些產品包括了附有偶像照片、角色或標誌的朱古力，以及附有亞克力磁鐵或貼紙的禮盒，共有26種不同的款式。朱古力都是由比利時高級朱古力品牌Belcolade精心製作，使用100％純可可脂，口感香濃順滑。

STARFOX ARTIST CHOCOLATE 明洞店

每個團隊都有專門的區域。

除了朱古力店裡還有售偶像產品及可愛小物。

TinyTan 朱古力。

Super Junior 朱古力。

BTS 商品。

🏠 首爾中區明洞 8Na 街 11 서울 중구 명동 8 나길 11
🕙 10:00am-10:00pm
📷 https://www.instagram.com/artistchocolate_sunshine

靚爆登場
明洞 Beauty Play

 地鐵 2 號線乙支路入口站 (202)5、6 號
出口步行 10 分鐘

看到台上每位都是萬人迷的K-POP偶像，實在令女士們羨慕不已。Beauty Play是大韓化妝品研究院所推薦的韓式美妝化妝品體驗空間，在這裡客人可以了解最適合自己的美妝及護膚方法，打造與K-POP偶像同款韓妝。Beauty Play有很多不同成分的優質美妝產品，可以解決各種不同的肌膚問題。客人可以在美妝體驗區試用30個以上的美妝品牌、超過100種美妝產品，無論是護膚、護體還是護髮，各種美妝產品令人目不暇給。

Beauty Play。

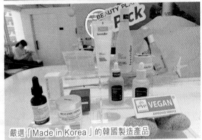
嚴選「Made in Korea」的韓國製造產品

讓人開心試用的美妝體驗區。

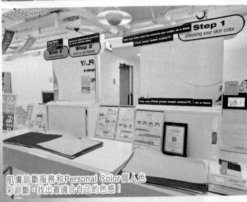

肌膚診斷服務和Personal Color個人色彩診斷，找出最適合自己的色感！

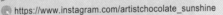
🏠 首爾中區明洞街 73 3 樓 서울특별시 중구 명동길 73 3 층
📞 070-4070-9675   🕙 10:00am-7:00pm，星期日休息
https://www.instagram.com/artistchocolate_sunshine

韓星最愛！最新人氣韓國小眾品牌

法式新貴
MARITHÉ FRANÇOIS GIRBAUD

🚕 地鐵 6 號線梨泰院站 (630) 2 號出口步行 5 分鐘

MARITHÉ FRANÇOIS GIR-BAUD 由法國設計師 François Girbaud 和 Marithé Bachellerie 於 1972 年創立，結合了巴黎街頭的隨性風格和學院風的細緻元素，有不少韓星都愛他們家的小單品，如朴敘俊 MAMAMOO，ITZY、BLACKPINK Jennie、潤娥、車貞媛、RED VELVET Joy 都曾穿戴過，帶出法式學院風格。價格算是易入手，Flagstore 實體店暫時只在漢南洞，但現代百貨 The Hyundai Seoul 亦有進駐。

法式學院風格◉

2023-2024 Winter selection ◉

🏠 首爾龍山區梨泰院路 55ga-26-4 서울 용산구 이태원로 55 가길 26-4　📞 027902640　🕚 11:30am-9:00pm

小菊為記
Mardi Mercredi

🚕 地鐵 6 號線漢江鎮站 (631) 3 號出口步行 10 分鐘

Mardi Mercredi 是韓國本土品牌，由韓國設計師朴和睦和妻子李秀賢於 2018 年創立。品牌的名字是法文的星期二和星期三的意思，代表了法式的輕鬆寫意日常。而標誌選用一朵小雛菊，是朴和睦為了哄妻子開心而設計。服飾風格是法式、休閒、學院混搭，用色溫柔低飽和，材質多樣化。不少韓國明星，如金高銀、IU、張員瑛、Tiffany、Yeri 等，都曾經穿過品牌的小雛菊衛衣、T恤、毛衣等。

🏠 首爾龍山區梨泰院路 54 街 58 서울 용산구 이태원로 54 길 58
📞 07077739993　🕛 12:00nn-7:00pm，星期一休息
🌐 http://www.mardimercredi.com/

F3-5

法力「帽」邊
emis 이미스

地鐵 6 號線漢江鎮站 (631)
3 號出口步行 10 分鐘

emis系列小手袋

emis 是「Every Moment Is Special」的縮寫，代表了品牌的慵懶時尚理念。emis 的帽子以棒球帽為主，顏色多樣，款式簡單，搭配不同的 logo 和刺繡。emis 的帽子受到了很多韓國明星和潮人的喜愛，如孔曉振、宋慧喬、申世景、Irene Kim、BoA 等，都曾經戴過 emis 的帽子出席公開活動或私下外出，也常常出現在韓劇中，如《經常請吃飯的漂亮姐姐》、《愛的迫降》等。emis 的帽子其中一個特點，就是戴起來可以顯得臉小，這也是品牌廣受歡迎的原因。

棒球帽令臉孔顯得小一些。

品牌除了帽子也發展了一系列的潮流衣飾。

🏠 首爾龍山區大使館路 5 街 27 1 樓 서울 용산구 대사관로 5 길 27 1 층 (現代百貨 The Hyundai Seoul 亦設分店)
📞 027948870　🕐 12:00nn-7:30pm　🌐 https://emis.kr/

美日韓 Crossover
COVERNAT

地鐵 2、6 號線合井站（622）3 號出口步行 5 分鐘

曾由《黑暗榮耀》演員李到晛代言的 COVERNAT，是韓國大學生非常喜愛的品牌之一。COVERNAT 品牌的名字是「Culture Over Nature」的縮寫，代表了品牌兼顧文化及自然的元素。產品的設計風格以美式街頭為基礎，結合日式搭配手法，再注入韓國獨有的審美體系，因而受到了很多韓國明星和潮人的喜愛，如李敏鎬、金秀賢、IU、李準基、宋仲基等，也曾在韓劇如《太陽的後裔》、《鬼怪》、《藍色海洋的傳說》等出現。

弘大的旗艦店。

風格中性，也有幾個男裝系列。

走美式簡約復古校園風。

🏠 首爾麻浦區小橋路 24 號 1 樓及 B1 樓서울 마포구 잔다리로 24 지하 1 층，1 층 (現代百貨 The Hyundai Seoul 亦設分店)
📞 0233984777　🕐 12:00nn-9:00pm　🌐 http://www.covernat.net/

街頭文化 LMC

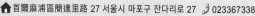

LMC 不時會與其他品牌聯乘，例如 Puma。

🚕 地鐵 2、6 號線合井站（622）3 號出口步行 5 分鐘

LMC 全名 Lost Management Cities，是一個於 2015 年創立的韓國街頭潮流品牌。該品牌主要以中性、男裝為主，受到許多韓國藝人及年輕人喜愛。LMC 的服飾產品以實用性和設計感為主，品牌的設計團隊時尚嗅覺敏銳，不僅能夠迅速預判、發掘、理解並改良現今最為流行的「街頭爆款」元素如滑板及搖滾音等，並且通過設計與熱門元素融合。

🏠 首爾麻浦區簡達里路 27 서울시 마포구 잔다리로 27　📞 023367338
🕐 12:30nn-9:00pm　🌐 https://lostmanagementcities.com/

時尚又環保
MARHEN.J.
마르헨제이

🚕 地鐵 2 號線聖水站（K211）4 號出口步行 5 分鐘

早前南韓總統夫人與總統出訪美國時使用了 MARHEN.J. 黑色手提包，一度令此品牌成了時尚話題。「MARHEN.J.」是出自南韓純素時尚品牌，不使用動物皮革，其中一個系列的材料全是由回收蘋果皮變身而來。少女時代秀英、李聖經、薛仁雅都愛用，有不少韓星喜愛純素主義的 MARHEN.J. 包系列。

MARHEN.J. 黑色手提包。

純素時尚品牌，材料都是回收或純素系。

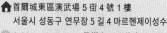

🏠 首爾城東區演武場 5 街 4 號 1 樓
서울시 성동구 연무장 5 길 4 마르헨제이성수
🕐 9:00am-6:00pm，星期六、日休息
🌐 http://marhenj.co.kr/m/

眼睛會說話
隱眼品牌
Hapa Kristin

🚕 地鐵 6 號線上水站（623）1 號出口步行 10 分鐘

Hapa Kristin 品牌的隱形眼鏡以自然的外觀和舒適的材質而聞名，由韓國人氣女團 IVE 的成員張員瑛代言，已經在韓國掀起了一陣熱潮。他們的產品不僅具有透氣性和超強的保濕性，更有超過 90 種款式，通過隱形眼鏡的色彩和紋路來傳達最深層的情緒，令靈魂之窗也可以傳情達意。Hapa Kristin 在明洞、弘大都有分店。

🏠（弘大店）首爾麻浦區遊樂廣場路 76-1
서울특별시 마포구 어울마당로 76-1
📞 0231416895　🕐 10:30am-10:30pm
🌐 https://hapakristin.co.kr/

天橋上有很多海鮮店的廣告指示，跟著箭咀走不會錯

首爾海鮮大食場
鷺梁津水產市場
노량진수산시장

🔵 地鐵 9 號線鷺梁津站 (917)7 號出口，步行 5 分鐘

　　鷺梁津是首爾最大的海鮮批發市場，建於1927年，當時名為「京城水產市場」，有很多當地人到這裡購買海鮮回家烹煮，有如首爾版的築地市場。2018年，鷺梁津市場進行翻新，有不少店家搬到新大樓繼續營業，環境比從前更清潔。新大樓一樓是海鮮檔，二樓乾貨，餐廳食堂分別在二樓及五樓，除了可在餐廳點餐之外，也可在攤檔購買水產後，請餐廳代處理烹調享用。

地: 銅雀區鷺梁津洞 13-6 號 서울 동작구 노량진동 13-6
電: 02-2254-8000
時: 10:30 am-8:00pm，各店時間有異
網: www.susansijang.co.kr

F4-0

旅遊達人 記者實地示範

 + + **= 海產購買總額**
=W30,000

小的比目魚刺身連起肉
W15,000

鮑魚三隻 W10,000

海菠蘿一隻 W5,000

餐廳收取的費用（二人）

入座費 W3,000/人 ✚ 比目魚頭尾製作成辣魚鍋的料理費 W10,000

✚ 汽水一枝 W3,000 ✚ 鮑魚料理費（燒烤）W3,000

✚ 海菠蘿料理費（刺身）W3,000

═ 餐廳共收取 =W25,000

旅遊達人 做個醒目的遊客

1 這裡海鮮店有很多，但賣的海產都大同小異，不想被騙，可先走一圈，一般供遊客買的海鮮店都在第一行，首選比較多本地人購買的檔，如果店員懂普通話的便盡量不選，因為這都表示做遊客生意，可能會抬高價錢。不諳韓語又想講價，可先帶備紙筆或計數機幫手。

2 就算是香港，海鮮也不是明碼實價，
只要自己覺得價錢合理便可，沒有一個可參考的價格。

3 海鮮店很多都會介紹相熟餐廳，千萬別光顧，大部份的烹調費都開天殺價。正路又安全的做法是先從檔口買材料，之後自行拿著材料去找餐廳烹調。曾有網友表示被檔口老闆說服光顧相熟餐廳，結果材料被調包，換成下等食材，換來一肚氣。

4 別以為自己到二樓找餐廳會較便宜，以記者採訪當天，幾乎所有餐廳都沒有明碼實價料理費，有些更在賬單上巧立名目，收取數十元的「入座費」(以人頭計)。

5 有些餐廳會先問你材料買多少錢，這時可扮作忘記，因為店家會收取跟海鮮同等價錢的料理費。店家也不會主動提及料理費用，有時只會提最貴的一種料理費，混淆視聽。

6 不諳韓語又不想被騙，可自備筷子、豉油及WASABI，只買刺身，可在旁邊即時享用。

7 有些店會有已切好的刺身併盤出售，這樣會較為方便，最好是走一圈，看哪家正在新鮮的切刺身便光顧哪家，又或者有韓國人購買的也可以一試。

汗蒸幕初體驗
SPAREX
汗蒸幕
전통재래식한증막

🔵 地鐵 4 號線東大門歷史文化公園站 (422) 14 號出口徒步約 2 分鐘

　　想感受韓國傳統的汗蒸幕，懶洋洋躺在地上吃雞蛋的韓劇情景？東大門這家 SPAREX 設施最齊全，特別是韓屋建築的小房間，充滿朝鮮時代的感覺。可以泡湯、擦背，重點是挑戰高溫的汗蒸幕房！在場內隨地躺下休息亦可，亦有獨立睡眠倉。在食堂享用汗蒸幕必吃食物，「阿珠媽」還會教你用毛巾包一個牛角頭！這裡還明碼實價，不像明洞那些遊客區的汗蒸幕多收遊客付加費。

　　SPAREX 另有兒童遊戲區，可以讓小孩看看圖書，亦有電腦區、遊戲機區供使用。休憩區有各式韓國傳統設計，可以隨處躺在席上休息。汗蒸幕房亦有 3 間不同溫度的房間，外型像圓頂的石屋，裡面以草席鋪地，溫度極高，極其量小休 5 分鐘就要離開休息。

地：首爾中區乙支路 6 街 18-21 號地 Good Morning City 商場地下 3 層
　　서울시 중구 을지로 6 가 18-21 번지 굿모닝시티쇼핑몰 지하 3 층

時：24 小時　　電：02-2118-4400

費：成人 W12,000；小童 W7,000；8:00pm-5:00am；成人 W15,000，小童 W8,000

汗蒸幕體驗流程！

1 在 Good Morning City 乘電梯到達地下 3 層，SPAREX 汗蒸幕

2 先付款，取過鎖匙、衣服和毛巾後到鞋櫃放好，男左女右

沿著地上指示就可到達更衣區和泡湯區

衣櫃足夠擺放大衣、背包及數件衣服

一條鎖匙可鎖上鞋櫃和衣櫃，食堂消費和在泡湯區療背服務需另付現金，鎖匙不設記帳功能

533

泡湯區樓上一層就是汗蒸幕和休憩區

三間汗蒸幕不同時間開放，87度汗蒸幕房是中間溫度，依然非常高溫乾燥

取過枕頭後可以席地而睡

甜米釀，沒有酒成份，有一顆顆米粒，十分清爽

必吃薰雞蛋

韓國人就這樣躺下休息，環境很舒適

韓式炸醬麵

食堂設韓式、中式餐點

F5-1

賞楓熱點大推介

每年10月，就開始首爾的賞楓最佳時間。由10月中旬起，楓樹、銀杏、欅樹、栗子樹等的樹木，都會慢慢換上秋裝，想知道近年最住的市內秋遊的打卡推介，跟小記來走走吧！

首爾

初秋賞花第一擊
天空公園하늘공원

🚌 地鐵6號線世界杯體育場站（619）1號出口，步行約30分鐘；巴士可到世界杯競技場南側 / 麻浦農水產物市場

10月中旬，首爾的楓葉還未有轉紅，剛好來到首爾，可以走走天空公園，這裡可説是初秋至晚秋都有看點的好地方！初秋開始，粉紅亂子草(핑크뮬리)、波斯菊(코스모스)、紫芒(억새축제)，顏色一直都在變，有不同的配色。

粉紅亂子草。

有藍天和陽光就拍到靚相。

公園有接駁車，上行W2,000、下行W1,000。

波斯菊。

地址：首爾麻浦區上岩洞 481-72 서울 마포구 상암동 481-72
電話：02-300-5524　**時間**：7:00am- 日落後 2 小時

石屎森林中的秋色
汝矣島公園여의도공원

🚇 地鐵5號線汝矣渡口站（527）3號出口，出站即達

每年春天都會有大型的櫻花節慶的汝矣島公園，其實秋天都有不同的色彩。

地址：首爾永登浦區汝矣島公園路 120
서울 영등포구 여의공원로 120

賞楓賞古蹟
德壽宮덕수궁

德壽宮的大殿。

🚌 地鐵 1、2 號線市廳站（132）2 號出口出站即達

德壽宮建於1919年，是大韓帝國的最後一個宮殿，也是唯一一個融合西洋建築的宮殿。德壽宮內是市內賞楓最佳地點之一，連同宮外的德壽宮石牆路也是賞楓賞銀杏的好去處。

德壽宮內銀杏景色。

楓樹把德壽宮染成一片深紅。

地址： 首爾中區世宗大路 99 서울특별시 중구 세종대로 99
電話：02-771-9955
營業時間： 9:00am-8:00pm，星期一休息
(王宮守門將換崗儀式上午 11:00~11:30、下午 14:00~14:30、15:30~16:00)
費用： 成人 W1,000、小童 W800
網頁： http://www.deoksugung.go.kr/

德壽宮外特色看點

德壽宮石牆路
덕수궁 돌담길

德壽宮外的石牆以傳統韓國建築風格為設計基礎，石牆路總長為900公尺，沿路都種了楓樹和銀杏樹，許多韓劇都在此取景。

首爾廳西小門政府大樓旁的石牆。

有名的德壽宮外的石牆路。

貞洞展望台
전동전망대

🚌 地鐵 1、2 號線市廳站（132）11 號出口出站後徒步前往

貞洞展望台位於首爾廳西小門政府大樓13樓，設有咖啡廳和展示廳，可以居高臨下欣賞德壽宮一帶風景，更是免費入場。

展望台上鳥瞰整個德壽宮殿群。

地址： 首爾中區德壽宮街 15
　　　（首爾西小門政府大樓 1 棟 13 樓）
　　　서울시 중구 덕수궁길 15
電話： 02-2285-5363　　**營業時間：** 9:00am-6:00pm

登山賞紅葉
南山公園登山徑남산공원

🚇 地鐵 4 號線明洞站（424）4 號出口直走至
十字路口左轉直走 300 米到達南山公園

　　每逢秋天，南山公園就披上一身秋衣裳。在明洞站4號出口出發，徒步到南山公園，可以看到非一般的楓色。乘坐南山玻璃電梯後，在南山纜車售票處對面，會看到上山木樓梯，徒步前往便可。沿路是徒步散步路，也可賞秋楓時打卡。雖然沿途樓梯路段比較多，但中後段會見到觀景台，可以遠眺到首爾全景。

南山公園散步徑。

楓葉都有不同種類。

中間有小溪流水，很有詩意。

在最高處可看到首爾鬧市。

地址：首爾龍山區南山公園路 105
서울시용산구남산공원로 105

東江南的銀杏大路
奧林匹克公園올림픽공원

🚇 地鐵 5、9 號線至奧林匹克公園站（P550）3 號出口，
出站即達

　　有名的首爾銀杏路，大多數人都認識江南新沙洞的林蔭大道，但秋冬時間常有人滿之患。想找一條相對容易打卡的銀杏大路，推介奧林匹克公園的慰禮城路。那條銀杏大路位於近奧林匹克公園南門2號入口，平日是市民的緩步徑，注意單車和緩步跑人士，就可以慢慢點影都得！

地址：奧林匹克公園南門 2 入口

紅葉下野餐
首爾林서울숲

🚇 首爾地鐵盆唐線首爾林站
（K211）2 號出口

　　首爾林佔地面積約1.16平方公里。它是一個以自然環境為主題的公園，充滿了大片的綠樹和草地。除了汝矣島公園之外，首爾林公園是另一個不錯的選擇，甚至可以在紅葉下野餐！

樹的種類、顏色、層次多采多姿。

首爾林公園的地樞。

地址：首爾城東區聖水洞 1 街 678-1 서울 성동구 성수동 1 가 678-1
電話：02-460-2905　　時間：24 小時開放

五百歲銀杏樹
成均館大學明倫堂 명륜당

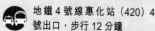

地鐵 4 號線惠化站（420）4 號出口，步行 12 分鐘

　　成均館大學明倫堂是首爾觀賞銀杏景色的著名景點，明倫堂前的一棵銀杏樹，據記載是成均館大司成尹倬於正德十四年（1519年）種植，至今超過五百年，被認為是韓國境內最古老的銀杏樹之一，也成為了成均館大學的象徵。

地址：首爾鍾路區成均館路 25-1
　　　서울특별시 종로구 성균관로 25-1
電話：02-760-1472　　時間：9:00am-6:00pm

江原道

南怡島 남이섬

抬頭望到是一把銀杏傘。地上就是如黃金的銀杏葉。

秋天是高峰期，人人都愛在紅葉下拍美照。

從首爾區的東大門、弘大或明洞出發，乘坐直達巴士車程約 1.5 小時到達南怡島碼頭，然後乘坐渡輪或高空滑索到南怡島

　　春夏秋冬都各有美景，夏天的青蔥氣息和秋天的楓葉銀杏，是絕對不能錯過的！島上有不同的園區，不定期有藝術展覽，是親子遊的好地方！

地址：江原道春川市南山面南怡島街 1　강원도 춘천시 남산면 남이섬길 1
門票：(門票包含來回遊船費用) 成人 W16,000，青少年 / 長者 W13,000
電話：031-582-2186　　網頁：https://namisum.com

釜山

釜山梵魚寺 범어사

釜山綜合巴士站 (老圃) 可乘坐巴士 90 號，到梵魚寺售票所站下車 (巴士車程約 20 分鐘)，步行約 10-15 分鐘

　　梵魚寺位於金井山東邊山腰、在金井區溫泉川附近，是華嚴宗十剎之一，每年來訪人次很高，尤其在秋天的時候，全盛時期會看到遍佈紅橙黃色的金井山。

地址：釜山廣域市金井區梵魚寺路 250 (青龍洞)
　　　부산광역시 금정구 범어사로
網頁：http://www.beomeo.kr

10大最佳賞櫻地

春天賞櫻，並非日本人的專利，在首爾一樣處處也有賞櫻名所。首爾的櫻花開花時期為3月底至4月初，因每年氣溫變化不同，開花時間也有誤差。櫻花的花期是綻開之後的7日，所以要沐浴在櫻花中，就要先規劃好時間。

首爾

櫻花隧道
汝矣島輪中路 여의도윤중로

🚗 地鐵9號線國會議事堂 (914) 站1號出口或5號線汝矣渡口站1號出口，步行約5分鐘

一年一度的汝矣島櫻花節位於汝矣島輪中路，是首爾最具代表性的賞櫻名所，約有1,500棵櫻花樹同時盛放。晚上亦可欣賞夜櫻。每年都吸引成千上萬的遊客慕名前來，一睹漢江的絕美景色。

地址：首爾汝矣島國會議事堂後方輪中路及汝矣島一帶

鄰近三清洞
三清公園 삼청공원

🚗 地鐵5號線光化門 (533) 站2號出口，搭乘鍾路11號綠色小巴至教育課程評價院下車，步行約5分鐘

三清公園曾被指定為韓國第一號公園，亦是熱門的韓劇取景地點，附近有很多老櫻花樹，鄰近三清洞，非常清幽。

地址：首爾鐘路路區臥龍公園街41

賞花後血拼
石村湖 석촌호수

地鐵2號線蠶室(216)站3號出口
步行7分鐘

　位於蠶室站的石村湖，附近有樂天百貨、樂天世界購物城及蠶室地下街，賞櫻後可以直接血拼。每年的石村湖水櫻花節，在1,000多棵櫻花樹下，有許多藝術公演，氣氛非常好。

地址：首爾松坡區蠶室路148

歐陸色彩
慶熙大學 경희대학교

地址：首爾東大門區回基洞1號

地鐵1號線回基(P118)站1號出口，搭乘1號綠色小巴到總站下車

　韓國的慶熙大學是知名的私立高等學府，校園對外開放，以擁有哥德式的建築而聞名，平常就有許多遊客前往觀光，櫻花開時，更是份外壯觀。

全亞洲最大的人工湖
山湖水公園 일산호수공원

地鐵3號線鼎缽山(311)站2號出口直行約10分鐘

　山湖水公園面積達30萬坪，為全亞洲最大的人工湖水公園，是人氣韓劇的取景地，亦是當地著名的賞櫻地點。春天時公園散步徑昇滿櫻花，而人工島的亭台樓閣一帶，更是賞櫻的最佳位置。

地址：京畿道高陽市一山洞區湖水路595
時間：5am-11pm

最容易去
南山公園 남산공원

🚗 地鐵 4 號明洞 (424) 站 3 號出口搭纜車，或步行 15 分鐘

位處市中心的南山公園，頂端擁有地標首爾塔，每到春季，遍植南山公園的櫻花盛放，隨便一條登山步道都能看到漫山櫻花，而且路線亦是最長最高的，一路行山，一路賞花。

地址：首爾龍山區南山公園路龍山洞 2 街 1-3　　**時間**：10am-11pm

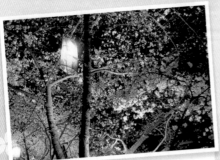

紳士的品格拍攝地
鞍山公園 안산공원

🚌 地鐵三號線弘濟 (324) 站 4 號出口，轉乘 7713 與或 7738 綠色巴士，於第六個站西大門區廳下車 / 地鐵 2 號線至新村 (240) 站，於 4 號出口轉乘 153 號巴士至西大門區廳

因為韓劇《紳士的品格》中張東健和金荷娜在櫻花樹下的浪漫情節，令不少粉絲都要來到鞍山公園回味一番。公園距離地鐵站有一段距離，必須搭巴士或的士才可抵達。沿着登山徑而上，可看到櫻花把山頭染成一片粉紅。櫻花節期間有不少表演活動，而晚上亦能欣賞夜櫻。

地址：首爾西大門區延禧洞　　**時間**：24 小時

首爾最大公園
首爾林 서울숲

🚗 地鐵盆唐線首爾林 (K211) 站 3 號出口徒步約 5 分鐘

首爾林是首爾最大的公園，佔地 35 萬坪，平日市民喜歡在此野餐，好比英國的海德公園及紐約的中央公園。春天除了櫻花以外，還有三色董、山茱萸花、小杜鵑等。

地址：首爾城東區聖水 1 街 1 洞 685 號

釜山

粉紅色隧道
南川洞 남천동

🚇 地鐵金蓮山 (210) 站 5 號出口
步行約 10 分鐘

　　南川洞位於住宅區，每年春天兩側的櫻花大道總是吸引不少遊客前往，記得要保持安靜以免造成騷擾。而南川洞旁邊就是釜山著名景點廣安大橋，可以安排在同一個行程。

地址：釜山水營區南川洞

心曠神怡
望洋路 망양로

🚇 地鐵 1 號線釜山 (113) 站 1 號出口
步行約 20 分鐘

　　望洋路位於山腰上，因地勢較高，比起平地開花時間晚了一點，而這裡亦可以看到釜山的全景。

地址：釜山西區望洋路

精選韓國
滑雪場

每年冬天，都是出遊滑雪好時節。韓國滑雪場不但有齊高中初階滑道，度假村內的spa、餐廳等配套設備亦非常齊全，相當抵玩。十多個滑雪場集中分布於首爾近郊、江原道及韓國中部3大地區，各有優勢，以下於3大區精選的滑雪場，不少更可配合自由行滑雪package，3日2夜過足滑雪癮。

江原道

韓國滑雪場大都集中於江原道，全因此帶位處深山，積雪量大、雪質優良，絕對是滑雪者的天堂，大型一點的滑雪度假村如龍平等更設滑雪節，娛樂性一流。唯一缺點是車程頗長，一般需約2-3小時，稍遠的東部一帶滑雪場更需4-5小時。

初哥滑雪天堂
High 1 度假村 하이원 리조트

High 1的滑雪道總長約21公里，為韓國第三大規模的滑雪場。18條滑雪道散布於5大滑雪區內，其中一條提供給初階用家的滑道，標高差達370米，有別於以往初學者只可於低地平滑，能一嘗疾滑飛馳的快感，喜好尋求刺激的初學者定必愛上。此外，度假村的娛樂配套完備，有旋轉餐廳、主題樂園等，放下滑雪板也絕不沉悶。

結合初級滑雪道與中、高級滑雪道，即使不同程度也可一起搭乘吊椅與纜車上山頂

滑雪場頂峰的旋轉餐廳Top of the Top，每小時旋轉一圈，享用美食之餘，可同時欣賞地藏山及白雲山的風景，極受旅客歡迎

滑雪場基本資料

滑道分類：	專業級滑道：1條
	高級滑道：9條
	中級滑道：3條
	初級滑道：5條
滑雪場設施：	7部登山吊椅、3列登山纜車、雪橇場、滑雪教室
娛樂配套：	旋轉餐廳、雲岩亭韓式餐廳、茶禮館傳統茶館、桑拿、泳池、露天溫泉、兒童遊樂場、LUMIARTE燈光表演、賭場等

🏠 江原道旌善郡古汗邑古汗里山 17 號
　　강원도 정선군 고한읍 고한리 산 17
　　17 Gohaneup, Jeongseongun, Gangwon-do

☎ 1588-7789

🌐 www.high1.com/Hhome/main.high1

✖ 於首爾站乘滑雪觀光列車至滑雪場入口古汗站，車程約 3 小時 50 分鐘，或地鐵 2、8 號線交匯蠶室站乘專線巴士前往，巴士 9am 始運作，詳情可閱：
www.buspia.co.kr

設深夜滑雪時段
維瓦爾第公園度假村 비발디파크 스키장

維瓦爾第公園位於江原道洪川郡，2小時內已可由首爾蠶室直達，加上設有深夜滑雪時段，即使想即日來回或較晚抵達仍可滑雪。另外一如鳳凰公園，大明內有大型水上樂園「海洋世界」，園內有8英尺室內衝浪池、急流探險等設備，大可滑雪嬉水一take過。

位於洪川的大明維瓦爾第公園渡假村離首爾只個多小時車程。適合當天往返和深夜滑雪

滑雪場基本資料

滑道分類：專業級滑道：1條	中級滑道：1條
高級滑道：3條	初級滑道：1條
中、高級滑道：4條	新手滑道：1條

滑雪場設施：10部登山吊椅及纜車、滑雪教室

娛樂配套：海洋世界水上樂園、餐廳、高爾夫球場、泳池、桑拿、遊樂場、KTV、網球場、羽毛球場、保齡球場、地下娛樂商街等40多種附屬設施

度假村稱場內乃亞洲最先採用8人高速索道的滑雪場。讓乘客乘坐吊椅及纜車時更快更安全

🏠 江原道洪川郡西面八峰里 1290-16 강원도 홍천군 서면 팔봉리 1290-16
1290-16 Palbong-ri, Seo-myeon, Hongcheon-gun, Gangwon-do

☎ 82-1588 4888　🌐 https://www.sonohotelsresorts.com/vp/

🚌 可事先預約來往首爾中心至度假村的免費接駁巴士；或地鐵 7 號線上鳳站 2 號出口，於上鳳巴士總站乘往洪川的高速巴士，車程約 1 小時 55 分鐘

滑雪兼玩水

鳳凰島平昌滑雪場 휘닉스 스노우파크

另一熱門鳳凰公園滑雪場，距龍平大概30分鐘車程，配有別墅式酒店、高爾夫球場等設施，為四季綜合度假村，也是韓劇《藍色生死戀》的拍攝外景地。除了有正規國際比賽滑道，特設的Snowboard Park內，half-pine、table-top、round quarters及圍欄等專用設施一應俱全，因而吸引不少滑雪板同好到此練習。場內同樣以多元化娛樂設施取勝，特別設有溫泉水上樂園Blue Canyon Water Park，可順道歡溫泉。

場內特別為初學者設置練習者滑道，即使是小朋友也可放心安全地享受滑雪樂

滑雪場基本資料

滑道分類：	高級滑道：7條	初中級滑道：2條
	中級滑道：4條	初級滑道：5條
		練習者滑道：1條
滑雪場設施：	8部登山吊椅、空中纜車、滑雪教室、兒童滑雪教室、滑雪板主題公園、中站休憩所	
娛樂配套：	Blue Canyon溫泉水上樂園、餐廳、戶外及室內泳池、高爾夫球場、桑拿、手信店、KTV、購物街、保齡球場、便利店等	

鳳凰公園配有19條滑道，當中包括正規的國際比賽滑道

🏢 江原道平昌郡蓬坪面泰岐路 174 강원도 평창군 봉평면 태기로 174
174, Taegi-ro, Bongpyeong-myeon, Pyeongchang-gun, Gangwon-do
📞 01588-2828 / 🌐 http://phoenixhnr.co.kr/
🚆 地鐵2號線三成站4號出口鳳凰公園巴士站乘專線巴士或地鐵2號線新村站乘穿梭巴士直達，車程約3小時10分鐘

全國最高滑雪道
O2度假村 오투리조트 스키장

O2有堪稱全國最高的滑道，矗立於江原道太白山上，即全國最高的高原上，有著先天地理優勢，令O2不單擁有較大的積雪量，也是全國最先降雪及最晚融雪的滑雪場。

由於位處高地，滑道最高點位於山頂1,420公尺（相當於3.5幢IFC疊起來的高度），長度更達3.2公里，加上特設的兒童公園及雪橇場，無論專業級或初階、大人或小童均可在此玩個樂而忘返。

酒店設50間別墅公寓，每間設2房2廳2浴室，還有開放式廚房和大露台，可容納6人入住

滑雪場基本資料

滑道分類：	高級滑道：6條　中級滑道：5條　初級滑道：5條
滑雪場設施：	5組登山吊椅、1列登山纜車、雪橇場、滑雪教室
娛樂配套：	餐廳、酒吧及café、Spa、按摩、超市、手信店、高爾夫球場、桌球室、租車公司等
註：	每逢1-2月可觀賞全國最大規模的「太白山雪花節」，參與冰雕比賽及各式展覽

初學者可先上滑雪班，教練雖大都不諳英語，不過靠身體語言已可掌握基本動作

（地）江原道太白市棲鶴路 861
　　강원도 태백시 서학로 861
　　Gangwon-do, Taebaek-si, Seohak-ro, 861

（電）33-580 7000
（網）www.o2resort.com/
（交）首爾清涼里火車站乘火車至太白站（1日7班，時間分別為 8am、10am、12nn、2pm、5pm、9:50pm 及 10:40pm）；再轉乘的士或免費接駁巴士，車程約 4 小時 10 分鐘

O2離太白山不過10分鐘車程，逢1至2月更可前往觀賞全國最大規模的「太白山雪花節」，會有雪雕比賽及各式展覽

最受港人歡迎
龍平度假村 용평리조트 스키장

　　龍平因多次舉辦各種國際大賽而聞名，當中包括99年的冬季亞運會、2000年的國際滑雪節等。這裡擁有多達31條滑雪道，還包括全亞洲最長、達3.7公里的纜車路線。滑雪之外，度假村附設保齡球場、遊戲中心等玩樂設施，加上每年一度的「Fun Ski & Snow Festival」，多年來一直是港客最愛的熱門滑雪村之一。

🏔 江原道平昌郡道岩面龍山里 130
　강원 평창군 도암면 용산리 130
　130 Yongsan-ri, Doam-myeon,
　Pyongchang-gun, Gangwon-do
☎ 033-335 5757
🌐 www.yongpyong.co.kr/
✕ 地鐵 2、8 號線交匯蠶室站 4 號出口，於 Lotte Mart 乘往龍平度假　村巴士，車程約 3.5 小時

滑雪場基本資料

滑道分類：	專業級滑道：7條	中級滑道：6條
	高級滑道：5條	初、中級滑道：2條
	中、高級滑道：1條	初級滑道：4條
滑雪場設施：	15部登山吊椅、3.7km空中纜車、雪橇場、滑雪教室、兒童滑雪教室、滑雪板主題公園、中站休憩所	
娛樂配套：	Green、Silver、Gold、Rainbow滑雪道、小吃部、西日韓式餐廳、酒吧、桑拿、健身室、泳池、運動品店、壁球場、高爾夫球場、KTV、保齡球場	

滑雪道由海拔750米至1,458米，全長3,740米，難怪世界級好手都齊集大顯身手

想一嘗滑雪之趣，又不想被長途車程折騰，最理想當然是一眾佇立於首爾近郊的滑雪場，多數1小時左右車程已可抵達，即日來回絕對不成問題。這些滑雪場的規模較小，人潮亦較擠擁，比較適合初次試玩、不用追求速度的滑雪玩家。

特長滑雪時間
芝山森林度假村
지산 포레스트 리조트 스키장

芝山規模不大，但設施完善，11條滑道包括初中高階，初階滑道的坡度更只有5度，相當平坦，技術麻麻的初學者滑行時也可輕易控制速度。這兒的滑雪時間非常長，深夜滑雪時間可至凌晨4am，夜貓子不容錯過。芝山離首爾只40分鐘車程，適合當日往返。

芝山是韓國最先引入6人乘高速吊椅機的滑雪場

所有滑道同時開放給滑雪板用家，玩高坡段以滑雪板滑下肯定更添刺激。滑雪場兩旁是50餘萬坪的紅松，盡享自然美景

滑雪場基本資料

滑道分類：	高級滑道：3條
	中級滑道：3條
	初級滑道：4條
滑雪場設施：	5部登山吊椅、滑雪教室、雪橇場
娛樂配套：	餐廳、高爾夫球場、超市、籃球場等

地 京畿道利川市麻長面芝山面267
경기도 이천시 마장면 지산로 267
267, Majang-myeon, Icheon-si, Gyeonggi-do

電 31-644 1200

網 www.jisanresort.co.kr/

交 預約免費接駁班車直接抵達，車程約1小時

全國首個室內滑雪場
熊津蒲蕾樂園 Woongjin Playdoci

　　滑雪很受地域時間所限，Woongjin Playdoci對不能動輒輕易拿長假、卻又想體驗滑雪樂趣的旅客來說絕對是喜訊。這裡擁有首爾第一個室內人造滑雪場，仿真實雪場而建，內裡長期處於零下5℃，還有噴雪機不時噴出雪花，令遊客一年四季都可享受一個白皚皚的假期。

　　滑雪以外，可順道試試附設的水上樂園、Spa溫泉區等玩意，一次過試勻各式冷熱滋味。

樂園集室內滑雪場、大型室內水世界、主題溫泉湯池於一身

滑道長270米、闊40米、上下坡度分別為15o及11o，照顧到滑雪好手至初級玩家的所需

這裡特色溫泉眾多，包括這呈螢光綠色的天然草藥泉，值得一試。記得帶多套比堅尼前來

滑雪場基本資料	
滑道分類：	中高級滑道：1條
	初級滑道：1條
	雪橇專用坡道：1條
滑雪場設施：	電梯、滑雪教室
娛樂配套：	大型室內水世界、Spa、主題溫泉湯池、兒童學園、健身中心、大型室內高爾夫練習場

滑雪道旁邊設有數個滑板台，膽大的朋友也可踩上去扭個夠

地　京畿道富川市遠美區朝宗路2　경기도 부천시 조마루로 2
2, Jomaru-ro, Wonmi-gu, Bucheon-si, Gyeonggi-do
電　01577-5773
時　水上樂園／ SPA：10:00am-9:00pm、
　　雪橇：9:30am-6:00pm、滑雪：9:30am-9:00pm
網　www.playdoci.com
交　地鐵1號線富開站2號出口，轉乘519號巴士於上一高中站下車或轉乘的士約5分鐘
註　所有滑雪設備及滑雪衣均設租借服務

F7-7

首設人流限制
昆池岩度假村 곤지암리조트 스키장

昆池岩是首爾一眾滑雪場的新貴，距離首爾江南只要40分鐘的車程。這裡不以大規模取勝，反而走精品路線，不但住宿以摩登歐陸建築風格一新耳目，更是全國首個實施人流管制的滑雪場，每天只限4,500人入場，想一嘗俯衝疾滑也不用左閃右避。若非滑雪場會員，可利用網站先行預約，若當天滑雪旅客預約未滿，將開放現場售票，週末假日經常出現人潮，建議提前購票。

昆池岩渡假村共有11道廣幅度滑雪道

🅛 京畿道廣州市都尺面都尺上路 278 경기도 광주시 도척면 도척윗로 278
278, Docheogwit-Ro, Docheok-Myeon, Gwangju-Si, Gyeonggi-Do
☎ 01661-8787　　🅦 www.konjiamresort.co.kr/
🅧 地鐵 2、8 號線交匯蠶室站樂天百貨 1 樓無印良品門口，乘免費專車直達，車程約 40 分鐘

約1.8km的初中級滑雪道是首爾首都圈內規模最大的

除了天然雪量，昆池岩更會使用多部噴雪機補充雪量，確保滑道平滑順暢

現代歐陸建築風格令人一新耳目

滑雪場基本資料

滑道分類：	高級滑道：3條
	中高級滑道：2條
	中級滑道：4條
	初級滑道：4條
滑雪場設施：	5部登山吊椅、滑雪教室
娛樂配套：	6間餐廳、Spa、攀石設施、高爾夫球場等

離首爾只40分鐘車程
陽智Pine度假村 양지파인리조트 스키장

想一嘗飄雪的快樂滋味，未必要長途跋涉前往偏遠的滑雪場，陽智山的Pine離首爾只40分鐘車程，毋須舟車勞頓，非常適合扶老携幼的家庭客。陽智Pine滑雪場設有滑雪愛好者喜歡的avec路線、SnowPark等各種路線，最高級的路線更是每年「全國alfile滑雪大會」的專用滑雪道。Pine本身亦是四季型綜合度假村，除滑雪場外，並備有高爾夫俱樂部及各式娛樂設施，即使留宿也能玩個夠。

滑雪時段9am至11pm，滑雪至夜深才拆返首爾都無問題

位於京畿道龍仁市的陽智Pine，自嶺東高速公路拓寬了4條車道後，交通更加便利

滑雪場基本資料

滑道分類：	專業級滑道：1條
	高級滑道：1條
	中、高級滑道：4條
	中級滑道：1條
	初級滑道：2條
滑雪場設施：	7部登山吊椅、滑雪教室、雪橇場
娛樂配套：	餐廳、保齡球場、高爾夫球場、KTV、泳池、健身室、超市、滑車等

🏠 京畿道龍仁市處仁區陽智面南坪路112
경기도 용인시 처인구 양지면 남평로 112
112, Nampyeong-ro, Cheoin-gu,
Yongin-si, Gyeonggi-do

☎ 031-338 2001

🌐 www.pineresort.com

🚌 地鐵3、7、9號線交匯高速巴士客運站乘專線巴士直達，車程約40分鐘

南 韓 中 部

　　韓國中部的滑雪場跟江原道一樣，距首爾中心約3-5小時車程，滑雪場不如江原道般密集，名氣亦普遍不及後者，唯獨以下介紹的茂朱在芸芸滑雪場中突圍而出，山巒秀麗，加上每年一度的滑雪節，為滑雪愛好者帶來跟江原道截然不同的景致風光與滑雪樂趣。

設英語滑雪課程
茂朱度假村 무주덕유산리조트 스키장

　　跟龍平同樣屬旅行團熱門，是韓劇《夏日香氣》的拍攝地點，也是「Fun Ski & Snow Festival」的另一舉行場地，並有茂朱螢火蟲節等，供遊人一年四季玩樂。較特別的是這裡設有夜間英語滑雪課程，對想逃避白天人潮的初學遊客來說十分理想。必試的還有於雪地寒流中一嘗露天溫泉，一冷一熱，感覺相當過癮。

茂朱位處全羅南道茂朱郡德裕山國立公園內，佔盡群山包圍，山巔靈秀的好風光

滑雪場基本資料

滑道分類：	專業級滑道：6條	中級滑道：7條
	高級滑道：6條	初級滑道：4條
滑雪場設施：	13部登山吊椅、1列空中纜車、滑雪教室、雪橇場	
娛樂配套：	餐廳、戶外溫泉、草地雪橇、兒童世界、嘉年華商街、高爾夫球場、桑拿等	

滑雪場設多條不同坡度的滑雪路線，當中的 Raiders 路線平均坡度更達60度，為韓國坡度最大的滑雪路線

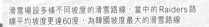

建築採傳統歐陸風格

滑雪場有23處坡道及滑雪跳躍、滑雪線路等設施

🏠 全羅北道茂朱郡雪川面滿仙路 185　전라북도 무주군 설천면 만선로 185
　　185, Manseon-ro, Muju-gun, Jeollabuk-do

☎ 063-322 9000　🌐 www.mdysresort.com

🚌 首爾南部客運巴士站乘往茂朱巴士，再轉的士前往假村，車程約 3.5 小時

冬季玩雪 ☃ 親子遊

冬日遊首爾，除了滑雪，其實仍有許多冰上活動，仲可以一家大細同參與！

有得食有得玩
平昌鱒魚節 무주덕유산리조트 스키장

　　每年的12月下旬，江原道等地方近河川一帶都會有很多冬季慶典，包括韓國人最喜歡去的鱒魚節。鱒魚節慶典可以玩冰上釣魚、徒手抓鱒魚、傳統雪橇、四輪冰上摩拖車等各種體驗活動。其中最好玩的就是冰上釣魚，京畿道及江原道等地方近河川一帶水質乾淨，是韓國最早有養殖鱒魚的地方，而鱒魚與我們常吃的三文魚（鮭魚）是同類魚類，含有豐富營養價值，即釣即食也沒有問題，亦可到附近的餐廳加工處理，魚生、烤魚、魚湯、辣魚湯任君選擇。

鱒魚節的吉祥物。

2023平昌鱒魚節的海報。

徒手捉黃金鱒魚。

🏠 江原道平昌郡珍富面京江路 3562 강원도 평창군 진부면 경강로 3562

🕐 每年 12 月下旬至 1 月底　　🌐 https://www.festival700.or.kr/

💰 一般冰釣 W25,000(釣魚竿、椅子另外購買)、
　　徒手捉黃金鱒魚 W20,000(包短袖、短褲、鞋子、毛巾、單人 locker 租借)

🚗 從首爾站出發乘坐高鐵 KTX 約 1 小時到達珍富站，再轉乘的士或預約接駁巴士到五臺川平昌鱒魚節會場

市中心溜冰
首爾廣場溜冰 서울광장 스케이트

首爾廣場溜冰就在市政廳前。

　　首爾廣場溜冰場是韓國最大的室外溜冰場，位於首爾政廳前的橢圓形草坪廣場上。每年冬季約12月，這裡都會舉辦各種文化活動和戶外溜冰。首爾廣場溜冰場分為初級滑道和進階滑道，適合不同程度的溜冰愛好者。溜冰場收費一小時只需W1,000，並且提供冰刀租借和溜冰教學服務。不過，溜冰場的入場人數設限，需要提前購票。場內設有咖啡區、點心吧、休息區和大量儲物空間，讓大家玩得更安心放心。

頭盔和手套是必需裝備。

場內有locker、小食亭。

地 首爾中區首爾廣場	費 1 小時 /W1,000(已包含溜冰鞋租借費用)
網 http://plaza.seoul.go.kr/seoul	注 必須戴手套入場，場內有頭盔提供
交 地鐵 1 號線市廳站 5 號出口	

雪橇同樂
漢江公園雪橇場 한강공원 눈썰매장

　　如果害怕滑雪的速度，可以考慮試玩較安全的雪橇。漢江公園雪橇場是首爾營運的冬季遊樂場，位於轟島和鷺院兩個地點。雪橇場分為大型和小型滑道，適合不同年齡和程度的玩家。除了雪橇，還有其他遊樂設施，如海盜船、彈跳床、雪地遊樂場等，還可以體驗民俗遊戲和抓冰魚等活動。

兒童雪橇。

漢江公園雪橇場。

地 首爾永登浦區漢江市民公園汝矣島地區 (原為戶外游泳池位置)
時 (2023 年參考)12 月 23 日起至 2023 年 2 月 12 日，9:00am-5:00pm
費 W6,000，現場其他遊樂設施與體驗活動費用另計（W4,000~6,000）
交 轟島雪橇場可搭乘地鐵 7 號線至轟島遊園地站，經 2 號出口前往； 鷺院雪橇場可搭乘地鐵 3 號線至鷺院站，經 4 號出口前往

韓國潮流化妝品

　　韓國化妝品及護膚品多元化到不得了！從前大家都喜歡在明洞、弘大等地的專門店搜購，近年愈來愈多品牌轉戰網上。不過就算遊客沒有韓國實名登記電話號碼而無法網購也冇有怕，因為有許多網上大熱、美妝達人及化妝師推介的品牌，都可以在Olive Young及一些大型專門彩妝店找到；有些同集團的品牌都會集合在旗艦店一併陳列，如Amore Pacific，今次就等小記帶大家睇下依家韓妹們最愛的化妝品及護膚品！

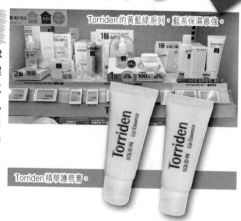

Olive Young門市。

Torriden 토리든

　　Torriden 토리든以「YOUR SKIN IS OUR PLANET」為理念，致力於創造內在的健康皮膚環境。品牌皇牌精華液採用天然成分，不含有害物質，能有效補水、收緊毛孔及去角質，獲得多個美妝獎項的肯定。近期大熱的精華液護唇產品，內含五種神經醯胺及荷荷巴籽油，能有效滋潤雙唇，並形成一層保護膜，抵禦外在環境的刺激。品牌榮獲許多美妝大賞，且擁有Clean Beauty與純素美妝認證，令人用起來相當安心。

Torriden的黃藍綠系列，藍系保濕最強。

Torriden精華護唇膏。

Round Lab 라운드랩

BETTER SKIN, BETTER ROUND

R°UND LAB

Round Lab專架。

可敷過夜的睡眠面膜。

獨島1025化妝水。

　　在 Olive Young 的人氣排行榜上可以看到 Round lab 家的專架，1025 系列的洗面乳、卸妝油、化妝水都是大熱產品。獨島1025系列都是使用鬱陵島深海1500公尺的海洋深層水，富含74種天然豐富礦物質，因此適合各種肌膚；最受歡迎的獨島1025化妝水成分純天然，含玻尿酸和天然礦物質，讓肌膚用最純淨的成分達到天然保濕。

Anua 아누아

Anua 魚腥草舒緩化妝水有77%魚腥草成分，能有效改善閉口粉刺、鎮靜肌膚，讓皮膚達到油水平衡，質地清爽，容易吸收，連敏感肌也適用，在泛紅、冒痘嚴重的時候，可以用濕敷的方式來護膚。

魚腥草保濕鎮靜肌膚。

Anua魚腥草舒緩化妝水。

ANUA 77%魚腥草系列。

Mediheal 메디힐

藍綠色的「積雪草棉片」，含有2%菸鹼醯胺成分，能淡化肌膚瑕疵，其中「積雪草微分子」活性成分，能幫助肌膚快速吸收精華，達到深層舒緩的功效。「調理化妝棉」是韓國最流行的臉部保養方式，片片都有滿滿的精華Toner，方便又快捷。明洞有體驗店，所有產品一應俱全。

調理化妝棉片。

三大皇牌系列。

KAHI 가히

金高恩代言的KAHI，之前只能在品牌的網站購買，2023年頭終於在Olive Young上架，再出了幾個分支系列，是可隨身攜帶的保濕萬用膏。它富含膠原蛋白，無論是嘴唇、臉頰、身體都可使用，馬卡龍色的包裝，少女心爆發，之前在多套韓劇中的女主角手袋的必需品！

韓女手袋必需的保濕萬用膏。

金高恩代言的KAHI。

Abib 아비브

Abib皇牌弱酸性魚腥草去角質棉片，成分中蘊含智異山魚腥草萃取物、多種玻尿酸及天然水楊酸。棉片兩面分別為顆粒面及平滑面，顆粒面可用來二次清潔及去角質；另一面平滑面則可達到舒緩肌膚效果，適合用來針對局部肌膚進行濕敷，讓毛孔更細緻！更貼心的是還有附上鑷子，讓你在取棉片時不會有直接的觸碰！

弱酸性魚腥草Toner及保濕精華。

品牌以演員鄭又美為代言。

Abib

AMUSE 어뮤즈

AMUSE

不同功能的cushion。

Mate色好靚。

唇釉系列。

Long wear foundation。

以Red Velvet成員瑟琪為代言人，Amuse主打韓國MZ世代消費者提供新的素食美容生活，在首爾漢南洞開設第一家旗艦店AMUSE HANNAM showroom。而在Olive Young就主要可以找到不同琉璃光澤唇釉。

Numbuzin 넘버즈인

Numbuzin推出的精華液系列，以數字為概念，一共有10款，0至9號各有不同的功效和特色。當中最受歡迎的是3號精華液，皆因據說它的成分中蘊含雙歧乳桿菌，可深層滋潤肌膚並緊緻收斂毛孔，改善蠟黃暗沈肌膚，減少皺紋同時增加肌膚彈性。有撫平細紋、提拉以及紓緩敏感肌膚的功效，深受韓國女生歡迎。

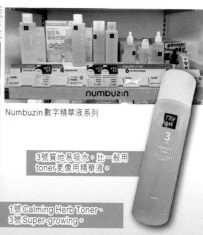

Numbuzin 數字精華液系列

numbuzin

3號質地易吸水。比一般用toner更像用精華液。

1號 Calming Herb Toner。
3號 Super-growing。

Dasique 데이지크

要 Bling bling 要 得 mad 色都可以。

18色又如何?

Dasique系眼影盤。

平價又百搭的超人氣眼影盤,奶油系列九宮格眼影盤吸睛又易認!無論日常工作、約會及各種場合都適用。從外型設計與包裝便可以看出用心程度,搭配上實用度非常高的眼影選色,令明眸大放異彩。

Unove 어노브

由申世景代言的深層修護髮膜Unove是專業品牌Dr.for hair副線,沿用專業配方技術,以日常滋養髮膜,將受損染燙髮質專為染燙受損髮所設計!添加「角蛋白」以及36種蛋白質修護成分,能深層保養、改善粗糙的秀髮,讓你的髮絲重拾煥然一新的柔順光澤。

一站式專門店

除了品牌的實體店之外,還有一些實體專門店不要錯過,由彩妝、護膚、身體個人護理等都一應俱全。同一家店買到所有產品,一次過做埋退稅更方便!

Olive Young

Olive Young 是韓國最大的美妝及個人護理專門店,有許多人氣美妝和護膚品,線上/home shopping熱賣的未必會有自家的實體店,但就有好大可能在 Olive Young 上架!除此之外,也有不少韓國保健食品、零食、香水、個人護理產品等。

OLIVE YOUNG 明洞旗艦店
地址:首爾中區明洞街 53 서울특별시 중구 명동길 53 　**電話**:02-736-5290　**時間**:10:00am-10:30pm
交通:地鐵 4 號線明洞站 5、6 號出口步行 5 分鐘
網址:https://www.oliveyoung.co.kr/

Amore Pacific Flagstore
아모레성수

AMORE 聖水是著名韓國美妝產品製造商 Amorepacific 位於聖水的總部。樓高三層的旗艦店不同於一般商店只著重產品陳列，反而佈置成為一個複合文化空間。

地址：首爾城東區峨嵯山路 11 街 7
　　　 서울 성동구 아차산로 11 길 7
電話：02-469-8600　時間：10:30am-8:30pm
交通：地鐵 2 號線聖水站 2 號出口步行 5 分鐘
網址：https://www.amoremall.com/kr/

SEPHORA 세포라

LVMH 旗下的品牌之一，同時擁有國際知名的美妝品牌、韓國美妝品牌和自家出品品牌 SEPHORA，也有不少獨銷品牌，剛進駐韓國就吸引很多韓國女生。在新村 UPLEX、三成 COEX PARNAS MALL 都有分店。

地址：首爾江南區德黑蘭路 521 PARNAS MALL
　　　 서울특별시 강남구 테헤란로 521
電話：02-3453-1082　時間：10:00am-10:00pm
交通：地鐵 2 號線三成洞站 5 號出口出站即達
網址：網址：https://www.sephora.kr/

CHICOR 시코르

韓國自家出品的一站式美妝店，有點像 SEPHORA，兩家的選品有相似也有各自獨家品牌，不妨多逛逛當尋寶也不錯。

新世界總店
地址：首爾中區退溪路 77 號新世界百貨新館 4 樓
　　　 서울특별시 중구 퇴계로 77 신세계백화점 신관 4F
電話：02-310-1456　時間：10:30am-8:00pm
交通：地鐵 3、7、9 號線高速巴士站 7、8 號出口出站即達
網址：https://chicor.com/main

2024必買手信

大辣牛肉辣麵。

高級炸醬拌麵。

國民MC劉在石代言。

拌麵類

辣麵類

蔥泡菜拉麵。

芝麻拉麵的加辣版。

辣手打麵。

不倒翁麻辣辣拉麵。

JIN拉麵出了
拌麵版。

拉麵篇

韓國拉麵已玩到出神入化，未必每一種香港都有入口，有時發掘新拉麵也是買手信的樂趣。拉麵價格以W1,000-W2,000/包不等。

不辣選擇

蜆和肉味湯底的海鮮湯麵。

蔬菜湯麵

牛骨雪濃湯拉麵。

白海鮮麵，主要是蠔/蜆味，細麵。

鰻魚湯麵。

2024必買手信

零食篇

近期韓國推出了多款健康又美味的零食，多吃也沒有罪疚感。

Olive Young 零食，健康管理中也可以食。

zero sugar 零食。

用米造的零食。

用米造的小蛋糕。

023最新小食：糖餅鯛魚燒。

11.11限量版 Pepero。

釜山限定土產

Momos Coffee 是釜山咖啡品牌，2019年全周妍（JOOYEON JEON）代表Momos Coffee 贏得世界咖啡大師賽（WBC）。

魚市場／超市內的海味乾貨，大推海帶和鯷魚乾。

生活雜貨文具買不停

·4·大·熱·點·

　　相信10個人當中有8個人是文具控，也有很多朋友特別喜歡文青小物、生活雜貨和卡通產品，有時也會為買手信或特別紀念品給至親好友而煩惱，看看以下的推介的店鋪，買些新奇好玩的東西吧！

Butter 버터

 地鐵2號線弘大入口站1號出口

　　平價家居飾品雜貨，基本上數得出的也會有，包括文具、家居飾品、廚具、小型家電、浴室用品、香薰、節日裝飾等等。每月會有不同的季度新品，而Collaboration都特別多，非常受年輕人歡迎！

地址：首爾麻浦區東橋洞 159-8 B2 서울시마포구동교동 159-8 B2
電話：02-338-5742 **營業時間：**11:00am-11:00pm
網址：http://buttershop.co.kr

Daiso Mall 다이소（明洞）

 地鐵明洞站1號出口步行1分鐘

　　開學前的學生、家長和老師的愛店！所有產品價格由W1,000起跳，最貴都只是W5,000。而最特別是韓國Daiso所賣的商品很多都是獨有的本地設計，近七成都是日本、香港沒有的款式，大家可以慢慢去尋找限定商品！而且幾乎每個月都有主題產品，例如櫻花季的特別版都係大家最留意的系列之一！

地址：首爾中區退溪路 134-1 서울시중구퇴계로 134-1
營業時間：10:00am-10:00pm　**網頁：**www.daiso.co.kr

Kakao Friends Flagship Store
카카오프렌즈 강남플래그십스토어

 地鐵 2 號線江南站 10 號出口直走 10 分鐘

KakaoTalk 有八個可愛的角色，同 Line Friends 一樣很可愛，並且有一些 Emoji 更是抵死有趣！所以一系列 Kakao Friends 的周邊產品和食品都很受歡迎。第一家「Kakao Friends 旗艦店」在 2016 年 7 月初開幕，總共有 3 層、1、2 樓主要販售商品。

依家最受歡迎的當然是春植啦！

地址：首爾瑞草區江南大路 429 서울시 서초구 강남대로 429
電話：02-6494-1100　**營業時間**：10:30am-10pm
網址：http://www.kakaofriends.com

Artbox

 地鐵 2 號線梨大站 2 號出口

Artbox 分店分佈於首爾及市外，梨大店有 Artbox 系列和文創產品，大受本地人及旅客歡迎。大家可以在此尋購文具、生活雜貨之類，連同一些家具用的小家品、小電器都可以在這找到。

地址：首爾西大門區大峴洞 40-4 서울시 서대문구 대현동 40-4
電話：02-393-3789　**營業時間**：10:30am-11pm
網址：http://www.artbox.co.kr

韓食永恆經典

飲啤酒配炸雞，賣飛佛！

炸雞配啤酒

韓劇《來自星星的你》中的一句對白——「下雪了，怎能沒炸雞和啤酒呢？」，讓大批韓粉為之瘋狂！韓國人對炸雞的喜愛是不能想像的，可以不分時間點份外賣炸雞，一餐只吃炸雞，買幾罐啤，便是一頓豐富的晚餐酒！「炸雞配啤酒」這個吃法就像不成文規定，不作他配，치맥（雞啤）就是炸雞和啤酒的簡稱。熱愛雞啤的韓國人，女性佔多數，在身材管理與美食之間，後者常勝！地道的雞啤可以怎配？向大家介紹最韓風的炸雞店和啤酒！

雙拼炸雞
Two Two 둘둘치킨

🚇 地鐵 4 號線明洞站 3 號出口徒步約 5 分鐘

Two Two 炸雞店是另一家國民炸雞店，在泰國、菲律賓亦有分店，原味辣味各有捧場客，原味沒有裹炸粉生炸，喜歡吃香口食物的人一定會喜歡！相比「橋村」炸雞，Two Two 設有「Half-Half」選擇，即兩款口味各半份，一份是約一隻雞的份量。可以吃多一款口味又不會吃不完！

辣味回味是炸了雞件後，淋上辣醬

原味炸雞亦非常美味，不同於一般快餐店的炸雞口味

地 **明洞分店**：中區退溪路 20 街 5 名洞本店：中區 퇴계로 20 길 5

時 10:00am-12:00mn 網 https://www.22chicken.co.kr/

雞啤之王
Kyochon Chicken

🕐 地鐵 2 號線弘大入口站 9 號出口徒步約 12 分鐘

譯音「橋村」的 Kyochon 炸雞店可是韓國外銷最厲害的一家。更在美國開設分店，認真巴閉！點一份橋村炸雞，已經約有一隻雞的份量，而且只設一份一種口味；貪心者可以試問店員有沒有「Half-Half」，即一份有兩個口味，因為個別分店是特約經營，有機會彈性處理！

蜜糖口味的炸雞，帶點微甜，雞肉鮮嫩不會過乾

炸雞店也有泡菜供應，清爽帶酸的醃蘿蔔很可口，白蘿蔔可以清熱氣

這家弘大分店在弘大酒吧街附近，店面比較大

地 **弘大店**：首爾麻浦區西橋洞 371-3
　 홍대점：서울 마포구 서교동 371-3

時 12:00nn-2:00am　電 02-338-1300

網 https://www.kyochon.com/main/

炸雞的絕配
啤酒　人氣牌子好推介！

在眾多口味中，選了 CASS 和 Hite 最經典的口味試飲，可以比較兩大國民品牌啤酒有甚麼不同！

CASS Fresh 啤酒泡沫比較少，不濃厚，麥味比較淡，口感的確順喉；Hite 是韓國最大的啤酒商，旗下的 Ice point 的確有冰凍口感，啤酒本身有冰涼味道，比較 CASS Fresh，Hite 的麥味更濃，CASS 啤酒較淡易入口，韓國女性都很喜歡！

CASS VS Hite하이트

明洞

交通策略

仁川國際機場		首爾站 [轉車]		明洞
	機場鐵路線・55分鐘		地鐵4號線・5分鐘	
東大門				
		地鐵4號線・5分鐘		

明洞新地標 ①

HBAF　　Map 1-2/ C5

 地鐵4號線明洞站（424）6號出口

　　人氣零食品牌HBAF在明洞開設旗艦店，迅即成為了明洞新的集合地標，而Honey Butter味鹹甜的杏仁亦成為了最新韓國手信擔當！HBAF在這三年間，不斷研發新口味，現時已有超過30種不同的零食杏仁及堅果款式，幾乎所有口味都是從韓國人熟悉的飲食口味研發，例如辣炒年糕、青陽辣椒沙律醬、辣雞麵、黑芝麻等，也有研發韓國各地方特色的味道，有時更會推出一些引起獵奇心態的口味，玩味十足！近期除了零食，連馬格利米酒都有，零食和米酒可以一SET過買！

HBAF明洞旗艦店。

專門店可以一次過買到所有口味。

炸魷魚味，送酒最正。

皇牌牛油蜂蜜味杏仁。

Honey Butter味馬格利米酒。

2023年最新代言人是韓韶禧，推出以健康為主題的一日一堅果包裝！

HBAF吉祥物的打卡位。

🏠 首爾中區退溪路123 서울특별시 중구 퇴계로 123 | ⏰ 11:00am-11:00pm | 🌐 https://brand.naver.com/hbafstore

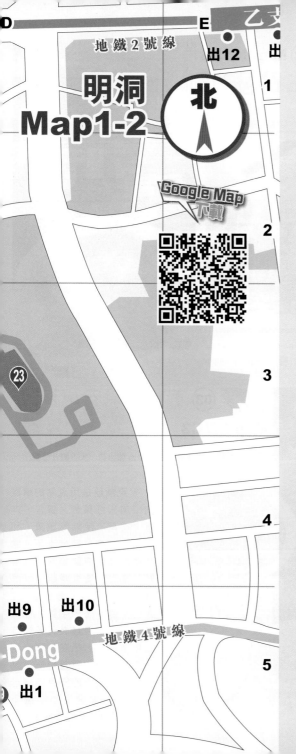

地鐵2號線

明洞
Map1-2

出12

北

Google Map 下載

㉓

出9 出10

-Dong

地鐵4號線

出1

明洞
南大門
東大門
仁寺洞
光化門廣場
狎鷗亭、新沙洞、江南

準許你孤獨一人 ② **Map** 1-2/ **D4**
鹹草醬蟹（함초간장게장）

🚇🚕 地鐵 4 號線明洞站 (424)6 號出口，步行 3 分鐘

　　南韓多數餐廳都強迫食客起碼要點二人餐，但鹹草醬蟹卻歡迎孤獨精來點一人餐——醬油花蟹套餐。以忠清南道的鹹草、海帶、紅糖、水果等材料特製的醬油生醃鮮蟹，味道甘甜，滋味無窮。

1人份量的醬油蟹（套餐W30,000，還有其他小菜伴菜），份量十足。

INFO

🏠 首爾中區忠武路 2 街 11-1 Sunshine 大廈 B1/F 서울시 중구 충무로 2 가 11-1　선샤인빌딩 B1F | 📞 02-318-1624 | 🕐 11:00am-11:30pm | 💲 W35,000 起

③ 首爾人氣安東辣雞
新安東燉雞
Map 1-2/ **C3**

🚇🚕 地鐵 4 號線明洞站 (424)6 號出口，步行約 8 分鐘

一份小的安東燉雞可以足夠三人分享。

安東燉雞配的小菜是辣泡菜和凍的白蘿蔔泡菜。白蘿蔔泡菜是解辣

　　安東燉雞是用煮熟的嫩雞肉，加入紅蘿蔔、薯仔、洋蔥、香菇、辣椒等蔬菜，和薯粉一起食，辣度十足，通常搭配凍的白蘿蔔泡菜以解辣。鳳雛的安東辣雞可以選擇不同的辣度，最少要點2人份。雖不是老字號，但是最有人氣而且最具代表性的安東燉雞店。想在首爾吃到正宗的安東燉雞首選一定是鳳雛。一個小的安東燉雞已經足夠三人分享，份量不少，需要可以另點白飯。

INFO

🏠 首爾中區明洞 10 街 3 서울중구명동 10 길 3 | 📞 023109233 | 🕐 11:00am-10:00pm

打破生活和工作界限 ④
LIFE WORK
Map 1-2/ C5

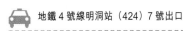

🚗 地鐵4號線明洞站（424）7號出口

　　LIFEWORK是以10-30歲出頭為主要目標的街頭運動休閒運動服品牌，服裝以黑色、白色為基礎，以霓虹色等為亮點，利用品牌角色「Radogg」展現氛圍。明洞Mega Store剛於2023年6月新登場，將時尚、咖啡廳、陶瓷、傢俱、布藝、家庭裝飾等生活方式聚集在一起，讓大家感受到Lifework打破生活和工作界限，追求生活方式的協調。

剛於2023年6月開幕的Lifework Mega store。

街頭運動休閒運動服。

環保主題的Café。以石頭、綠葉和樹木作室內設計。

招牌角色Radogg非常有活力。

服飾以黑色、白色為基礎。

🏠 首爾中區退溪路123 B1F 明洞店 서울 중구 퇴계로 123 | 📞 02-2032-9098 | 🕐 12:00nn-8:00pm | 🌐 https://lifeworkstore.co.kr/

全場最多人逛的韓國品牌化妝品專櫃區。

碌卡享獨家特價 **Map** 1-2/ **A2**
樂天百貨免稅店 ⑤

外國品牌化妝品的售價未
必便宜。可來格價看看。

🚇 地鐵 2 號線乙支路入口站 (202)7 號出口直達

　　明洞樂天百貨是免稅店集中地，外國品牌在香港買更
便宜，因此重點落在韓國本地品牌上，當中化妝品和護
膚品最受歡迎，如雪花秀、Laneige；新興名牌IOPE
等。另須留意免稅店的特定套餐，例如要一買三件同樣
的護膚品，再以美元結算，即使免了稅，或比其他分店
貴。免稅店方便在能即時退稅，免卻在機場辦理手續的
麻煩，但價錢不一定比市面便宜；建議購買時詢問有關
信用卡折扣，以得到更多優惠。

韓式食品選擇齊全
明洞樂天超市

韓式醬料有空運裝出售。保證可以帶回港。

　　樂天超市在明洞樂天免稅店的地下一層（B1），全層分成
不同部門。這裡的售價跟市面其他超市相差不遠，不但貨品
種類多又齊，地方亦較寬敞好行。食品部貨品種類多，無論
是拌飯辣醬、各種公仔麵和泡菜等，選擇都多不勝數。在這
裡亦可找到韓國各大品牌的洗頭水，價錢跟香港的水貨相距
不遠，不怕重的話，不妨買一兩枝回去試用。逛完免稅店去
超市買齊伴手禮，實在非常方便。

選擇眾多的韓國產洗頭水。

除了辣味，芝士味是
次受歡迎的即食麵。

韓國的午餐肉、肉質
較實，味道淡口

不同種類的韓國水果。

🏠 首爾中區乙支路 30 中구 을지로 30 | 📞 02-759-6600 | 🕐 10:30am-8:00pm
www.lottedfs.com

韓風小物文具雜貨 06
Art Box　　　Map 1-2/ C4

🚕 地鐵 4 號線明洞站 (424)8 號出口，步行約 2 分鐘

連鎖精品店 Art Box 絕對是雜貨小物迷的掃貨場，店內的韓風文具精品、家居小用具等，都是韓國設計。Art Box 的產品多種類，而且價值不貴，也是一個買伴手禮，紀念品的好地方。

Art Box 的文具精品方面，當然有韓國設計師作品，O lala 的小物也有在 Art Box 上架；走簡潔風的韓文明信片；浮誇搞笑的自誇系列文具、鏡子精品等，不懂韓文也不難理解這些搞笑圖案。大受韓國學生歡迎的 Art Box，也有學院風的背包、電腦袋、證件套等。

有不同的壓花花紋證件套，韓服造型的鎖匙包

ooh lala 的文具在 Art Box 也可以買到

卡通造型的韓服娃娃行李牌

INFO

🏠 首爾中區明洞 2 街 31-5　서울시 중구 명동 2 가 31-5 | 📞 071333-0765 | 🕙 10:30am-10:00pm | 🌐 https://www.poom.co.kr/

TTO Silver 樓高兩層。匯聚時款手袋和銀飾。

人造皮水桶手袋。

Map 1-2/ C4 07 銀光閃爍
TTO Silver

🚕 地鐵 4 號線明洞站（424）6 號出口步行 5 分鐘

明洞的小資飾物及手袋商店，樓高兩層、款式多而且有不同風格選擇。上班常用的人造皮水桶手袋和925銀飾是人氣熱賣之選，性價比不錯！

925銀飾。

INFO

🏠 首爾中區明洞八街 39 서울 중구 명동 8 길 39|

🕙 10:00am-10:00pm

咖啡界的 Apple ⑧ **Map** 1-2/ **B3**

Blue Bottle Coffee
（블루보틀 명동 카페）

位於 Noon Square 的地下 Blue Bottle。

🚕 地鐵 4 號線明洞站（424）6 號出口步行 10 分鐘

Blue Bottle Coffee 於 2002 年在美國加州創辦，在世界各地大受歡迎，其簡約的形象及高質的出品，更被譽為「咖啡界的 Apple」。明洞店這家分店位於 Noon Square 的地下，空間不大，主要做外帶。有經典的 NOLA New Orleans Style 跟 COLD BREW，也是有些餅乾、爆谷等零食可以買著帶走，搭配咖啡。

Blue Bottle 首爾版的周邊產品。

小食及咖啡豆都是 W10,000 以下。

Mug Cup 好有型。

INFO

🏠 首爾中區明洞街 14 號 1 樓 서울 중구 명동길 14 1 층 | ⏰ 8:00am-9:00pm |
https://www.bluebottlecoffeekorea.com/cafes

📷 首爾十大旅遊看點之一
Map 1-2/ **B3** ⑨ 明洞 亂打秀

🚕 地鐵 4 號線明洞站（424）6 號出口步行 10 分鐘

明洞 亂打秀是一種將廚房烹飪和音樂結合的表演。它以韓國傳統音樂「四物農樂」的節奏為基礎，利用刀、鍋、碗、砧板等廚房用具作為樂器，展現了四位廚師在準備婚宴料理時發生的一系列爆笑故事。這劇不僅有精彩的打擊樂表演，還有雜技、魔術、喜劇、啞劇等元素，自 1997 年首演以來，已經在全球各地巡演，並獲得了許多獎項和好評，被選為首爾十大旅遊看點之一。

INFO

🏠 首爾中區明洞街 26 UNESCO 大廈 서울특별시 중구 명동길 26 | 📞 027398288 | ⏰ 場次 星期一至四 5:00pm / 8:00pm，
星期五至日加開 2:00pm | 💲 HK$198 起 (Klook) | 🌐 http://www.nanta.co.kr/

辣魚冷麵挑戰
明洞咸興麵屋（명동함흥면옥）

Map 1-2/ **C4**

⑩

 地鐵4號線明洞站(424)8號出口，
步行約6分鐘，麵屋在小巷

韓國的麵食代表——冷麵，泡在冰塊水之中，吃烤肉或夏天時吃最滋味。最有名的辣魚冷麵，有辣魚生配冷麵：湯汁帶點咸味，辣魚拌了辣醬，和青瓜絲、梨絲一同吃層次豐富，魚生十分爽脆。吃不了太辣的可以點水冷麵，普通的水冷麵也有一湯匙的辣醬，但可以不把辣醬拌勻冷麵，不辣又試到冷麵的清爽口感。吃冷麵之前要先剪開麵餅，方便進食，店員會主動幫忙剪麵。

辣魚生配冷麵
傳統的冷麵都是非常非常辣的！

舊式韓國餐廳都只有韓文餐牌，明洞咸興麵屋也是，但店員都可以英語、普通話溝通。

〖INFO〗

🏠 首爾中區明洞2街26-1　서울시 중구 명동 2 가 26-1
| 📞 02-776-8430 | ⏰ 9:30am-9:30pm | 💲 W12,000 起

---

⑪ **Map** 1-2/ **C3** 足料韓式小籠包
明洞餃子（명동교자）

🚕 地鐵4號線明洞站(424)8號出口，步行約5分鐘

此店是韓國人強烈推介食店之一！份量足料，很有飽足感。一份明洞餃子有10隻，足夠二人享用，餃子的韓文叫「饅頭」，形狀似小籠包，餡料飽滿，有菜有豬肉，但沒有太多肉汁。除了必食餃子，也要試試刀切麵，刀切麵有數顆迷你餛飩，和餃子包相同的餡料。刀切麵的份量也相當大，湯汁也比較濃。明洞餃子的小菜只有辣白菜泡菜，自家製的泡菜特別辣，而且加了不少蒜頭，非常濃味，韓國人也因為它的泡菜吃得滿頭大汗。

刀切麵附上的小餛飩很滑溜，麵的份量很多，女生只能吃畢大半碗。

一份十件的明洞餃子，是非常薄皮的蒸餃。

〖INFO〗

🏠 首爾中區明洞2街33-4　서울시 중구 명동 2 가 33-4 | 📞 02-776-3424 | ⏰ 10:30am-9:30pm | 🌐 www.mdkj.co.kr | 💲 W10,000 起

濟州茶神
OSULLOC

Map 1-2/ **C2** ⑫

高級綠茶「一爐香」。

 地鐵 2 號線乙支路入口站 (202)6 號出口，
步行約 5 分鐘

在明洞的 OSULLOC 除了有售各款花茶、茶葉外，也有一個 cafe 範圍，可以一試新鮮的咖啡或茶。最受歡迎的一定是各款茶葉禮盒，還有瘦身功能的飲品沖劑，都是特色手信之選。這裡的茶都是由濟州的茶田出產，各種花茶的配搭變化出不同的口味。

INFO

🏠 首爾中區明洞 1 街 47-1 서울시 중구 명동 1 가 47-1 | ☎ 02-774-5460 | 🕐 10:00am-11:00pm | 🌐 osulloc.com

Map 1-2/ **B5** ⑬   一站式最齊
Healing on the MEDIHEAL Flagship Store (힐링온더메디힐)

MEDIHEAL Flagship Store 樓高4層，匯集品牌各產品。

ma:nyo pure cleansing oil

Day & Night Collagen Shampoo

人氣面膜牆

🚕 地鐵 4 號線明洞站 (424) 5、6 號出口，步行 2 分鐘

MEDIHEAL 是根據皮膚科醫生多年臨床經驗及膚質測試研發出的面膜品牌，銷售包括可供敏感性皮膚等各類膚質使用的化妝品系列和補水產品，在社交網絡上已經有口皆碑；而美白補水系列面膜是店內人氣產品，此外還有功能不同、針對不同種類肌膚設定的水乳、精華、防曬霜等各種基礎護膚品可選。

INFO

🏠 首爾中區忠武路 1 街 23-15 서울특별시 중구 충무로 1 가 23-15 | ☎ 070-4044-8259 | 🕐 12:00nn-8:00pm | 🌐 https://medihealshop.com/

韓國設計師服裝店 Map 1-2/ A3
NOON Square ⑭

🚗 地鐵 4 號線明洞站 (424)6 號出口,步行約 4 分鐘

NOON Square 是明洞時尚和文化的聖地,結合各種國內外流行、F&B、Lifestyle 與娛樂的空間,很受年輕人歡迎。近年 NOON Square 翻新了一部份的層數,除了 1 至 2 樓的 ZARA 不變之外,B2 至 6 樓都換了不少店。5 樓有 ALAND 和 LIENJANG,1 樓有人氣咖啡品牌 Blue Bottle,1 至 3 樓有 NIKE、SPAO、EVISU 等,2023 年 11 月,在 B2 更新開了 HANYANG BOOKS 文化複位空間 Cafē。要潮流有潮流,要文青有文青,絕對是明洞購物消閒的地標。

新開的 HANYANG BOOKS 為 NOON Square 增添了文青的元素。

認住 Blue bottle 旁邊就是 NOON Square 的正門。

INFO

🏠 首爾中區明洞街 14 서울특별시 중구 명동길 14 | 📞 02-3783-5005 | ⏰ 10:30am-10:00pm
| 🌐 https://www.instagram.com/noonsquare/

明星周邊 平價CD商品 ⑮
明洞地下街 　Map 1-2/ C5

🚗 地鐵4號線明洞站 (424)，3號出口方向走

　　明洞地下街感覺是「韓版信和商場」，歌手的CD、官方商品有售外，這裡的店家有自己設計周邊產品，有質素又便宜。最受學生歡迎的有明星的名牌，應援燈牌等；正版CD的購價也比唱片店的便宜一點，大約相差港幣5至10元。

早上十點地下街其他商店尚未營業時，明星周邊店已經紛紛營業。

　　在地下街買明星商品，建議留意明碼實價才光顧，也可以在地下街商店之間格價比貨。如果發現商店沒有標價甚至讓你自由開價，就不宜費唇舌議價。

自家設計的明星周邊，包括明星小卡。

最新的潮流是明星指甲貼紙！

明星postcard，內有12張明信片和三張貼紙。

🅘🅝🅕🅞
🏠 首爾中區忠武路2街，忠武地下3街 서울시 충구 충무로 2 가 65-12 충무지하상가 | 🕙 10:00am-10:00pm

皮手袋
皮手袋是時裝界長青item。這裡所有手袋皆以牛皮製作，手感跟仿造皮截然不同，值得投資。

😊 ⑯ 港人入貨指標
　　　　　 N&J
Map 1-2/ B3

🚗 地鐵4號線明洞站 (424) 5號出口步行5分鐘

　　N&J面對著Toda Cosa，單看店舖帶日本風的純白裝潢，很難相信此店於當地已有廿年歷史。店內衣物主要走東瀛少女路線，全部由店主從國內多個地方搜購回來，有近百個本土牌子如 Olive Garden、Mary Jane、ego等，款式著重時尚精細，不僅深受當地女性客人歡迎，店長透露不少港人也愛到此店入貨。

　　這裡的陳列每星期便會更換一次，所有衫款更每隔兩星期便會更換，保證貨品永遠最新最update。

🅘🅝🅕🅞
🏠 首爾中區明洞2街 54-1 대한민국 서울특별시 중구 명동 2 가 54-1 | 📞 02-2-752-3090 | 🕙 10:00am-10:00pm

明洞　南大門　東大門　仁寺洞　光化門廣場　狎鷗亭、新沙洞、江南

明洞簡餐首選
忠武紫菜包飯（충무김밥）

Map 1-2/ **C3** ⑰

鮮黃色店面的忠武紫菜包飯，一直營業至深夜

 地鐵 4 號線明洞站 (424)6 號出口，步行約 6 分鐘

在店前兩大盆主菜：泡菜蘿蔔和辣魷魚

忠武紫菜包飯有秘製的辣魷魚，香濃的麻油味加上爽脆口感，記者力推這家餐廳！食物份量多，可以當小食之餘也可以當正餐。一人份的量女生多數吃不完，有一份蘿蔔泡菜，一份秘製辣魷魚，10件紫菜包飯，還附送熱湯一碗，也可以添飲。秘製辣魷魚辣勁比較持久，沒有分大、中、小辣程度，不能吃辣的朋友請注意。

一人份的量足夠當正餐。小心辣魷魚的辣勁！

INFO
🏠 首爾中區明洞 2 街 33-4 號서울시중구명동 2 가 33-4 | 📞 02-755-8488 | ⏰ 7:30am-12:00mn | 💲 W7,000 起

Map 1-2/ **A3** 為年青人而設的購物店
⑱ 樂天 Young Plaza

地鐵 2 號線乙支路入口站 (202)7 號出口

以韓國年青人潮流商店作主打的樂天 Young Plaza，商場內進駐多個 MZ 世代最愛的品牌！地下一樓有 Music-cart 的專賣區，在 1 樓有齊 Kakao Friends Store 和 LINE Friends Store，特別適合大學生和上班族置新裝。

Kakao Friends Store

KOOL Kitten

NANING9

INFO
🏠 首爾中區小公洞 29-1 서울시 중구 소공동 29-1 | 📞 02-2118-5110 | 🌐 http://store.lotteshopping.com/

國民炒雞店 **Map** 1-2/ **C3** ⑲

柳氏家（유가네닭갈비）

🚕 地鐵 4 號線明洞站 (424)6 號出口，步行約 10 分鐘

在首爾想吃炒辣雞，方便快捷的首選一定是柳氏家。二人份量起計的柳民家炒辣雞，如果是背包客一人前來就不招待，二人份的炒辣雞材料包括了韓底年糕，對女生來說份量足夠。炒辣雞也可以選擇不同程度的辣，店員會幫忙炒熟，客人只需要等食。另外有自助沙律吧，可以自製蔬菜沙律和水果沙律。

明洞
南大門
東大門
仁寺洞
光化門廣場
狎鷗亭、新沙洞、江南

自助沙律吧可以無限添食，吃一個生菜沙律可以中和炒辣雞的燥熱。

二人份量起計的炒辣雞，店員會放一個高圍板防止客人沾到油漬。

INFO

🏠 首爾中區忠武路 2 街 9 서울시 중구 충무로 2 가 9| 📞 02-775-3392 | 🕐 11:00am-11:00pm | 🌐 www.yoogane.co.kr

---

⑳ **Map** 1-2/ **B5** 人氣韓式三文治

Isaac（이삭토스트）

🚕 地鐵 4 號線明洞站 (424)2 號出口，左轉直走 5 分鐘

Isaac 的三文治非常足料，以「VIP 多士」為例，是豬肉、煎蛋、小黃瓜配蔬菜和芝士，醬料是有粟米粒的沙律醬。而「MVP 多士」是韓式風味，有煎蛋和芝士，配上煎香的五花肉，和薄片甜蘿蔔、加有粟米粒的沙律醬，甜蘿蔔的味道十分突出。可以詢問店員三文治的材料，店員都會一點英語、普通話。

早上的 Isaac 大都是遊客光顧，下午時間也有韓國人光顧。

塗上加入香草的牛油，是Isaac三文治的秘方吧！

MVP 多士　　　　　VIP 多士

INFO

🏠 首爾中區退溪路 20 路 18 號　서울시 중구 퇴계로 20 길 18 | 📞 027523002| 🕐 7:00am-6:10pm，星期日休息 | 🌐 www.isaac-toast.co.kr

炸雞烤雞都咁掂
ChirChir 韓式炸雞 (치르치르)

Map 1-2/ C4 ㉑

🚕 地鐵 2 號線乙支路入口站 (202)6 號出口，
向明洞方向步行約 3 分鐘

到韓國吃炸雞是指定動作。不過如果嫌齋炸口味太「寡」，可以幫襯 ChirChir 炸雞。這裡除了炸雞出色，烤雞也勁有口碑。當中的甜辣醬炸雞及大蒜炸雞 (吸血鬼殺手)，重口味之餘又令人回味。最正是餐廳營業至凌晨三時，半夜抵步都有地方醫肚。ChirChir 雖然在香港和台灣都已廣設分店，不過要試最正宗的韓式炸雞，當然要拜會明洞這間旗艦店。

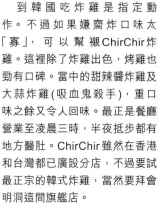

INFO

🏠 首爾中區乙支路 2 街 199-39 서울특별시 중구 을지로 2 가 199-39, 3F|
📞 02-773-0101 | 🕐 3:00pm- 翌日 1:00am| 🌐 www.chirchir.net

㉒
Map 1-2/ D5

龍頭 K-POP CD 舖
Music Korea

🚕 地鐵 4 號明洞站 (424)1 號出口即達

明洞購物街的龍頭 CD 舖就非 Music Korea 莫屬，在這裡買唱片，可以參加歌手的簽名會，遇上歌手宣傳期遊韓的話可以碰運氣，因為抽籤日期與簽名會不超過五天。記得留意特價品區，雖然不是新商品，但想收集韓版唱片、寫真集的話就不要錯過。

真人大小的人像貼紙，粉絲可以與偶像合照。

粉絲記得留意特價品，雖然不是新商品，但想收集韓版的就不要錯過。

INFO

🏠 首爾中區忠武路 1 號 24-2 Nature Public 3 樓 서울시 중구 충무로 1 가 24-2 네이처퍼블릭 3F | 📞 02-3789-8210 | 🕐 9:30am-10:30pm | 🌐 www.musick-orea.asia

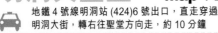

韓國最早磚砌教堂 ㉓ ✝

明洞大聖堂　　Map 1-2/ D3

🚕 地鐵 4 號線明洞站 (424)6 號出口，直走穿過
明洞大街，轉右往聖堂方向走，約 10 分鐘

　　明洞大聖堂原名為鐘峴大聖堂，是韓國最早以磚頭建造的聖堂，建築風格是哥德式建築，現在是韓國國家公園258號文物。最有標誌性的是高45米高的聖堂鐘塔，聖堂可以入內參觀，欣賞自1898年至今的建築。教堂內有不同聖經故事，也有天主教在韓國傳教的記載，例如教堂的玻璃彩繪，就用繪畫的方式介紹聖經故事，玻璃彩繪是由南韓畫家李南奎作修復的，原來的玻璃彩繪是由法國本篤會士制作的。

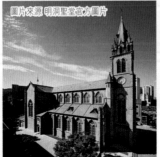

圖片來源 明洞聖堂官方圖片

陽光透過彩繪玻璃照在聖堂內，不少參觀的遊客都是為了拍攝這樣的美景。

INFO

🏠 首爾中區明洞 2 街 74 號서울시 중구 명동 2 가 74 | 📞 02-774-1784| 🕐 9:00am-8:30pm，星期六至 8:00pm，星期日至 9:00pm，星期一休息 | 🌐 www.mdsd.or.kr/english/parish.asp

世上最好食的大蔥燉牛肉

㉔　Map 1-2/ A4　辛辛 (신신)

🚕 地鐵 2 號線乙支路入口站 (202)6 號出口步行 5 分鐘

　　常常説明洞找不到好東西吃、又或者旅客區一定好貴，其實明洞也有不少隱世小店；辛辛是一間地道的大蔥燉牛肉店，經當地傳媒採訪過後，更受歡迎！鍋上的燉牛肉，以慢火邊燉邊吃，配上爽脆的芽菜和大蔥絲，非常香口！記得最後要留少湯水做炒飯，精華所在！

二人份的大蔥牛肉，共300g的牛肉，汰花沒假。(W32,000/2人份)。

店內有約8至10張桌。

店員會幫大家剪牛肉、芽菜和大蔥。

INFO

明洞本店 🏠 首爾中區南大門路 64 號서울시 중구 남대문로 64 | 📞 027729489 | 🕐 11:00am-9:00pm

潮牌精品碼
ALAND 明洞總店 ㉕

Map 1-2/ **C4**

 地鐵 4 號線明洞站（424）6 號出口，步行 4 分鐘

ALAND 明洞總店是一個展現韓國潮流文化和創意設計的購物天堂，該店佔地四層樓，每層樓都有不同的商品種類和風格，1 樓為飾品雜貨；2樓是男裝；3樓是女裝；4樓則是古著和家居飾品。在這裡，你可以找到超過100個韓國品牌作品，以及各式各樣的飾品、雜貨、古著和家居用品。

INFO

🏠 首爾中區忠武路 1 街 23-5，1-4F 서울특별시 중구 충무로 1 가 23-5, 1-4F | 🕐 11:00am-11:00pm
| 📘 https://www.facebook.com/AlandNews/

㉖ **Map** 1-2/ **C5** 甜到入心
STARFOX ARTIST CHOCOLATE
(아티스트 초콜릿 썬샤인 명동점)

🚕 地鐵 4 號線明洞站（424）5、6 號出口步行 2 分鐘

Artist Chocolate Myeongdong店一間是提供獨特的K-POP偶像主題商品和高級朱古力產品的專賣店，有BTS、SEVENTEEN、Red Velvet、NCT等的獨家商品。商店內每個團隊都有專門的區域、簽名專輯、攝影集以及其他紀念品。

每個團隊都有專門的區域

TinyTan 精品

明洞店就在地鐵站旁，非常就腳

INFO

🏠 首爾中區明洞 8Na 街 11 서울 중구 명동 8 나길 11 | 🕐 10:00am-10:00pm | 📷 https://www.instagram.com/artistchocolate_sunshine

明洞 南大門 東大門 仁寺洞 光化門廣場 翠鳳亭、新沙洞、江南

口碑人參雞
營養영양센타本店

27 Map 1-2/ B5

🚖 地鐵 4 號線明洞站 (424) 5 號出口，步行 3 分鐘

創於1960年的營養영양센타本店，主打人參雞碢湯（인삼닭고기수프）和烤雞（통닭구이），其中又以人參雞碢湯更為有名，清淡中有參味，是明洞一帶最具口碑的人參雞碢店。最便宜的人參雞碢只需W18,500，夠滿足1至2個飢餓的胃了。餐牌附中文，點餐無障礙。

雞內釀入了米、紅棗、栗子、雞肉還很嫩，有薄薄的人參香，蘸鹽吃別有風味。

人參雞碢湯（인삼닭고기수프）。

INFO

🏠 首爾中區忠武路 1 街 25-32 대한민국 서울특별시중구 충무로 1 가 25-32 | 📞 02-776-2015 | 💲 約 W18,500 / 人 | 🕐 10:30am-8:00pm

---

Map 1-2/ C2　　人氣芝士豬排
28 Mille Feuille

🚖 地鐵 4 號線明洞站 (424) 8 號出口步行 5 分鐘，味加本粥店樓下

不知何故，韓國人很喜歡吃芝士，由午餐肉、豬排以至炒年糕都要跟芝士拉上關係。Mille Feuille 的芝士豬排做得相當出色，一切開豬排即見芝士慢慢流出，賣相及味道俱佳。除了芝士豬排，這裡還有其他豬排套餐，愛豬排的你不能錯過。

芝士豬排的芝士極多，切一刀即見流出，賣相及味道俱佳。

INFO

🏠 首爾中區明洞 2 街 2-22 B1 지번 명동 2 가 2-2 B1 | 📞 02-777-3231 | 🕐 10:00am-10:00pm

戀愛綜藝節目拍攝地 ㉙ Map 1-2/ A5
Café Urban Plant

 地鐵 4 號線明洞站（424）5 號出口步行約 10 分鐘

　　Café Urban Plant 有多間分店，而明洞店是 ENA 電視節目《明洞廂房》的拍攝現場，在這裡可以找到節目中出演者登場的 6 個主題。穿過四周圍綠色植物就進入 Café，店內的主題打卡空間包括 BLOOMING Full of Flowers、沙漠中的綠洲 Dessert Green Everywhere、Flower Palace One Step Forward、天空之鏡、奇幻西洋棋盤、Urban Plant Color 等。

ENA 電視節目《明洞廂房》的拍攝現場。

Flower Palace One Step Forward。

奇幻西洋棋盤。

穿過四周圍綠色植物就進入 Café 內部。

BLOOMING Full of Flowers。

以木卡板製成的 café Table。

Dessert Green Everywhere。

天空之鏡。

 INFO

🏠 首爾中區明洞 8Na 街 38，1 樓서울시 중구 명동 8 나길 38 1 층
| 🕐 11:00am-8:00pm | 🌐 http://www.urbanplant-md.co.kr

🍴 Map 1-2/ B2 ㉚ 迷你小甜點
Cream Chic 크림시크

空間舒適．布置簡約。

　　地鐵 2 號線乙支路入口站（202）5 號或 6 號出口，步行 5 分鐘

法國傳統甜品可麗露 Fig Canelé W3,300。

Cranberry Scone W4,500。

一盒 6 件。
Cacao tiramisu。

　　Cream Chic 餐牌與一般 Café 的分別是，他們家有很多特飲和小甜點，而且有好多都是迷你版，是附近寫字樓工作的人常買的小點心，或用來作為開會見面的小手信見面禮。甜點細細件好容易就併到一盒 6 件或 12 件，而且造型都好可愛。

INFO

🏠 首爾中區明洞 7 街 13 서울특별시 중구 명동 7 길 13 | 📞 02-779-9271
| 🕐 9:30am-11:00pm | 📷 http://www.instagram.com/creamchic_official

明洞

最緊要靚靚　　　　**Map** 1-2/ **C4** (31)

MISSHA PLUS+
미샤플러스 명동메가스토어점

🚕 地鐵 4 號線明洞站（424）5 或 6 號出口步行約 3 分鐘

MISSHA 的 產 品 涵 蓋 了 從基礎護膚到專業彩妝的各個領域，包括BB霜、氣墊粉餅、精華液、安瓶、面膜、唇膏、眼影等等。品牌的產品都採用了天然成分和先進的技術，滿足不同膚質和需求的顧客。MISSHA PLUS+ 以 全 新 形 象，將 MISSHA旗下的5個不同系列的品牌，一同在Mega store 讓訪客可以慢慢體驗不同的產品。

초공진 (CHOGONGJIN)

經典 BB Cream 系列。

Mega store地方闊落，可以慢慢揀慢慢試。

人氣系列 Derma Solution。

INFO

🏠 首爾中區明洞 8 街 42 서울 중구 명동 8 길 42 | 📞 070-4288-6519 | 🕙 10:00am-10:30pm | 🌐 https://missha.com/

Map 1-2/ **C4**

(32)

唇釉品牌新登場
Tense 텐스

🚕 地鐵 4 號線明洞站（424）5 或 6 號出口步行約 6 分鐘

品牌年紀輕輕已敢在明洞「插旗」，可算藝高人膽大。

Day Moment Cream Velvet Tint 絲絨奶油唇釉。

Tense 텐스 是韓國新唇釉品牌，剛於2023年5月登場，連隨已在明洞開設了首間旗艦店。TENSE全新質地和擁有鮮明色彩的瞬間脣彩，以鮮艷的唇釉為主，有啞光和漆亮兩種質地唇釉，分別是 Day Moment Cream Velvet Tint 絲絨奶油唇釉及 Shine Moment Glossy Tint 亮澤染唇唇釉，為紅唇增添無盡色彩。

INFO

🏠 首爾中區明洞 2 街 31-9 서울 중구 명동 2 가 31-9 | 🕚 11:00am-8:00pm | 🌐 https://www.tense.co.kr/

左側標籤：南大門　東大門　仁寺洞　光化門廣場　狎鷗亭、新沙洞、江南

首爾街頭小食攻略

　　就像旺角和銅鑼灣，首爾的街頭小食同樣精彩。在明洞、狎鷗亭、梨花大學、弘大等大學區、鐘路、江南站等購物街上隨處可見。在大家必遊的明洞，地鐵站6號出口附近、明洞路 Noon Square 一帶都是小販聚集熱點。每個季節還有不同的時令美味，比如夏季的挫冰、冬季熱呼呼的甜不辣湯和炒辣年糕、韓式灌腸，鯛魚燒等，每個城市都有屬於自己的味道，吃進肚子裡的，是最地道的街頭文化。

糖餅（호떡）

　　和好麵粉後，加白砂糖，再捏成平而圓的樣子。內餡是紅糖、肉桂粉、黑糖醬和花生等堅果仁。麵皮淡淡，內裡濃甜，熱呼呼的，一到冬天滿街都是糖餅攤。
街頭價：約W1,000-2,000/件

用熱油煎成的糖餅，比鯛魚燒油膩。

綠茶味糖餅 W1,000/件
只是好看而已，綠茶味一點也不明顯。

在明洞街頭遊走的小販車。

薄而扁大的米餅歷史悠久，是好幾代韓國人的集體回憶。

米餅（비스킷）

經典的韓國小食，味道清甜而口感鬆脆。店裡賣的通常包裝好，小販車可以散買，多以10片計算，想買一點點淺嚐的話也是可以的。
街頭價：約W2,000/10片

烤魷魚（쥐포／마른오징어）

　　將曬乾的魷魚放在火上烤。一般都是即叫即烤（或即炒）的，香口惹味，極為推薦！
街頭價：約W5,000/份

即叫即炒，新鮮熱辣。

位於明洞H&M門前大街上的烤魷魚。

明洞

南大門

東大門

仁寺洞

光化門廣場

狎鷗亭、新沙洞、江南

薯粒熱狗 (감자핫도그)

另一款炸熱狗腸。被薯仔粒團團包圍的熱狗腸像根狼牙棒。為了黏住薯粒，本身沾了相當分量的麵糊，一支能抵一頓飯。東大門、明洞一帶出沒率最高。

街頭價：約 W2,000-3,000/ 支

薯粒熱狗多與普通炸熱狗同價。

烤糖 (구운설탕)

砂糖加發酵粉烤製而成。在烤板上成形後印上圖案。為甚麼大家都印上心形或星形圖案呢？這是連韓國人都說不上來的謎。據說，只要能吃掉烤糖的邊緣而沒有破壞被印在中間的圖案，就可以免費多要一個！

街頭價：約 W1,000-1,500/ 支

未印上圖案的半成品。圖案是客人的選擇。

即叫即製，煮糖過程非常有趣。

炒辣年糕 (떡볶이)

切成一口大小的條形年糕和薯甜不辣（即油炸小食，通常是炸魚片），再用辣椒醬炒香而成，堪稱韓國最具代表性的街頭食品，通常和韓式迷你壽司一起吃。本身已經頗辣，嗜辣人可以要求加辣，完全不能沾辣的就放過自己吧。

街頭價：約 W5,000/2 人份

在韓國人眼中，這個分量叫2人份。

炒辣年糕是深宵路邊攤的必備小食。

甜不辣（어묵）

　　小攤賣的都是成串的甜不辣（即油炸小食，通常是炸魚片，又名魚糕）。放入以蘿蔔、蔥、海帶煮成的清湯慢煮，不單味道有關東煮的感覺，還同樣可以免費要一碗清湯呢。

街頭價：約W1,000-2,000/1串

甜不辣來自日本的天婦羅（或天麩羅、天ぷら），發音「tenpura」，即油炸小食，通常是炸魚片。

韓國人習慣刷一層咸醬油吃。

炸魚蛋。就小記經驗所得，油炸小食質素參差，各位請做好心理準備。

油炸小食（튀김）

　　街頭賣的油炸食品當然沒有日式餐廳裏的那麼脆，但也是頗受歡迎的街頭食品。常見的油炸材料有魷魚、餃子、番薯等。

街頭價：約W2,500-3,000/串

油炸小食上粉太厚，通常難辨真面目，為免誤買了不想吃的東西，請留意下表，以便溝通：

魷魚 오징어（近音：woo-jin-鵝）
豬肉 돼지고기（近音：de-gi-gu-gee）
牛肉 쇠고기（近音：say-gu-gee）
番薯 고구마（近音：go-gu-ma）
薯仔（馬鈴薯）감자（近音：tum-jia）

花生 땅콩（近音：丹-kung）
肉桂 계피（近音：gap-pi）
辣 매운（近音：meaa-wun）
不要辣 하지마십시오매운
（近音：ha-ji-ma-sip-shou meaa-wun）

成分天然 ㉝ Map 1-2/ A3

innisfree

🚇 地鐵 2 號線乙支路入口站 (202)6 號出口,步行 5 分鐘

innisfree 被不少 blogger 盛讚為「比 Skinfood 好用」,品牌強調自然,產品直接從植物提煉精華而成,好像紅酒、綠茶、薰衣草系列等便長期賣斷市。名牌著重天然,綠茶系列產品特別受歡迎,以濟州島火山泥製成的潔面產品更是去痘神物。不得不提男士護膚系列,相當受歡迎。

🏠 首爾中區明洞路 7 서울 중구 명동길 7 | 📞 02-752-7971 | 🕐 10:00am-8:00pm | 🌐 https://www.innisfree.com/

Map 1-2/ C4

眼睛的彩妝

㉞ # Hapa Kristin

🚇 地鐵 4 號線明洞站(424)5 或 6 號出口步行約 2 分鐘

Hapa Kristin 是韓國人氣彩色隱形眼鏡品牌,由韓國女團 IVE 張員瑛代言,通過眼鏡的顏色和圖案來傳達不同的情感和風格。Hapa Kristin 的隱形眼鏡有超過 90 種款式,顏色包括棕色、灰色、藍色、綠色、紫色等,圖案包括星星、花朵、水晶等,獲許多韓星和網紅的喜愛和推薦。

🏠 首爾中區明洞 8 街 2-1 서울특별시 중구 명동 8 나길 2-1 | 🕐 10:30am-10:30pm| 🌐 https://hapakristin.co.kr/

靚靚兼好玩 ㉟ Map 1-2/ B5

Too Cool For School

🚇 地鐵 4 號線明洞站(424)5 或 6 號出口步行約 2 分鐘

Too Cool For School 是 一 個 以摩登逗趣、獨特藝術創意風格,兼顧「趣味性」與「實用性」的彩妝品牌。Too Cool For School 的產品涵蓋了底妝、眼妝、唇妝、修容、護膚等多個範疇,包裝都有著獨特的設計和主題,例如美術課系列、恐龍系列、蛋系列等,展現了品牌的創意和個性。

最新的定妝裸妝氣墊。
新版多色彩妝專業彩筆。

🏠 首爾中區明洞四街 17-1 서울특별시중구명동 4 길 17-1 | 📞 11:00am-8:00pm | 🕐 10:00am-8:00pm | 🌐 https://www.toocoolforschool.com/

明
洞

南大門

東大門

仁寺洞

光化門廣場

狎鷗亭、新沙洞、江南

打破年齡局限 36 Map 1-2/ C4

VT cosmetics
브이티코스메틱명동점_명동쇼룸

地鐵 4 號線明洞站（424）5 或 6 號出口步行約 10 分鐘

VT cosmetics的理念是將自然原料、美容科技和時尚訊息相結合，創造出獨特的美妝美學，締造Timeless效果，讓肌膚不再受時間限制。最新系列含有積雪草原物的CICA DNA™ 和CICAHYALON™ 的結合升級，具滋潤和水分集中作用，在家都可以有專業護理。

CICA溫和爽膚水面膜。
每日夜間護理shot 100和3日週期的集中護理shot300。

INFO
首爾中區退溪路 123 서울특별시중구 퇴계로 123 | 11:00am-8:00pm | https://vt-cosmetics.com/

Map 1-2/ C4 37 品牌聯乘

BANILA CO 바닐라코

Barbie品牌聯乘的特別版。

地鐵 4 號線明洞站（424）5 或 6 號出口步行約 10 分鐘

BANILA CO 바닐라코的產品涵蓋了底妝、眼妝、唇妝、修容、護膚等多個範疇。BANILA CO Zero零感肌卸妝膏是長青好賣產品，溫和保濕又易用，最近的BANILA CO空氣感持妝控油蜜粉更是夏天恩物。近年更與其他品牌聯乘，例如Barbie 콜라보 컬렉션（芭比系列）、Clean it Zero X BellyGom（清潔零X小熊系列）、MLB NY 하트 에디션（紐約棒球隊心形版）等，展現了品牌的創意和個性。

Clean it Zero X BellyGom。

INFO
首爾中區明洞二街 52 街 22 서울 중구 명동 2 가 52 길 22| 12:00nn-9:00pm| https://www.banila.com/

保濕稱王 38 Map 1-2/ B3

Laneige

地鐵4號線明洞站（424）6號出口，步行7分鐘

LANEIGE的產品包裝都有著簡約而時尚的設計和主題，例如水庫補濕微質酸系列、霧感無瑕NEO氣墊粉底系列、皇牌睡眠面膜系列、緊緻塑顏3X系列等，提供不同肌膚類型的專業保濕解決方案，讓女性擁有水潤透亮的肌膚，並綻放自信的魅力。

LANEIGE王牌保濕甜睡面膜系列是許多女生回購的好物。

INFO
首爾中區明洞 2 街 50-17 대한민국 서울특별시 중구 명동 2 가 50-17 | 02-754-1970 | 11:00am-10:00pm | www.laneige.co.kr

潮爆板仔 ㊴ **Map** 1-2/ **C3**
SUPRA 수프라 명동

🚕 地鐵 4 號線明洞站（424）6 號出口，步行 7 分鐘

　　Supra 以美國 LA 滑板文化為中心，品牌展現充滿活力的街頭文化。Supra 的品牌大使是歌手 GRAY，而明洞旗艦店的特點是滑板傳統的設計和利用 BAYC(Bored Ape Yacht Club/ 無聊猿) 系列作室內裝飾。

INFO

🏠首爾中區明洞八街 19 서울특별시 중구 명동 8 길 19 | ☎ 02 778 4650| 🕚 11:00am-10:00pm | 🌐 https://supra-korea.com/

㊵ 不設即場銷售的商店
LDF HOUSE

Map 1-2/ **B3**

🚕 地鐵 2 號線乙支路入口站（202）7 號出口出站即達

　　Lotte Duty Free Showroom 是一間新型態的免稅店，剛於於 2023 年 10 月開幕。該店不直接銷售產品，而是提供顧客一個體驗和預訂免稅商品的空間。這裡分為三層及天台，一樓是 Pop-up Store，展示了 Lotte Duty Free 的代言人 2PM 李俊浩的廣告拍攝現場，並設有與明星相關的照片區和互動遊戲。二樓及三樓是 Digital Shopping，提供了使用 QR 碼和手機應用程式預訂免稅商品的服務，並有專業的美妝顧問和試用區。

一樓是韓星及動漫人物的互動區。

天台亦設有打卡位，模擬在氣球升空。

客人可以在二、三樓作 online shopping。

INFO

🏠首爾中區明洞路 15 서울특별시 중구 명동길 15（進入樂天 Young Plaza 建築物對面的明洞街後步行 1 分鐘）| 🕚 11:00am-8:00pm | 🌐 https://ct.lottedfs.com/brand/ldfhouse/content.do

棒球迷至愛

④ **Map** 1-2/ **B5**

NEW ERA 뉴에라 명동점明洞店

🚕 地鐵 4 號線明洞站（424）5、6 號出口出站即達

　　韓國是其中一個熱愛職業棒球的國家，所以與職業棒球有關的運動品牌都非常受歡迎。這家店主要銷售美國品牌 New Era 及 MLB（美國職業棒球大聯盟）的各種款式和顏色的帽子，包括棒球帽、鴨舌帽及運動消閒時裝，棒球迷不可錯過。

INFO

🏠 首爾中區明洞八那街 19 서울 중구 명동 8 나길 19 | 📞 02-310-9923 | 🕙 10:00am-10:30pm | 🌐 www.neweracapkorea.com

---

Map 1-2/ **C4** **④** 意式風情

ZIOZIA 지오지아

🚕 地鐵 4 號線明洞站（424）5、6 號出口，步行 3 分鐘

　　Ziozia 是韓國的高級男士成衣品牌，由男神朴敘俊代言。Ziozia 在意大利文有紳士的意思，品牌的目標客群是有自信和品味的都市男性，店內無論輕鬆休閒或正裝風格都有，想改個造型成為暖男歐巴的風格，不妨走一轉。

INFO

🏠 首爾中區明洞八那街 6 서울 중구 명동 8 나길 6 | 📞 02-310-9128 | 🕙 10:00am-9:00pm

首爾
天團代言
FILA KOREA

Map 1-2/ B4
43

地鐵 4 號線明洞站（424）5、6 號出口，步行 5 分鐘

FILA 是著名的意大利運動優閒服品牌，在韓國也大受歡迎，高爾夫球手金泰熙及男團 BTS 都是品牌代言人。韓國 FILA 款式非常新、顏色碼數都好齊，再配合退稅購買，價格有時抵過香港買。

宇宙天團 BTS 都是 FILA 品牌的代言人。

INFO

🏠 首爾中區明洞 2 街 54-22 서울 중구 명동 2 가 54-22 | 📞 0237897701 | 🕙 11:00am-10:00pm | 🌐 https://www.fila.co.kr/

Map 1-2/ B3
44

韓版 Unique
TOPTEN10明洞2號店

地鐵 2 號線乙支路入口站（202）6 號出口，步行 4 分鐘

李娜英是TOPTEN10的最新代言人。

TOPTEN10是韓國三大快速時尚（fast fashion）服飾店之一，另外兩家就是8秒（8eight seconds）和SPAO。TOPTEN10的產品涵蓋了男裝、女裝、童裝、鞋子、配件等。的品牌精神是提供高品質、低價格、多樣化的商品，讓顧客能夠輕鬆地打造出韓流時尚的風格，簡直就是韓版 Unique 及 GU。TOPTEN10的品牌代言人包括許多韓星，例如李娜英、宋仲基、李敏鎬等。

INFO

🏠 首爾中區明洞 1 街 59-22 서울 중구 명동 1 가 59-22 | 🕙 10:30am-10:00pm | 🌐 https://topten10.goodwearmall.com/

現在和未來美妝體驗旗艦店
AHC Play Zone AHC 플레이존 ㊺

Map 1-2/ B3

 地鐵 4 號線明洞站（424）5、6 號出口，
步行 10 分鐘

　　AHC 的產品涵蓋了多種肌膚需要，如保濕、亮澤、彈力、修護等，並採用了高效的成分和科學的配方，以達到最佳的護膚效果。AHC Play Zone 是明洞旗艦店，共有兩層，以 Future Salon 的概念，1 樓是「現在和未來美妝共存的空間」，2 樓是 Media Wall，更設有不同功能區的體驗區。AHC 除了神仙水有名之外，還有不少 anti-aging 和眼霜都受歡迎。優質膠原蛋白 T3 套裝、膠原蛋白 T3 緊緻緊膚精華、膠原蛋白 T3 密度精華、膠原蛋白 T3 密度面膜等更是近日韓女大愛產品。

藍色防曬的升級版。

近日韓女大愛產品系列。

AHC Play Zone 樓高兩層，很有科幻感。

不同功能系能：包括 Eye cream。

膠原蛋白 T3

明洞

南大門

東大門

仁寺洞

光化門廣場

狎鷗亭、新沙洞、江南

INFO

🏠 首爾中區明洞 2 街 51-1 서울 중구 명동 2 가 51-1 ｜ 🕐 9:00am-11:00pm ｜ 🌐 https://www.ahc.co.kr/shop/main

美麗源自於食物　Map 1-2/ C3
Skin Food ㊻

🚗 地鐵 4 號線明洞站（424）5、6 號出口，步行 10 分鐘

　　Skin Food 以天然食材為原料，製造各種護膚、彩妝、身體和頭髮的產品。Skin Food 的產品涵蓋了多種食材，如黑糖、蜂蜜、蛋白、米、水果、蔬菜等，並採用了獨特的配方和製作工藝，以達到最佳的美容效果。當中的皇室蜂蜜系列以南法無污染的頂級黑蜂蜜和蜂膠為主要成分，具有潤澤、修護、抗氧化等功效，適合乾燥、受損、老化的肌膚。純穀米系列以大米和韓國傳統酵母為主要成分，具有保濕、提亮、活膚等功效，適合乾燥、暗沉、敏感的肌膚。

皇室蜂蜜系列◉

純穀米系列◉

INFO
🏠 首爾中區明洞 2 街 52-3 서울특별시 중구 명동 2가 52-3 | 📞 02-3789-3494 | 🕙 10:00am-11:00pm | 🌐 www.theskinfood.com

---

Map 1-2/ C4
可愛公主風
㊼ ETUDE HOUSE
에뛰드하우스 명동1번가점

超級補水 Cream。

體驗不同美妝style◉

🚗 地鐵 4 號線明洞站（424）5、6 號出口，步行 5 分鐘

　　ETUDE HOUSE 的口號是「Life is Sweet」，以粉色和公主風格為特色，製造各種護膚、彩妝、身體和頭髮的產品，品牌認為美容是一種有趣和快樂的遊戲，而不是一種負擔和壓力。皇牌 SoonJung 系列以低刺激性和高效能的成分為主，如瘡痘素、綠茶多酚、瘡痘素等，具有修護、鎮靜、平衡等功效，適合敏感、受損、發炎的肌膚。Moistfull Collagen 系列以水解膠原蛋白和白樺樹汁為主要成分，具有保濕、彈力、緊緻等功效，適合乾燥、老化、鬆弛的肌膚。

Soon Jung 系列◉

INFO
🏠 首爾中區明洞 4 街 11 서울 중구 명동 4길 11 | 📞 023187657 | 🕙 10:00am-11:00pm | 🌐 https://www.instagram.com/etudeofficial/

最新韓流百貨
K Studio

 Map 1-2/ **C5**
(48)

 地鐵 4 號線明洞站（424）5、6 號出口，出站即達

提供獨特的 K-POP 偶像主題商品及周邊的專賣店，剛於 2023 年 11 月開幕，由歌迷會手燈到限量版專輯都應有盡有。BTS、SEVENTEEN、Red Velvet、NCT、EXO 到新晉組合都可以找到。商店內每個團隊都有專門的區域、簽名專輯、攝影集以及適合紀念照片的其他紀念品，也有 Idol 們喜歡的零食小物，拉近粉絲們與偶像的距離。

INFO

 首爾中區明洞 8N 街 7 서울 중구 명동 8 나길 7

明洞 K Studio 剛於 2023 年 11 月開幕。

BTS photo-collection 特別版。

BT21系列小零食。

由歌迷會手燈。

女團代言的產品。

8層高國民百貨 ㊾ Map 1-2/ D5
Daiso Mall 다이소

🚕 地鐵 4 號線明洞站 (424)1 號出口步行 1 分鐘

明洞

南大門

東大門

仁寺洞

光化門廣場

狎鷗亭、新沙洞、江南

Daiso開設在熱鬧的明洞，樓高8層，貨品種類非常多元化，1樓至2樓適合女生，主要售賣時尚配飾、美妝品及食品；3樓有很多小清新的文具；5樓至6樓有很多生活雜貨及手機配件；7樓至8樓則有家品、廚具等，所有產品價格由W1,000起跳，最貴都只是W5,000。而最特別是韓國Daiso所賣的商品很多都是獨有的本地設計，近七成都是日本、香港沒有的款式，大家可以慢慢去尋找限定商品！

🏠 首爾中區退溪路 134-1 서울시중구퇴계로 134-1 | 🕙 10:00am-10:00pm | 🌐 www.daiso.co.kr

首爾最浪漫
N 首爾塔 / 南山 Tower

🚕 地鐵 4 號線明洞站 (424) 3 號出口，步行 8 分鐘至纜車站

　遊摩天塔是遊大城市的指定動作，獨沽一味睇風景，值不值得見仁見智，將這裡冠以「最浪漫」之名，實則是為了塔下休憩平台圍欄掛滿的情人鎖。上面寫滿海誓山盟，夠晒甜蜜。

想將甜蜜氣氛升溫，建議日落時分到此，跟情人玩完鎖後，可順道睇埋 N 首爾塔晚上的激光 show

INFO

🏠 首爾龍山區龍山洞 2 街山 1-3 서울특별시 용산구 용산동 2 가 산 1-3 | 📞 82-2-3455 9277/9288 | 🕐 10:00am-11:00pm (星期一至四)；10:00am-12:00mn (星期五、六) | 💲 (瞭望台) 成人 W21,000、小童 (12 歲以下) 及老人 (65 歲以上) 優惠 W16,000、幼童 (3 歲以下) 免費入場 | 🌐 www.nseoultower.co.kr (韓、英)

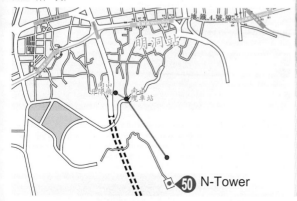

雖店內有 marker 發售，不過價錢有點貴，自行帶備較划算

50 N-Tower

南大門

老牌名店商場
新世界百貨本館、新館

Map 2-2/ **H1** (01)

 地鐵 4 號線會賢站 (425)7 號出口,步行 5 分鐘

Shinsegae 新館就在 MESA 商場對面

　　位於南大門的 Shinsegae(韓國新世界百貨公司)(신세계백화점본점)本館是韓國第一間百貨公司,早於 1930 年創立,如今仍保留著歐式的老建築,Prada、Gucci、Hermes 等名牌整齊列陣,新館同樣是名牌聖地。B1 為大型超市,與同品牌的 E-Mart 差不多,10F、11F 為餐飲層及 Food Court。

新世界百貨公司本館。

Shinsegae 本館地下有超市。買生果相當方便!

INFO

🏠 首爾中區忠武路 1 街 52-50 서울시 중구 충무로 1 가 52-50 | 📞 02-1588 1234 |
🕐 10:30am-8:00pm | 🌐 english.shinsegae.com (中、英、日、韓)

E F G H

1

1

明洞地下街

2 號門

3 號門

8 5

9a 9d

C棟 F棟

南大門市場

9b

D棟

9d 出7

9c 出6

G棟 出1

4 號門

出1

5 號門 地鐵4號線

3

出5

Hoehyeon 會賢站

出3

出4

Google Map 下載

首爾

溝通無難度
公順成商會

Map 2-2/ **E2** ⑫

🚕 地鐵 4 號線會賢站 (425)5 號出口，步行 2 分鐘

公順成商會的店員都會説流利的英語和普通話。重點在介紹貨品的特色，無論是胎盤素、海藻洗臉皂、雙和茶等，店員都能清楚講解食品的營養，如何達致最佳保健功效等等，溝通無難度。店家介紹日本遊客熱捧的海藻洗臉皂，大家不妨一試。

日本遊客最近喜歡的產品是這種海藻洗臉皂

🏠 首爾中區南倉洞 50-6　서울시 중구 남창동 50-6 | 📞 02-774-5296 | 🕐 8:00am-10:00pm

---

Map 2-2/ **E3** ⑬ 專賣保健紅蔘
高麗人參百貨店

🚕 地鐵 4 號線會賢站 (425)5 號出口，步行 5 分鐘

高麗人參百貨店售賣不同品種的人蔘、人參茶、人參精華素等，質素有保證。除了紅蔘以外，這裡還有各款口味的紫菜，像泡菜味、烤肉味、炸紫菜等，買來為辦公室小食角補充一下亦相當不錯！

即食紅蔘適合工作忙碌的人，亦較易吸收

在のり紅蔘名家也可以選購不同口味的紫菜

🏠 首爾中區南大門市場街 25-3 서울특별시 중구 남대문시장길 25-3 | 📞 02-774-6527| 🕐 8:00am-9:30pm

阿珠媽手切麵最受歡迎

會賢站 (425) 刀切麵街

Map 2-2/ **E3** ④

 地鐵 4 號線會賢站 (425)5 號出口，向右走即達

在會賢站 (425)5 號出口，就有一條「刀切麵街」，阿珠媽的刀切麵店最旺場！每一檔刀切麵都是阿珠媽（韓國媽媽）主持大局，手起刀落新鮮製造刀切麵、韓式拌飯，即點即製而且價錢不貴，可説是平食又有水準。

阿珠媽即製刀切麵

試勻刀切麵韓式拌飯
南海食堂

雖然每一家店賣的都是刀切麵和韓式拌飯，但亦有最受歡迎的一家：南海食堂。記者到訪當日亦遇上電視台採訪，訪問了來自釜山的遊客，也有每次公幹回國都來吃刀切麵的食客，全場最好吃的一家絕對有名氣有水準。

刀切麵有套餐，可以一次試勻刀切麵、韓式拌飯、拌冷麵，還有一碗熱湯，邊看阿珠媽製麵，小攤檔的氣氛只可以在南大門這種傳統市場感受到。

INFO

🏠 首爾中區南倉洞 62-7 서울시 중구 남창동 62-7 | 📞 02-319-7245 | 🕐 6:00am-9:00pm（南海食堂）| 💲 W8,000 起

家鄉之味
晉州家 진주집 ⑤

Map **2-2/ E1**

🚗 地鐵 4 號線會賢站（425）6 號出口，步行 10 分鐘

晉州是韓國南部的城市，也是老闆的故鄉。小店是南大門地道的麵店，主要以豆漿麵、拌麵和雞肉麵等家鄉美食招徠客人。其中豆漿麵是用國產大豆製成的濃郁豆漿湯，配上細軟的麵條和豆芽、海帶等配菜，味道清爽而飽滿。其他麵食如拌麵或雞肉麵的麵條都彈牙而有嚼勁，湯頭清淡而鮮美，難怪開業超過50年仍廣受歡迎。

INFO

🏠 南大門市場內 | 📞 02-322-8111 | 🕐 9:00am-5:30pm | 🌐 http://www.namdaemunmarket.co.kr/

喪買批發商場
MESA 메사 ⑥

Map **2-2/ G1**

🚗 地鐵 4 號會賢站 (425)5 號出口，步行約 2 分鐘

進駐1F至3F的時裝鋪仔超過200家。

南大門裡最熱鬧的批發商場，像深水埗批發商場的格局，人流卻像旺角中心。

GF為首飾、K金器批發店區，1F-3F主角都是時裝，大部分為批發直銷店，普遍低於市價，香港Boutique動輒賣二、三百元的「Made in Korea」韓國款，現在折合港幣幾十元已有交易，滿載而歸輕而易舉。

GF為首飾、K金器批發店區，冷清多了。

INFO

🏠 首爾中區會賢洞 1 街 204 서울시 중구 회현동 1 가 204 | 📞 02-2128 5000 | 🕐 10:00am- 翌晨 4:00am

南大門／明洞／東大門／仁寺洞／光化門廣場／狎鷗亭、新沙洞、江南

妙搜人參
韓國人參社

Map 2-2/ **E2** ⑦

🚗 地鐵4號線會賢站(425)5號出口,步行約2分鐘

買人參,不可一味貪平,買得「值」才是王道。買人參茶、人參糖等平價大路副產品,鬥價錢,超市和大賣場遠遠贏南大門的人參店幾條街,品質與款式卻大同小異,若論原條人參、人參濃縮液、參片等補品,還是南大門的質素較佳。此店的人參普遍從錦山、開城、江華等頂級人參產地入貨,品質有保證。

各式人參副產品,也有人參梘、人參Mask等新派產品,比人參糖更具特色。

原支新鮮生人參(大)
在頂級人參產地江華區培植而成,新鮮優質,入藥、燉湯、泡茶皆宜。

INFO

🏠 首爾中區南倉洞 50-9 서울시 중구 남창동 50-9
📞 02-752-4203 | 🕐 8:00am-10:00pm

Map 2-2/ **E1** ⑧ 人參松茸專門店
ソウル商會(서울상회)

🚗 地鐵4號線會賢站(425)5號出口,
步行2分鐘

專門店主打高級原條人參。

一個個大玻璃盅浸泡著白參,價格由W150,000至W300,000不等。

為開業30多年的老店,專營韓國產人參松茸,標榜貨源由原產場直送。松茸在日本是高級品,以日本國產的最高級,韓國產的屬次一級,但仍屬高質素,所以甚受日本人歡迎。

INFO

🏠 首爾中區南倉洞 34-1 서울시 중구 남창동 34-1 | 📞 02-778 8149 | 🕐 8:00am-10:00pm

明洞

南大門

東大門

仁寺洞

光化門廣場

狎鷗亭、新沙洞、江南

必掃手信雜貨
남대문시장（南大門市場）

Map 2-2/ **E2** ⑨

🚕 地鐵4號線會賢站 (425)5號出口，步行2分鐘

　　南大門市場是韓國最大的綜合性市場，是南大門主要遊點，商品豐富，本棟（A、B棟）主打食品乾貨，C、D、E、F、G棟集服裝、童裝、廚房用品、日用雜貨於一身，很多商店都是生產商直銷店，因此價格更加低廉。每棟各有特色，為省時起見，建議先訪目標樓層。

INFO

🏠 首爾中區南倉洞 49 서울시 중구 남창동 49 | 📞 02-753-2805 | 🕐 各棟大樓營業時間不同，星期日休息 | 🌐 www.namdaemunmarket.co.kr （韓文網頁）

南大門買手信2大規條：
Rule 1：不論買多少，一定要講價！
Rule 2：如大量購買，部分商戶可免費送貨至酒店，建議預先查詢。

主攻傳統手信
C棟中央商街

Map 2-2/ **E2**
⑨a

🚕 地鐵4號線會賢站 (425)5號出口，步行2分鐘

　　要買傳統韓風小手信，C棟是首選，韓式刺繡品、韓國布料、漆器、被單、韓服、小工藝品等盡在商場2樓。B1樓主要售賣進口雜貨，1樓主要為成衣批發、皮革製品店，3樓為廚具、杯碟餐具賣場。

手繡布童鞋。

手繡韓風針包。

INFO

🕐 約 8am-11pm，因店而異；星期日休息

掃家居雜貨
D棟大都商街
Map 2-2/ **E2** (9b)

🚗 地鐵4號線會賢站(425)5號出口，步行2分鐘

D棟是日用雜貨大賣場，1、2樓主要售賣各式布藝用品、布公仔、床上用品、家居雜貨，2樓的小擺設專區已有30多年歷史，以價廉物美稱著。B1是水產賣場，3樓為廚房用品區。

Dot柄水杯。

木製小擺設(一套4件)。

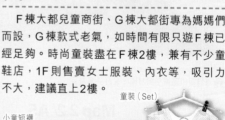
Patchwork Cushion套。

INFO
🕐 約7:00am-5:00pm，因店而異；星期日休息

批發價首飾
E棟中央商街
Map 2-2/ **E2** (9c)

🚗 地鐵4號線會賢站(425)5號出口，步行2分鐘

1、2樓雲集上百個首飾櫃枱，兼營批發零售，為首爾首飾批發中心，是明洞、東大門、梨大街舖的貨源，散買也有特平批發價，2樓折扣更多。注意K金專門店一般只作批發，不設零售。B1為跳蚤雜貨場，3樓為人造花賣場。

手鏈

項鏈

INFO
🕐 約6:00am-5:30pm，星期六11:am-2:00pm，因店而異；星期日休息

媽咪小天地
F棟、G棟
Map 2-2/ **E2** (9d)

🚗 地鐵4號線會賢站(425)5號出口，步行2分鐘

F棟大都兒童商街、G棟大都街專為媽媽們而設，G棟款式老氣，如時間有限只遊F棟已經足夠。時尚童裝在F棟2樓，兼有不少童鞋店，1F則售賣女士服裝、內衣等，吸引力不大，建議直上2樓。

童裝(Set)

小童短襪

INFO
🕐 F棟：約9:30am-6pm，因店而異
G棟：約11:30am-5pm，因店而異；星期一休息

空中天橋花園
首爾路7017 ⑩

Map 2-2/ A4

 地鐵會賢 (425) 站 5 號出口或首爾站 (426)4、5 號出口

首爾路7017由高架行車橋活化而建，成為新興起的行人道兼空中花園。天橋全長1.7公里，由首爾站出發，分別連接會賢站、南山天橋、南大門市場等共17個出口。橋上有遊樂區、花園區亦有藝術裝置，而且可欣賞城市美景，絕對賞心悅目。

INFO
🏠 首爾南大門路 5 街 서울시남대문로 5 가 | ☎ 02-313-7017

交通樞紐
⑪ 首爾站

Map 2-2/ A5

🚕 地鐵 1 號或 4 號線首爾站 (426) 直達

首爾站是區內交通中樞，從首爾站乘機場快線列車直達仁川國際機場，也能乘搭KTX、巴士前往釜山和其他城市。而且附近就有樂天超市、樂天Outlet，不少遊客會把它作為最後衝刺的購物點！

INFO
 首爾龍山區東子洞서울시 용산구 동자동

狂買手信
樂天超市 ⑫

Map 2-2/ A5

🚕 地鐵首爾站 (426)1 號出口直達

遊客最愛的樂天超市是掃貨血拼的好地方，售賣新鮮食品如醬油蟹及泡菜、零食、醬料、化妝品、廚具等，種類超多元化，在這裡買滿W15,000或以上，還可以即場辦理退稅手續。

INFO
🏠 首爾龍山漢江大路 426 서울시 중구 청파로 426 | ☎ 02-390-2500 | 🕙 10:00am-12:00mn

東大門

交通策略

| 明洞 | - - - - - - - - - - - - - - - - | 東大門 |

地鐵4號線 · 5分鐘

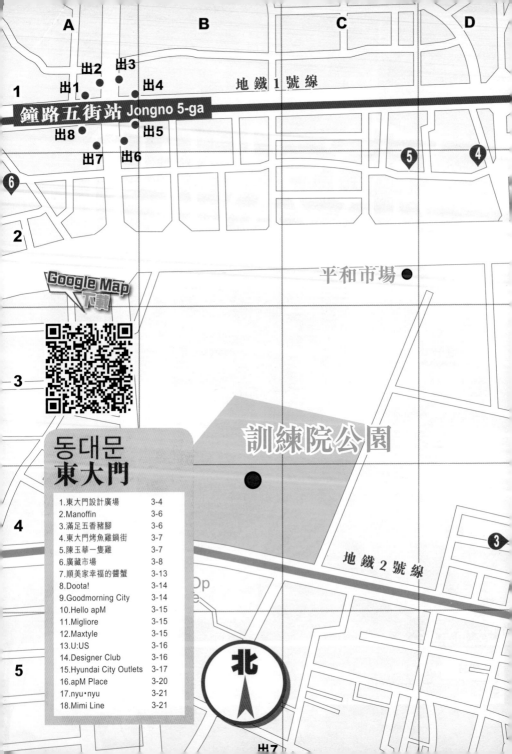

A   B   C   D

出2 出3
出1   出4
1

地鐵1號線

鐘路五街站 Jongno 5-ga

出8   出5

出7 出6

⑥

2

平和市場 ●

Google Map
下載

訓練院公園

3

동대문
東大門

⑤   ④

4

③

地鐵2號線

北

5

出7

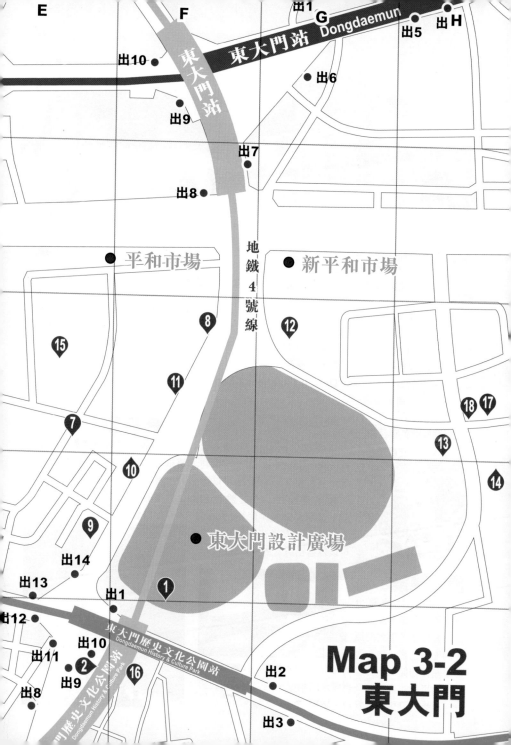

DDP 的外觀很有未來感

設計＋歷史保育
東大門設計廣場

Map 3-2/ F4

地鐵 4 號線東大門歷史文化公園站（422）1、10 號出口，即達

　　設計廣場由地下二層至四樓，一共分 Art Hall、Design Lab、Museum 和 Outdoor Space。一樓是 Design Lab，有國內外不同的設計品牌，在這個場地作推廣。二樓有部分空間是 Design Lab，還有一個 Design Museum，是視覺藝術和設計的展覽館，展覽會不停更新主題，可以在遊覽當日查看。三樓是 Academy Hall，收藏了設計相關的書籍，也會在這裡舉行講座和討論會。四樓是 Design Experience Zone，這裡可以體驗未來世界，包括未來世界的科技、美術表現方式等。

Design cafe

　　室內除了 design shop，也有 cafe。beesket 果汁店利用蜂巢設計，一杯飲品可以選三款水果配搭，自己設計飲品。選擇材料後，附送的小卡上印了果汁有多少卡路里，還可以為自己組合的果汁評分。

歷史建築

　　除了 DDP 建築分成了不同區域，室外部份地方保留了東大門原址的歷史建築，現在改建成為博物館。例如首爾城郭和水門建築，將舊建築保留，附近的水泥牆顏色也與水門相近，感覺融入現代設計。東大門歷史館就展現了首爾的歷史文物。

DDP 設計

　　本體設計很有建築美學，空間感很大。如室外旋轉的長樓梯設計，像走在時光隧道中。DDP 晚上外牆的 LED 會不時發光，很有太空船的感覺。

D-Shop◎

Design Museum◎

Design Lab 不時有不同的展覽◎

Media Art◎

Outdoor Space 有不同的節慶和戶外展覽，剛好11月有 Seoul Design Festival，還有來自各國的小攤，很有趣！

新增了不少餐廳和咖啡廳，還有 food court◎

INFO

🏠 首爾中區乙支路 281 서울시 주구 을지로 281 | 📞 02-2153-0408| 🌐 www.ddp.or.kr |

🕐 東大門歷史館、Design Museum 10:00am-7:00pm，星期一、中秋、元月休息；
Design Lab 10:00am-10:00pm，每月第三個星期一休息；
Design Market，24 小時開放；東大門歷史館、Design Museum 10:00am-7:00pm，星期一、中秋、元月休息
Design Lab 10:00am-10:00pm，每月第三個星期一休息；
Design Market，24 小時開放

地鐵食鬆餅早餐 ②

Manoffin Map 3-2/ E5

🚕 地鐵 4 號線東大門歷史文化公園站
（422）10 號出口

在地鐵站內的 Manoffin，只可以外賣，沒有座位

英式原味鬆餅，W1,500

　　韓國地鐵是可以在站內、車內進食，像這類簡單的輕食，當地人會購買作早餐。韓國的早餐店比較少，除了有名的 Isaac 三文治，在遊客區以外就沒甚麼選擇了。Manoffin 非常就腳，在地鐵站就可以買到，鬆餅的口味也多樣化，朱古力味鬆餅非常香濃。

一個鬆餅加一杯咖啡，只需要 W4,500

INFO

🏠 首爾中區乙支路一街서울시 종구 을지로 1 가 | 📞 02-2256-6768 | 🕐 7:00am-11:00pm | 💻 www.manofin.co.kr | 💲 W1,500 起

Map 3-2/ D4 ③ 齒頰留香

滿足五香豬腳 東大門店

🚕 地下鐵 4 號線東大門歷史文化公園站 (422)14 號出口即達

　　滿足五香豬腳以其香氣濃郁、肉質鮮嫩、不油膩的豬腳而聞名。店裡的招牌菜是滿足五香豬腳，用100多種藥材燉煮的豬腳，搭配特製的蒜醬，吃起來清爽可口，肥而不膩。另一個人氣菜是冷盤豬腳，把豬腳肉切成薄片，沾上解膩的芥末醬，既清新又有一種過癮的嗆感。

INFO

🏠 首爾中區乙支路 6 街 18-77 서울시 중구 을지로 6 가 18-77 | 📞 02-2271-0880 | 🕐 3:00pm-11:30pm | 💻 https://www.facebook.com/manjokddpchi/

老饕心水
東大門烤魚雞鍋街 ④

Map 3-2/ **D2**

🚖 地鐵 1、4 號線交匯東大門站（128）
9 號出口，步行 8 分鐘

在廣藏市場附近一條橫街內，雞鍋店與烤魚店成行成市，深受首爾老饕喜愛。雞鍋泛指以原隻嫩雞、年糕、泡菜等同煮的一品鍋，雞鍋連爐上桌，愈吃愈有辣勁，當中以陳玉華女士開設的雞鍋店最受當地人歡迎，而對面的利川食堂，則以烤魚聞名，全由老闆即叫即燒，香氣撲鼻。

INFO

🏠 首爾鐘路區鐘路五街　서울시 종로구 종로 5 가 | 🕐 一般為 11:00am-10:30pm，因店而異

Map 3-2/ **C2** ⑤ 韓國雞煲排隊店
陳玉華一隻雞

🚖 地鐵 4 號線東大門站（421）9 號出口，向鐘路 5 街方向走，到大馬路左轉入第一條小巷

東大門有一條雞煲烤魚街，其中以「陳玉華一隻雞」名氣最大，樓高數層，店面外是長長的人龍。冬天是店員會安排客人在店內的樓梯排隊，不用在室外吹風。

陳玉華一隻雞可説是「一隻雞」的元祖，創出原隻嫩雞煮成雞煲，原味的一隻雞湯頭微鹹，加入了薑和蔥段，店員會把整隻雞送上，再在客人面前剪開雞肉，保證有一整隻雞的份量。一隻雞大約是兩人份量，可以加入年糕、薯仔或麵條，增加風味。

始創人陳玉華的樣子就印在招牌上：一定不會走錯

雞煲有薑和蔥段加入同煮，可以再加年糕、薯仔或麵條。一隻雞 W28,000

INFO

配搭一隻雞的小菜，有『水泡菜』，比一般的泡菜味淡，比較爽口

🏠 首爾鐘路區鐘路 5 街 265-22　서울시 종로구 종로 5 가 265-22 | 📞 02-2275-9666 | 🕐 10:00am-10:30pm | 💲 W28,000 起 | 🌐 www.darkhanmari.co.kr

明洞

南大門

東大門

仁寺洞

光化門廣場

狎鷗亭、新沙洞、江南

經典小吃街
廣藏市場（광장시장）

Map 3-2/ **A2** (06)

🚕 地鐵 1 號線鐘路 5 街站（129）8 號出口，或地鐵 2 號線乙支路 4 街站（204）4 號出口，步行約 5 分鐘

廣藏市場最大特色，新鮮的食材，現場即製，可以享受熱騰騰的韓式家常料理！市場內的選擇很多，米腸、煎餅、豬手等，因為市場是開放式的設計，十字形街道，東南西北面入口，冬天比較當風，小檔都設有熱毯椅，讓客人溫暖地進食。人氣之選有迷你紫菜卷飯和拌飯！

鐘路5街8號出口走幾步，即見廣藏市場正門

過百小吃檔把中央通道擠得密密麻麻

INFO

🏠 首爾鐘路區禮智洞 6-1 서울시 종로구 예지동 6-1 ｜ 🕐 約 11:00am-7:00pm，部分營業至深夜，星期日休息

【廣藏市場精選小食】

1. 即磨綠豆餅 (부침개)

即磨綠豆餅（부침개）W5,000

磨豆、做漿、煎餅，老闆娘一腳踢

　　即席磨豆、做漿、煎餅，百分百新鮮！能做到即席磨豆的餅攤並不多見，在大堂中央的這家堪稱廣藏市場最有名食檔。餅漿加入了蠔仔或蚵仔、青椒、雞蛋，有點像我們的蠔餅。

像台灣豬血糕的韓國釀腸

豬紅釀腸（순대）
大大一碟，消滅它需要2把口2個胃

2. 豬紅釀腸 (순대)

　　即釀豬腸，地道小食代表。灌入糯米、冬粉一類的東西，因為有豬紅而略帶黑色，韓國人習慣沾少許鹽巴吃。多是清蒸的，模樣不討好，其實味道挺不錯的。

3. 魚板 (어묵)

　　魚板即韓式魚蛋。就像日式居酒屋，顧客可免費索一碗魚板湯潤口，凝聚了魚板和其他食材的美味。

魚板（어묵）

更多地道小食：

雞蛋餅（계란빵）

炒釀腸（순대볶이）

炸魚肉條（튀김）

辣炒年糕（떡볶이）W4,000

炭烤栗子（구운밤）

韓式壽司（김밥）

迷你紫菜包飯 **Map** 3-2/ **A2** 6a

芝麻紫菜包飯 마약김밥

新派的紫菜包飯外型小巧，一盒一人份，也有12條

韓式包飯的材料很簡單，只有微酸的黃色醃蘿蔔和胡蘿蔔，和白飯一起包成紫菜小卷，再灑上芝麻。迷你紫菜包飯比起一般大小的包飯，方便的是不用切開一件件，可以一口吃一條，更能吃到紫菜的爽脆口感，十分吸引。韓國三家電視台都採訪過的麻藥小店，有不少韓國人專程去廣藏市場光顧，如店名一樣，這家的紫菜包飯是令人中毒的美食。

現包的迷你紫菜包飯，可以叫店家不加芝麻。

INFO
🏠廣藏市場東門 A17 號 광장시장동문 A17

6b **Map** 3-2/ **A2** 住家式拌飯

廣藏食堂 광장식당

可以看著店家準備拌飯。

在市場吃拌飯與在食店相比，廣藏像在家一樣，店家現場調醬料，打開飯桶盛飯夾菜，還叫客人趁熱趕快吃！每家拌飯店都有一盤盤像小山一樣高的菜，十多款蔬菜和泡菜配上米飯成拌飯。各店都有自家熱湯，隨拌飯送上。

店家夾好十多款蔬菜和泡菜，自己動手拌勻。

附上的熱湯，這家店的熱湯加了蔬菜。

一盤盤泡菜山相當吸引。

INFO
🏠廣藏市場東門 A69 號 광장시장동문 A69

明洞
南大門
東大門
仁寺洞
光化門廣場
狎鷗亭、新沙洞、江南

重口味之選
豬紅米腸（삼화집）
Map 3-2/ **A2** (6c)

由東門入口進入廣藏市場，最先到達米腸店。

豬紅米腸之所以稱它為重口味，因為韓國年青一輩都對內臟比較抗拒，幾乎只有中年人才會吃內臟。燒烤方式的烤豬腸、烤牛小腸已經是比較多年青人會吃，蒸的豬紅米腸就比較少人吃了。在傳統市場都會有不少豬紅米腸店，主打豬紅米腸，釀入豬血在米中，再灌成腸。會吃豬紅的朋友會覺得味道比較淡，有米粒令口感更紮實。這類食店也有魚板、炒年糕等小吃提供。

INFO

🏠 廣藏市場東門 A4 號광장시장동문 A4

左邊深色的就是豬肉米腸。

巨大的鐵板上都是綠豆煎餅。

(6d) Running Man 熱潮食品
綠豆煎餅
Map 3-2/ **A2**

因為韓國綜藝 Running Man 在廣藏市場吃了綠豆煎餅，粉絲都懂得到廣藏市場尋食！廣藏市場內的綠豆煎餅店很多，在市場的中心，十字形街道的中央，就有數家綠豆煎餅店。現場還有磨豆機，即磨的豆泥加入了豆芽和蔥段，用大量的油高溫煎煮，感覺有點想炸餅。每家食店的做法都相約，綠豆煎餅做得十分香脆，可以買一塊堂食，約 W5,000。

現場磨豆即製煎餅。

INFO
廣藏市場正中央

韓國飯桌必備
順熙來小菜專門店（순희네 반찬전문）
Map 3-2/ **A2** (6e)

在廣藏就有一家比較大型的小菜店順熙來（譯音），由泡菜、辣海鮮、醬瓜、醬蓮藕，到醬蟹、辣小魚乾，都可以在這裡買得到，價格比較便宜。如果想買回香港，就要密封包裝，最好在回港當天購買，以縮短運輸時間。之後可以放在雪櫃或陰涼的地方，保存期約一個月。

順熙來小菜專門店，數十款小菜可供選擇。

醬蟹的製作較複雜，要用大量醬油。到店裡買就更方便。

INFO
🏠 廣藏市場東門 A4 號 광장시장동문 A4 | 📞 010-3015-0878

首爾
廣藏市場寶物特搜！

1. 平價靚韓服

廣藏市場是首爾最大的綢緞商場，韓服店也很多，因為對象是本地人，價錢比旅遊區便宜3至4成，一般沒有標價，可大幅議價。

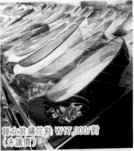

韓女裝繡花鞋 W17,000/對（未議價）。

韓服店比比皆是。

綢緞暗花女童裝，議價前 W55,000，議價後 W44,000。

綢緞繡袖女裝，議價前 W90,000，議價後 W78,000。

2. 泡菜醃物大觀園

韓國人廚房必備泡菜，廣藏市場泡菜種類齊全，比超市豐富多了。泡菜一般以鹽醃過，加辣椒粉、蒜、薑蔥、蘿蔔等調味再發酵而成，根據季節和地區的不同，泡菜種類極多，可伴飯、作泡菜湯、泡菜餅等。

令人眼花繚亂的泡菜店。

醃辣蟹。

以食物盒盛載，方便衛生。如相中一小盒，售價約 W10,000，視乎款式而異。

泡菜中韓對照

（首爾風味）白泡菜 백김치

（首爾風味）整棵白菜泡菜 통배추김치

（首爾風味）蘿蔔白菜泡菜 나박김치

（首爾風味）醬泡菜 장김치

（江原道風味）腸卵醬蘿蔔泡菜 창난젓깍두기

（京畿道風味）包飯泡菜 보쌈김치

（忠清道風味）茄子泡菜 가지김치

（忠清道風味）蘿蔔莖泡菜 총각김치

（慶尚道風味）牛蒡泡菜 우엉김치

（慶尚道風味）豆子葉泡菜 콩잎김치

（慶尚道風味）韭菜泡菜 부추김치

（全羅道風味）苦菜泡菜 고들빼기김치

（全羅道風味）蠔仔蘿蔔莖泡菜 굴깍두기

（全羅道風味）突山芥菜泡菜 돌산갓김치

（忠清道風味）小蔥泡菜 쪽파김치

旅遊達人

特級推介：原條糖人參！

廣藏市場有很多乾果店，放滿琳瑯滿目的宮廷式九折板乾果盤，精美鮮艷如膠玩具的乾果製品，原來是韓國人結婚、大壽、大時大節等喜慶日子的祝賀食品。這種店還會提供原條糖人參，多為6年生土產人參，切開即可食用，參味甘郁，比人參糖豪華十倍，不過幾十元而已。

宮廷式九折板乾果盤 W200,000。

琳瑯滿目的乾果盤，據說節慶乾果盤源自古代韓國宮廷。

糖人參（인삼）W70,000/kg 可嚴價：一條約W5,000，過磅計數。

吃貨必到

⑦ Map 3-2/ E3

順美家幸福的醬蟹 순미네행복게장

🚇 地鐵 4 號線東大門歷史文化公園站（422）
14 號出口步行 8 分鐘

可以任食醬油蟹外，店內的醬油蝦、瀨尿蝦、韓式薯仔炆雞、飲品都是無限 Refill，豪華版任飲任食 W45,000/一位，單單任飲就 W30,000/人位，不是大胃王就可以食定食，價錢只需 W17,000起，指定要有膏的母蟹定食就 W35,000/一人，非常抵食！

INFO

🏠 首爾中區乙支路 6 街 18-37 3 樓 서울시 중구 을지로 6 가 18-37 3 층 | 📞 02-2268-2059 | 🕐 10:30am-10pm，星期六、日至 9:30pm

3-13

東大門購物商場群

　　首爾有名的購物圈，東大門購物商場，包括了百貨公司，也有專賣批發的商場，都集中在東大門歷史文化公園附近。東大門的購物商場都有超長營業時間，可以血拼至凌晨，每個商場都有不同的休息時間，以星期二最多商場休息，記得留意時間。

Doota!

Map 3-2/ **F3**

 地鐵 4 號線東大門站（421）8 號出口，步行約 8 分鐘

　　Doota! 是東大門眾多購買商場中較有名，且裝修比較漂亮。場內普遍是中價貨品，由B2層至八樓都分為不同的時裝區，男女士都照顧到，逛街空間舒適。

　　Doota!招牌的梯形入口處非常易認，男士可以集中逛B1、B2層，小店多，光是B2層就有近九十家店。B1層也有不少街頭時尚風的店，設計都比較型格。Doota! 是購物商場，店鋪一般沒有講價的空間。

Doota! 樓層	
8F	The Kitchen 8
7F	Food Court
6F	飾品、化妝品
5F	小童時裝
4F	女士手袋
3F	年青女士時尚
2F	女士時裝
1F	Designer 店
B1	運動、街頭時尚
B2	男士時裝

年輕女士時裝區。

Hats on 的帽子也可以在 Doota! 買得到。在 B1層可以找到。

INFO

🏠首爾中區乙支路 6 街 18-121 서울시 종구 을지로 6 가 18-121 | ☎02-3398-3114 | 星期一至六 10:30am-5:00am，星期日 10:30am-12:00mn | 🌐 www.doota-mall.com

Map 3-2/ **E4** 09 Goodmorning City

🚕 地鐵 4 號線東大門歷史文化公園站（422）8 號出口，步行約 3 分鐘

　　Goodmorning City 營業時間至凌晨四時半，搭凌晨機的旅客就可以作最後衝刺，購物至最後一刻。Goodmorning City 的服裝以女裝較多，設計比較大眾化，款式不算盡善盡美，但勝在選擇多，價錢相宜。服裝店都標明了衣服價錢，以地面一層為例，一件只需W5,000，明碼實價，甚至不需要講價。

Goodmorning City B3層有一家汗蒸幕SPAREX，是信譽良好的汗蒸幕店，女生去也不怕安全問題。可以在購物完後去試試韓國式按摩，阿豬媽擦背。

地下一層的服裝店，貨品標明價錢，部份只需 W5,000。

INFO

🏠首爾中區乙支路 18-21 서울시 종구 을지로 18-21| ☎02-2278-5399 | 10:30am- 翌日 4:30am，星期二休息

Hello apM Map 3-2/ F4 ⑩

地鐵 4 號線東大門歷史文化公園站（422）14 號出口，步行約 1 分鐘

　　Hello apM 的名字代表由上午到下午，時尚購物是不會停止的，也很符合東大門購物商場的風格。Hello apM 在 1999 年開幕時，是東大門購物商場中第一家有管理的商場，比以往的傳統市場整齊得多，現在也是主打年輕人市場。

INFO

🏠 首爾中區乙支路 6 街 18-35 서울시 종구 을지로 6 가 18-35 | 📞 02-6388-1114 | 🕐 10:20am- 翌日 5:00am，星期二休息 | 🌐 www.helloapm.com

樓層分佈	
10F	美容院、牙科
9F	餐廳
8F	健身中心
7F	皮鞋、手袋
6F	觀光紀念品
5F	男士服裝
4F	男士服裝
3F	女士服裝
2F	女士服裝
1F	女士服裝
B1	運動服裝

⑪ Map 3-2/ F3 Migliore

地鐵 4 號線東大門歷史文化公園站（422）14 號出口，步行約三分鐘

　　Migliore 是東大門眾多購物商場中，比較傳統的一個，特色是貨品多，價格相宜，重點是在這裡購物一定要講價，店家都會說流利的普通話或英語，非常方便溝通。

INFO

🏠 首爾中區乙支路 6 街 18-185 서울시 종구 을지로 6 가 18-185 | 📞 02-3393-0001 | 🕐 10:30am- 翌日 5:00am，星期一休息 | 🌐 www.migliore.co.kr

樓層分佈	
9F	高爾夫球場
8F	健身中心
7F	皮鞋、手袋
6F	童裝、飾物
5F	男士服裝
4F	男士服裝
3F	女士服裝
2F	女士服裝
1F	女士服裝
B1	運動服裝

Maxtyle 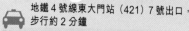 Map 3-2/ G3 ⑫

地鐵 4 號線東大門站（421）7 號出口，步行約 2 分鐘

　　Maxtyle 前身是東大門的興仁市場和德雲市場，改建之後成為東大門的購物商場之一，商場旁邊是傳統市場新和平市場。Maxtyle 人流比較少，只有數層有商店，在商場 B1 層的地下街，可以通往 Doota! 商場。

INFO

🏠 首爾中區新堂洞 773 서울시 종구 신당동 773 | 📞 02-2238-6800 | 🌐 www.maxtyle.com | 🕐 星期一至五 11:30am- 翌日 5:00am 星期六 11am- 翌日 2:00am；星期日休息

樓層分佈	
8F	餐廳
3F	女士服裝
2F	女士服裝
1F	女士服裝
B1	女士服裝
B2	生活用品

首爾

海外批發服務

U:US

Map 3-2/ **H3**

地鐵4號線東大門歷史文化公園站（422）
1、2號出口，步行約6分鐘

U:US場內店家包羅萬有，男女服裝、手袋飾物都有很多選擇，以女士服裝比較多。在批發中心購物更有一大特色，可以在購買貨品後暫放在店內，U:US有劃一款式的膠袋，全是白色底印上「U:US」字樣，店員都會包裝好，寫上顧客名字，甚至來自甚麼國家，方便識別。大量購買時可以即場寄件，直送回港。

樓層分佈	
1至3F	時尚女裝

INFO

🏠 首爾中區馬場路 22 서울시 종구 마장로 22 | 📞 02-6270-1000 | 🕐 8:00pm-6:00am，星期六休息

Map 3-2/ **H4** 老字號購物中心

Designer Club ⑭

地鐵4號線東大門歷史文化公園站（422）1、2號出口，步行約6分鐘

Designer Club 服裝比較大眾化，女裝較單調，比較適合添購起居服裝。在Designer Club外都是街頭小店，可以買到價格相宜的襪子和鞋。

樓層分佈	
B1至4F	女士服裝
B2	雜貨、飾品

INFO

🏠 首爾中區新堂洞 200-1 서울시 종구 신당동 200-1 | 📞 02-2237-2503 | 🕐 8:00pm-8:00am，星期六休息

重生於東大門
Hyundai City Outlets

Map 3-2/ E3 (15)

🚕 地鐵 4 號線東大門站（421）8 號出口徒步約 5 分鐘

前身是 Cerestar Plaza，經過約兩年的改建後，已經變成又新又靚的 Hyundai City Outlets！樓高 11 層，食買玩通通包羅！在東大門扮完批發買手後可以跑到這裡嘆個咖啡，吃個人氣香蕉奶才斯斯然回港！

INFO

🏠 中區獎忠壇路 13 街 20 號 별시 중구 장충단로 13 길 20 | ☎ 02-2283-2233 | 🌐 http://www.ehyundai.com

Map 3-2/ E3 (15a) 我愛芭娜拉
🍴 Yellow Cafe

黃色讓我想起香蕉，原來韓國人都很愛這種只有在熱帶地區才長得好味的香蕉！全店的黃咁咁，跟香蕉襯到絕。然而所有飲品食品紀念品都由香蕉 spin off 出來，擺明車馬「我愛芭娜拉」！

INFO

🏠 B2/F BBang Zip | ☎ 02-2283-2228

蜂蜜薯片 ⑮b Map 3-2/ E3
Haitairo (해태로)

蜂蜜本是溫和之物，但配上熱氣之王即炸薯片，就立即變得熱辣辣！店舖有大杯及細杯份量出售，除非閣下擁有不怕生痲滋的冒死精神，細杯裝已經好夠。

除了鮮炸薯片外，還有外型肥嘟嘟的有機鮮奶軟雪糕，極可愛！

蜂蜜薯片 (45g) 細裝

肥嘟嘟的鮮奶軟雪糕，光看已經拿滿分！

INFO
🏠 B2/F BBang Zip | 📞 02-2283-2229

Map 3-2/ E3 ⑮c 彩虹之地
DORE DORE

彩虹港鐵站看不到彩虹，就是星州沒有星州炒米。不過，這間café卻可以見到彩虹bagel及靚到不得了的彩虹天使蛋糕，味道出奇地帶點鹹味，頗有趣。

彩虹天使蛋糕，鹹甜相交，味覺的新嘗試！

INFO
🏠 B2/F BBang Zip | 📞 02-2283-2145

明洞
南大門
東大門
仁寺洞
光化門廣場
狎鷗亭、新沙洞、江南

食得安心 玩得放心 (15d) Map 3-2/ E3
Lilliput Kids Cafe

Lilliput Kids Cafe專為小孩和家庭而設計，餐廳內有多個不同主題的遊樂區，這些遊樂區都是由專業的設計師和教育家精心規劃的，旨在幫助小孩發展他們的創造力、想像力、社交能力和認知能力。餐廳的菜單有多種選擇，包括咖啡、茶、果汁、三文治、漢堡、沙拉、蛋糕等，都是用新鮮和健康的食材製作，家長可以一邊享用，一邊觀察小朋友在遊樂區的情況。

海鮮茄汁炒年糕

芝士薯格薄餅

大量大型玩具組，人人有得玩！

INFO

🏠 B2/F BBang Zip | 📞 02-2283-2228

Map 3-2/ E3 (15e)
健康之選
🍴 Joe & the Juice

Joe & the Juice是一家來自丹麥的連鎖咖啡店，主要提供果汁、咖啡、三文治和沙律等產品。它的果汁每一杯都是現場用新鮮水果和蔬菜榨出來的，並且有各種不同的口味和功效，例如提神、排毒、增強免疫力等。三明治和沙拉也是用新鮮的食材製作的，有多種選擇，可以滿足不同的口味和需求。

INFO

🏠 1/F BBang Zip

明洞　南大門　東大門　仁寺洞　光化門廣場　狎鷗亭、新沙洞、江南

暫不見有大媽前來大手入貨，大家可以安靜地逛逛！

全新型格批發大樓 Map 3-2/ F5 ⑯

apM Place

在apM LUXE有免費小巴接載客穿梭往來，5分鐘一班，每日8:00pm-5:00pm行走。

地下鐵4號線東大門歷史文化公園站（422）10號出口即達

當大家仍不介意身水身汗的走去批發市場，跟大媽拼過你死我活，為的就是便宜十元八塊，在東大門DDP旁就新開了一幢全新型格的批發大樓。樓高8層，主打飾物及型格女裝。最高兩層是酒店apM Residence。暫時未見太多大媽在此出沒，也許是因為賣的款式較型較潮，故未吸引到走傳統路線的大媽們。

INFO

🏠 首爾中區乙路7街105 서울시 중구 을지로 7 가 105 | 📞 02-2200-5678 | 🕐 星期一至五 2:00pm-5:00am，星期日 7:00pm-5:00am，星期六休息 | 🌐 www.apm-place.com/english-2

B1/F
主打飾物及包包

1-3/F
全數為女裝批發店，款式走格型路線。

apM Residence
位於大樓的最高兩層，買完貨就上去休息，一站式服務！

東大門兩大超好買的 飾品小物批發店

女生必去！

🚕 地鐵 6 號線新堂站 (635)10 號出口，步行 4 分鐘

　從前常都不能在批發地買少量的飾品小物，現在不用煩惱了，韓國的 nyu nyu 和 mimi lines 是近年最知名的大型飾品批發店，重點是營業時間由早上11時到凌晨5時，另外是買一件也可以，都是W1000起！貨品種類五花八門，連925純銀飾品也有，肯定令女生們樂而忘返。

飾品天堂
nyu・nyu 뉴뉴

Map 3-2/ H3 ⑰

　東大門 nyu nyu 共有3層樓，每一層樓都有大量飾品選擇，如耳環、手鍊、項鍊及髮飾等，多到令人眼花撩亂！nyu.nyu 的飾品風格非常多元、應有盡有！3樓 cashier 更有自助退稅機。

自助退稅機。

近年流行的髮夾。

nyu nyu 共有3層樓。

Muffler頸巾只需要W7500。

包羅萬有的飾物牆。

INFO

🏠 首爾中區馬場路 34 서울 중구 마장로 34 | 🕐 11:00am- 翌日 5:00am，周六、日 7:30pm 開始營業

Map 3-2/ H3 ⑱
Mimi Line 미미라인
全韓最大

　Nyu nyu 旁邊有 MIMI LINE 東大門店，佔地500坪，規模全韓最大。貨品價廉物美，都是W1,000起。有些產品與 nyu nyu 相似，但種類比 nyu nyu 更多，所以大家好好準備體力慢慢逛。

一樓是飾物集中地。

Made in Korea 的冬天冷帽。

MIMI LINE東大門店佔地500坪。

3樓有玩具、KPOP周邊產品及Cafe

INFO

🏠 首爾中區馬場路 30 TEAM204 1,2,3 樓 서울 중구 마장로 30 TEAM204 1,2,3 층 | 🕐 11:00am- 翌日 5:00am | 📷 mimiline_official

仁寺洞

交通策略

明洞		忠武路 [轉車]		安國
	地鐵4號線・1分鐘		地鐵3號線・5分鐘	

明洞		首爾站 [轉車]		鐘閣
	地鐵4號線・4分鐘		地鐵1號線・5分鐘	

韓國第2大宮殿
昌德宮（창덕궁）

Map 4-2/ D1

01

🚗 地鐵 3 號線安國站 (328)6 號出口，步行 5 分鐘

昌德宮被譽為繼景福宮之後第2大宮殿，也是韓國保存得最完整的古宮殿。建於14世紀初，本為朝鮮王朝正宮景福宮以外的離宮（第二皇宮），史稱「東闕」（即東宮），15世紀末在壬辰倭亂中被日本人焚燬，修復後成為正宮，之後的2個多世紀取代了景福宮，「坐正」成為朝鮮第一的正宮。朝代更替，幾番修繕，最近一次大規模的修復工程於上世紀90年代結束。1997年昌德宮被聯合國納為世界文化遺產。

INFO

🏠 首爾鐘路區栗谷路 99 　서울시 종로구 율곡로 99 | 📞 02-762 8261 | 🕐 9:00am-5:30pm；12-2 月 至 5:00pm；星期一休息；庭苑： 10am-6:30pm；11 月至 3 月 10am-5:30pm；12-2 月 10:00am-5:00pm；星期一休息 | 🌐 eng.cdg.go.kr/main/main.htm （英）

仁政門
到仁政殿的必經之路，飾花圖案與仁政殿類同。五瓣李子花象徵國姓『李』，彰顯帝王的地位

敦化門
昌德宮正門，為全宮規模最大的雙層門樓，原為帝王進出之用，就是大臣也只能使用旁邊的金虎門

仁政殿
舉行重要儀式的場所，如皇帝登基、接見使臣、全體重要大臣行禮等都在這裡進行

進善門
進入仁政門的必經之路，古時曾是百姓擊鼓鳴冤的地方。但要通過敦化門士兵把關走到這裡幾近不可能，形同虛設，以致百姓選擇在帝王出巡時攔路喊冤，是當時宮廷一大煩惱

明洞

南大門

東大門

仁寺洞

光化門廣場

狎鷗亭、新沙洞、江南

인사동
仁寺洞

開放式文青 Mall　Map 4-2/ **B3**
Insadong Maru　⓶

🚕 地鐵 3 號線安國站 (328)6 號出口，
步行約 5 分鐘

　　商場以「開放式文青 Mall」為主題，實行跟鄰近的 Ssamziegil 分庭抗禮。商場分為本館及新館，以韓國製造作賣點。場內除了有各種藝術小店讓大家血拼外，還定期有藝術家在場內舉行小型表演，全部免費。購物以外，這裡還有食店讓大家醫肚，真正做到一站式消閒！

INFO

🏠 首爾鐘路區仁寺洞街 35-4 서울시 종로구 인사동길 35-4 | 📞 02-2223-2500 | 🕐 10:30am-8:30pm | 🌐 www.insadongmaru.co.kr

4-3

你好仁寺洞複合文化空間。

仁寺洞複合文化空間
你好仁寺洞（안녕인사동）

Map 4-2/ **A2**

03

地鐵3號線安國站（328）6號出口步行8分鐘

　　2020年新開幕的「你好仁寺洞」商場就在人人商場（Ssamziegil）斜對面，你好仁寺洞風格比人人商場更現代，品牌也比較多元化，門口韓風亭中的大型Line公仔就是標記，商場內的LINE Friend亦有齊BT21的周邊產品。另外，這裡進駐了不少本土韓國設計師文創品牌，如은나무；有工作室兼小店、咖啡廳，同時也是新開的Nine tree premier hotel insadong的所在。

　　美食方面，首爾必買傳統甜品手信店金玉堂（금옥당）都可以在這找到。金玉堂的韓國羊羹近年成為人氣之選，產品款式多，有古早味也有新的味道，不過因為沒有防腐劑，買後四小時內一定要食用。

LINE Friend Store有齊BT21的周邊產品。

金玉堂（금옥당）。

羊羹味道款式超過20款。

紅豆、堅果、奶茶味。

INFO

🏠 首爾鐘路區仁寺洞街49 서울 종로구 인사동길 49 │ 📞 0269542910 │ 🕙 10:00am-10:00pm │ 📷 https://www.instagram.com/anyounginsadong/

本地人都食醬油蟹館 Map 4-2/ C2
元祖旌善奶奶山薊菜飯 ④
원조정선할매곤드레밥

🚕 地鐵3號線安國站(328)5號出口，看到仁寺洞10街的指標時右轉

店內除了主打原味及辣味醬油蟹，另一特點是山薊菜飯。山薊是江原道一帶的特產，含豐富纖維，吃上來有獨突的香味，拌著濃味的醬油一同吃，非常下飯。另外提供小菜如蕎麥煎餅、涼拌橡子涼粉等都可以無限添食。

🏠 首爾鐘路區寬勳洞29-13 서울시 종로구 관훈동 29-13 | 📞 02-735-2356 | 🕐 11:00am-9:00pm\

Map 4-2/ B3
⑤ 辛奇間博物館 (뮤지엄 김치간)
世界11大飲食博物館

🚕 地鐵3號線安國站（328）6號出口向仁寺洞路步行5分鐘

原本的泡菜間博物館已改名為辛奇間（泡菜的官方中文譯名），更被CNN選定為世界11大飲食博物館。在這裡可以認識到不同地區的辛奇特色與差異，瞭解從朝鮮時代到現在的辛奇歷史、文化，以及擁有各個地區特色的多樣的辛奇種類，可以同時學習與體驗辛奇文化，製作辛奇，Tasting Room也可以品嚐辛奇，並將成品帶回家與親朋好友分享！

🏠 首爾特別市鐘路區仁寺洞街35-4, 4~6F 서울특별시 종로구 인사동길 35-4, 4~6 층 | 🕐 10:00am-6:00pm，周日及一休息 | 💲 成人 W5,000，小童 W3,000 | 🌐 https://www.kimchikan.com/

仁寺洞地標

Map 4-2/ B2

Ssamziegil 06

地鐵 3 號線安國站 (328)6 號出口，
步行約 5 分鐘

在仁寺洞大街上的大型商場「人人」，是一個以藝術作主題的商場。樓高三層的「人人」，有不同類型的小店，大部分都是手工藝店，商戶流動性高，一年可能就會換了另一家店，感覺像短暫出租的大廈。

商場就像大個開放式的藝術交流區，因為大廈設計是有一個中庭，環繞的設計，令各層都可以清楚看到其他商店，感覺更有交流。不少商戶都是藝術工作者，出售自己製作的手工藝品，也有韓國本地創作品牌，如 L&J 的紙造背包，就在「人人」商場有 Pop-up 店。商店的樓梯間、中庭也有藝術作品展出，可以一邊行逛一邊欣賞。

Ssamziegil商場的樓梯間，也有藝術展品。

場內也有手作坊可即時做手作仔。

戰利品之二：陶製水杯
全由人手製作，因此圓形杯身顯得有點歪斜，各杯造型亦屬獨一無二。

戰利品之一：
L&J 再造紙背包。

手作飾物店。

密密換「畫」
gallery is

地鐵 3 號線安國站 (328) 6 號出口，步行約 6 分鐘

Map 4-2/ **B2**

gallery is 經常有不同的展覽，主要是藝術畫的展覽，有不同的主題藝術，每次展覽為期最短一個星期，所以對喜歡藝術的朋友來說，一定充滿新鮮感。

畫展展期雖短，但主題廣泛，建議讀者先到官網了解，以免錯過展期。畫廊由三樓至地下一層，有多個不同的展廳，四樓是辦公室和 VIP 休息室。

gallery is 曾邀請展覽，成泰勳（譯音）畫展

Keith Kang 的畫展

INFO
🏠 首爾鐘路區寬勳洞 100-5 서울시 중로구 관훈동 100-5 | 📞 02-736-6669 | 🕐 10:00am-7:00pm | 🌐 www.galleryis.com

---

Map 4-2/ **B3** 08　　傳統韓式茶店
一試（전통찻집 인사동）

地鐵 3 號線安國站 (328) 出口，步行約 10 分鐘

在仁寺洞有不同的傳統茶店，在裝潢上都古色古香，感覺是回到百年前的韓國。在這家傳統茶店，可以一試現在已經很少喝得到到的雙和茶、五味子茶，也可以一嚐韓國打糕甜點，傳統的冰品。現在有名的雪冰也是從韓式傳統冰品演變出來的。

比較易入口的韓式甜品有紅豆雪冰、木瓜茶；韓國傳統茶「五味子茶」較酸，對平均身體機能有好處，是養生保健的茶。呈深啡色，味帶甘苦。

店面有點小，要留意一下！

傳統「雙和茶」，味帶甘微苦，可補血氣，W5,000

INFO
🏠 首爾鐘路區仁寺洞街 33-1 서울 종로구 인사동길 33-1 | 📞 02-723-4909 | 🕐 11:00am-11:00pm | 💲 W3,000 起

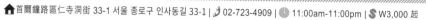

首爾

精進料理代表

山村

(09)

Map 4-2/ B3

🚗 地鐵 3 號線安國站 (328)6 號出口，步行約 6 分鐘

　　山村是市內3大韓國定食-精進料理-最具人氣的名店。餐廳由曾於深山寺院修行18年的老和尚金演植開設。既然是僧人食用的，意料之內會是全素宴，店內所有食材皆是老和尚每天親自到菜市場挑選的，他更堅持每隔一段時間便上山採食材，延續精進料理「就地取材、不時不食」的健康飲食之道。

環境安靜古樸，跟妄廟美食檔到絕，連《紐約時報》等媒體亦爭相報導。

全素宴一向被誤會「無啖好食」，這裡單是午餐已有20小碟，烹調方法及調味更會按各種菜的味道與口感度身訂做，甜酸苦辣有齊，變化多端。

INFO 🏠 首爾鐘路區寬勳洞 14 서울시 종로구 관훈동 14 | ☎ 02-735-0312 | 🕐 11:30am-10:00pm | 💲 午餐約 W22,000/ 人、晚餐約 W39,600/ 人 | 🌐 www.sanchon.com（韓）| 🍴午餐至 4:30pm 為止、晚餐 7:00pm 開始；每晚 8:00pm 有傳統舞蹈表演

Map 4-2/ C3

(10)

英女皇也光顧

朴英淑窯

🚗 地鐵 3 號線安國站 (328)6 號出口，步行約 6 分鐘

　　一眾茶具店中，來頭最勁要數此店，朴英淑女士堅持沿用朝鮮王朝時代白瓷為原料，配上現代設計風格，為韓國新世代瓷器茶具重新定位。其作品質料上乘且外形美觀，早已威水到連英女皇伊利沙伯訪問過到訪時也要專程幫襯，名氣之大可想而知。

在仁寺洞大街上，所有的店都是平排，凹陷進去的一家就是朴英淑窯。

在店門前不可錯過的就是這種茶具展示。

這一套茶具就是當年英女王購買了的款式

INFO 🏠 首爾鐘路區寬勳洞 7 서울시 종로구 관훈동 7 | ☎ 02-730 7837 | 🕐 星期一至六 10:30am-6:00pm | 🌐 www.pahkny.com（英）

古蹟中尋心頭好 Map 4-2/ B3 ⑪
TONG-IN 通仁店

🚗 地鐵 3 號線安國站 (328)6 號出口，步行 6 分鐘

TONG-IN 早於1924年已開業，由原本的家具舖，逐漸演變成現今的韓國工藝品店。

店舖樓高7層，內裡仍然保存古老的韓屋遺貌，最多人參觀的為1樓現代工藝品展示區，收集了當代藝術家創作的韓國刺繡、陶藝及紙品工藝等，是發掘心水精品的好地方。

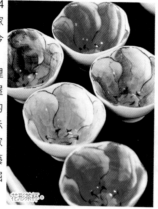
花形茶杯。

手工襟針。

INFO

🏠 首爾鐘路區寬勳洞 16 서울시 종로구 관훈동 16 | 📞 02-733 4867 | 🕐 10:00am-7:00pm | 🌐 www.tonginstore.com

---

Map 4-2/ C4
⑫ 愛來魔相4D 藝術館
玩味4D 體驗

🚗 地鐵 3 號線安國站 (328)6 號出口走約 10 分鐘即達。

在仁寺洞的愛來魔相4D 藝術館是本館，館內提供了一系列以錯視繪畫為基礎的展品供旅客體驗，而且還會配合聲音、光線變化、風等元素來打破以往3D藝術館的局限，為遊客提供能全方位的4D新體驗，大大提升娛樂性。韓劇的《你為我著迷》和真人SHOW的《Jessica&Krystal》也曾到此拍攝取景，忠實影迷必去啊！

INFO

🏠 首爾鐘路區仁寺洞街 12 大一大廈 B1 及 B2 종로구 인사동길 12 일일빌딩 지하 1 층, 지하 2 층 | 📞 0544-8506
| 🕐 10:00am-6:00pm | 🌐 www.alivemuseum.com | 💲 W13,000 大小同價

首爾

首爾最古老的韓屋村

益善洞韓屋村 익선동한옥마을

Map 4-2/ **D3**

⑬

地鐵 1、3、5 號線鐘路 3 街站（130）6 號出口，徒步約 2 分鐘

位於仁寺洞主街道旁、鐘路 3 街食街附近的益善洞韓屋村，是首爾最古老的韓屋村，益善洞自 1920-30 年代建造，至今約有 100 多棟韓國傳統家屋聚集在此，韓屋村有不同的老牌美食店，也有改造後的個性小店。相對三清洞的貴族韓屋，這裡仍維持社區原貌，氣氛更貼地、更有一番風味。

有幾家特色的韓服店，可買可租。

咖啡廳布置也很有傳統氣息。

INFO

🏠 首爾鐘路區水標路 28 街一帶서울특별시 종로구 수표로 28 길 일대

這裡無論日與夜都很熱鬧。

特色小店特別多。

茶屋提供的特飲也不少。

除了傳統禮品也有時尚小物店。

當代藝術精品營 Map 4-2/ B3 ⑭
Hana Art Gallery

 地鐵 3 號線安國站 (328)6 號出口，步行 5 分鐘

　　Gallery 分兩層，二樓是畫廊，一樓售賣精品，除了出售經典手信外，這裡亦出售當代韓國畫家的作品。

　　店中主要代理 Jom Son Kim 女士的畫作，她的筆觸向來輕快跳脫，用色鮮明大膽。這裡早已將其作品化為各種小巧精品，如 T 恤、小型掛畫、手袋等，買回家就方便得多。

INFO

🏠 首爾鐘路區仁寺洞街 44（觀勳洞）서울특별시 종로구 인사동길 44 (관훈동)
📞 02-736-0877 | 🕐 10:30am-8:30pm | 🌐 www.hanaartgallery.com

Map 4-2/ B3
鳥語茶香
⑮ Old Tea Shop

以14種藥材燉足5小時，再經長時間浸泡而成，質地濃稠。喝罷紅棗的甘甜仍在口內縈繞。

這兒的雀鳥都很乖巧，絕少在店內亂飛。客人大可不用擔心禽流感和雀糞。

 地鐵 3 號線安國站 (328)6 號出口，步行 6 分鐘

　　只可容納約30位客人的小茶室裡，放眼望去盡是古典屏風、舊式木箱，木枱的凹槽則鋪滿從中國搜購回來的古董小擺設，古色古香得徹底。但客人大都是為了窗台的景致而來，那裡養了數隻雀鳥，牠們可自由在店內飛翔，聽見鳥聲吱吱、流水潺潺，仿如墮進傳統韓國山林之中，感受古人以茶雅志的風雅。

INFO

🏠 首爾鐘路區仁寺洞街 33-1 서울특별시 종로구 인사동길 33-1 | 📞 02-722-5332 | 🕐 10:00am-11:00pm
❗店舖設於 2 樓，地面 1 樓店舖雖同名但份屬不同店，想光顧請沿 1 樓茶館旁的樓梯拾級而上

明洞 南大門 東大門 **仁寺洞** 光化門廣場 狎鷗亭、新沙洞、江南

Map 4-2/ **B2**

清幽古蹟庭院

⑯ **耕仁美術館**

地鐵 3 號線安國站 (328)6 號出口,步行 5 分鐘

　　以環境清幽雅致聞名的耕仁美術館,開館已近30年,是當地人假日好去處,設古風庭院、4個展覽室和畫室、戶外展覽場,還有聞名的韓式茶館「傳統茶院」,春秋兩季更會舉辦戶外音樂會。

每年3、4月,耕仁美術館春櫻綻放,為首爾熱門的賞櫻點。

　　美術館原址為19世紀初朝鮮王朝皇室貴族的宅第,當年的宅第已經遷移了,現今館內的韓屋建於朝鮮王朝末期,也屬文化遺產。

🏠首爾鐘路區仁寺洞 10 街 11-4 서울시 종로구 인사동 10 길 11-4 | 📞02-733 4448 | ⏰ 11:00am-9:00pm| 🌐 https://kyunginartdawon.modoo.at/

🍴 ⑰ 古老韓屋中品茶

傳統茶院

Map 4-2/ **B2**

地鐵 3 號線安國站 (328)6 號出口,步行 5 分鐘

　　茶院附設於當地耕仁美術館之中,外表是傳統的韓屋,在當地屹立過百年,據店內經理說是從前太極旗創始者的家,氣氛充滿藝文氣息。在此呷一口清茶,心境也平和起來。

也可試試韓座,坐在窗邊位置,窗門敞開,櫻樹桂樹飄香,寧靜優雅,帶來一流的品茶時光。

人參茶小記個人推薦。甘香馥郁,聞起來參味濃厚,滲入心脾。附送米粿

館內的韓式茶館「傳統茶院」清幽古樸,多少人慕名而來。

🏠首爾鐘路區仁寺洞 10 街 11-4 서울시 종로구 인사동 10 길 11-4

全女班開城餃子
宮（宮）

(18) Map 4-2/ **B2**

地鐵 3 號線安國站 (328)6 號出口，步行 6 分鐘

湯餃子
湯內除了餃子還附有自製小年糕。小年糕外形似足日本小糰子，煙煙韌韌。

蒸餃子
餃子菜肉比例均勻。菜比肉多，相當健康，據經理說可日賣 3,200 隻之多。

不少人慕名而來，為的是任婆婆的拿手餃子。店子現已傳至孫女接管，味道依舊，但有趣的是，原來廚房重地至今仍保持著全女班呢！

老實說，餃子款式不多，口味清淡，未必對香港人嗜香好鮮的胃口，抱著體驗飲食文化的心態到訪倒也無妨。

保留傳統民居的木構建築。木椅木枱木櫈，別有風味。

INFO

首爾鐘路區仁寺洞 10 街 11-3 서울특별시 종로구 인사동 10 길 11-3（耕仁美術館對面） | 02-733 9240 | 11:30am-9:30pm| www.koong.co.kr

Map 4-2/ **B3** (19) 百年筆具老店
明新堂筆房 명신당필방

地鐵 3 號線安國站（328）6 號出口
向仁寺洞路步行 10 分鐘

英女皇曾到訪

明新堂筆房成立於1913年，以其獨特的筆具製作工藝而聞名，它使用傳統的手工技術，並選擇優質的材料來製作筆尖和筆桿。這些筆具結合了傳統工藝和現代設計，使得每支筆都成為一件藝術品，連英國的伊麗莎白女王和西班牙國王夫婦都曾親臨光顧。除了不同類型毛筆，該店還提供硯筆、鋼筆和彩色筆及印章等，以滿足不同用戶的需求。

INFO

首爾鐘路區鐘路區仁寺洞街 34 서울 종로구 인사동길 34 | 02-736-2466 | 9:30am-7:00pm | https://myungsindang.co.kr/

仁寺洞

嘗百年雪濃湯
이문설농탕（里門雪濃湯）

Map 4-2/ **A3**

🚕 地鐵 1 號線鐘閣站（131）
3 號出口，步行 4 分鐘

里門開業已104年，店內只專注做雪濃湯。雪濃湯是當地經典美食之一，是當年農家為慶祝豐收而設的。

店內依足傳統，每天用上一整隻全羅南道的牛（可做6、700份）來熬湯，熬足17小時的湯底雪白清澈，味道頗淡，建議先試一口原味清湯，再按地道食法隨意加入葱花及鹽來調味。

雪濃湯
湯內會找到牛腩、牛肺等內臟，甚至連牛腩附近的肉（貌似帶筋牛腩）也有。

牛筋雪濃湯
牛筋入口即化。老闆說炆煮時間由1-5小時不定。很講求經驗，所以全交由有31年經驗的老師傅主理。

INFO

🏠 首爾鐘路區堅志洞 88 서울시 종로구 견지동 88 | 📞 02-733 6526
| 🕙 10:30am-10:00pm | 🌐 https://imun.modoo.at/

手工製絹面厚紙鞋

Map 4-2/ **B3**

精美手信店
尚古齋

🚕 地鐵 3 號線安國站 (328)6 號出口，步行 5 分鐘

本身是美術用具兼工藝品專門店，也出售旅遊手信，標榜全手工製作，一個小絹布袋售價是別家的2倍，價格全街最貴，但貨色也是全街最精美的，質素非一般手信店可比。

INFO

🏠 首爾鐘路區寬勳洞 192-35 서울시 종로구 관훈동 192-35 | 📞 02-737-0036 | 🕙 9:30am-8:00pm

---

補身妙品
故鄉豐川鰻魚 고향풍천장어

(22)

Map 4-2/ **D3**

 地鐵 1 號線鐘路三街站（130）5 號出口

豐川選用的是韓國本地鰻魚，通常都是以鹽燒和醬燒為主，而醬燒也不是日式的醬汁，食法與日本的也不一樣，主要以生菜或紫蘇葉包著烤鰻魚、配上薑絲、醃紫蘇葉品嚐，一口醬醋洋蔥可解魚油的油膩，而炸鰻魚骨當然最好用來送酒！

INFO

🏠 首爾鐘路區樂園洞 94 서울시 종로구 낙원동 94 | 📞 02-763-3142 | 🕐 4:00pm-11:00pm

---

Map 4-2/ **A3**

(23) # 仁寺洞宣傳館（인사동홍보관）

W3,000 試穿韓服

🚕 地鐵 3 號線安國站 (328)6 號出口，步行 4 分鐘

在 Ssamziegil 附近的仁寺洞宣傳館，由仁寺洞傳統文化保存會創立，以推廣該區文化。

館內提供詳細的仁寺洞資料，亦設免費上網及打印服務，更可平價試玩懷舊玩意，W3,000即可試穿韓服及拍照(每次20分鐘)！從 Ssamziegil 對面小巷直入，在光化門漢醫院對面的就是宣傳館了。

INFO

🏠 首爾鐘路區仁寺洞 11 街 19 (堅志洞) 서울시 종로구 인사동 11 길 19 (견지동) | 📞 02-737 7890 | 🕐 10:00am-5:30pm | 🌐 www.hiinsa.com

曹溪寺已被列為國家文化遺產。

韓國禪宗中心
曹溪寺（조계사）24 📷

Map 4-2/ A3

🚗 地鐵3號線安國站(328)6號出口，步行5分鐘

曹溪寺是韓國禪宗的中心，位處市中心，地點方便，猶如香港的黃大仙廟。寺廟中心的大雄殿（대웅전）比景德宮的勤政殿，規模更大更雄偉，為國家文化遺產。大雄殿正門前方的7層佛陀舍利塔供奉著佛陀的真身舍利子，內堂供奉釋迦牟尼佛，後方的德王殿，供有阿彌陀佛、地藏菩薩、觀音菩薩、普賢菩薩等眾神像，是為往生者祈福的地方。寺廟特別設有 Temple Live 活動，為外國遊客提供參禪、茶道、吃齋等佛教文化體驗。每到佛教大日子，寺內聚滿僧眾，場面頗為浩大。曹溪寺也是一年一度農曆4月佛誕蓮花燈大巡遊的起點。

可愛的Q版佛像。莊嚴的佛寺也有活潑的一面。

每到佛誕等佛教大日子，寺內聚滿僧眾。

大雄殿外繪滿了象徵佛相一生的八相道（誕生—涅盤）畫像。

INFO

🏠 首爾鐘路區郵政局路 55（堅志洞）서울시 종로구 우정국로 55（견지동）| ☎ 02-768-8600 | 🕐 全天候全日開放 | 🌐 www.templestay.com

民族風手信店
東西畫廊 ㉕

Map 4-2/ **B2**

 地鐵 3 號線安國站 (328)6 號出口，步行 5 分鐘

　　位於主街出入口的東西表具畫廊，最多民族風小手信，價格也便宜，適合回程時搜購手信。店內出售經典的韓國木繪工藝品，如河回面具、成雙成對的木雕玩偶等，種類及款式都屬全街之冠。

木繪面具
模仿河回面具的木繪創作。河回位於韓國慶尚北道安東地區，運用赤楊木天然形態雕刻而成的河回假面。被政府納入為韓國國寶。

柿形小絹袋
容量大，可當作飯盒袋。

INFO

🏠 首爾鐘路區仁寺洞街 44 서울시 종로구 인사동길 44
📞 02-732 4213 | 🕐 9:00am-7:00pm

Map 4-2/ **C3**

忠於傳統紙藝
㉖ 全北紙業社

紙碟

 地鐵 3 號線安國站 (328) 6 號出口，步行 7 分鐘

　　老闆在此賣紙超過50年，店內所賣的高級韓紙原產自全羅北道，依足傳統仍然以桑樹葉製作，質地厚實不易爛。

　　除韓紙外，店內亦有各式紙製產品，如紙扇、紙盒、紙碟、風箏等，全部足料製作夠晒實淨，顏色花款還有很多選擇呢！

INFO

🏠 首爾鐘路區仁寺洞 182-1 서울시 종로구 인사동 182-1
📞 02-734 6622 | 🕐 10:00am-8:00pm

光化門廣場

交通策略

明洞	----	首爾站 [轉車]	----	市廳
地鐵4號線 • 4分鐘			地鐵1號線 • 2分鐘	

明洞	----	東大門歷史文化公園 [轉車]	----	光化門
地鐵4號線 • 3分鐘			地鐵5號線 • 6分鐘	

首爾

全新登場

光化門廣場 Map 5-1/ C2

地鐵 5 號線光化門站（533）2、3、4 及 7 號出口即達

2022年的夏天，大韓民國的歷史與文化中心——光化門廣場蛻變為全新風貌，廣場面積比過去擴大兩倍以上，綠地面積則擴大了三倍以上。光化門廣場重新開放，新增的媒體牆展示的第一個作品是以韓文的根本「天、地、人」為主題的「光化畫冊」，該作品刻畫了600年前的六曹街到全新光化門廣場的風貌，以光化門的過去、現在、未來，以及首爾的人們，和首爾的自然與綠林等為主題打造而成，每天早上8點至晚間10點透過大型螢幕循環播放。

世宗大王銅像是光化門廣場的標誌。

門將交接儀式

騎馬隊巡遊。隊伍路線：由光化門至世宗路、德壽宮一帶。

光化門門將交接儀式是一種展現韓國傳統文化和歷史的活動，每天在光化門前舉行。這個儀式模仿了朝鮮時代的守門將和守門軍的換班過程，展示了當時的服飾、武器、儀仗和音樂，非常值得參觀。

守門員交接儀式：
10:00am、2:00pm/1 日 2 次 / 所需時間 20 分鐘
光化門守望儀式：
11:00am、1:00pm/1 日 2 次 / 所需時間 10 分鐘
公開訓練（協生門外）：
9:35am（15 分鐘）/1:35pm（15 分鐘）

INFO
🏠 首爾鐘路區世宗大路 172(世宗路) 서울시 종로구 세종대로 172(세종로) | ⏰ 24 小時

臭渠變清溪

清溪廣場、清溪川（청계광장、청계천）

Map 5-1/**D2** (02)

🚕 地鐵5號線光化門站（533）5號出口，步行2分鐘

過去的清溪川只是城市中一道暗渠，自2005年改頭換面以環保清溪的姿態開幕後，即成熱門綠色遊點。清溪川全長近6公里，在中區太平路的清溪廣場是起點，溪水的另一端在首爾東區，沿途到處都是噴水池、小瀑布、散步道路。

清溪廣場設有清溪川的全貌縮小模型，及以3色燈光照明的噴水池與高4米的2段式瀑布，每到晚上水光輝映，是著名拍拖勝地。

INFO

🏠 (清溪廣場)首爾中區首爾中區太平路1街31(청계광장)서울시 중구 태평로1가31 | ☎ 02-2290-7111

同場加映

韓流好客空間

🚕 地鐵5號線光化門站（533）5號出口即達，步行5分鐘

韓國觀光公社全新開幕的「好客空間(HiKR GROUND)」位於清溪廣場附近，是可以體驗K-POP文化與媒體藝術的免費活動空間。好客空間特別為MZ世代的年輕人，準備了不同的旅遊資訊，甚至可以親身體驗K-POP的製作。

客人可以在2樓利用XR直播工作室現場製作K-POP MV。

1樓的大型媒體牆。

在3、4樓有各種藝術體驗和展示。

INFO

🏠 首爾中區清溪川路40 韓國觀光公社首爾中心 서울특별시 중구 청계천로40 한국관광공사 서울센터 | 🕐 2F、3F、4F 10:00am-7:00pm 周一休息，5F 旅遊諮詢中心 10:00 am-7:00pm 全年無休 | 💲 免費 | 🌐 https://www.instagram.com/hikrground_official/

首爾

正門大漢門。原名大安門，1906年改為大漢門，意指「漢陽的昌盛」

西式建築第一宮

德壽宮 ⑬ **Map** 5-1/ **C4**

🚕 地鐵 1、2 號線市廳站（132）2 號出口即達

德壽宮為韓國傳統宮殿中，唯一有近代建築、西洋式庭園及噴水池的宮殿。德壽宮舊名慶運宮，建於16世紀，曾為朝鮮王朝的正宮及別宮，1897年起高宗居住於此，當時宮殿的面積是現今的3倍，不少西式建築都是這時加建的。至高宗退位，宮殿失去大韓王朝的象徵性，遂改名德壽宮，後於1933年改為公園。

德壽宮的正門大漢門前，常上演古裝警衛及守門將的「巡察儀式」以及守門將的「王宮守門將換班儀式」，排場雖不比上景福宮，仍然是許多旅客的必賞景點，演出時間浮動，請向售票處查詢。

宮內的德壽宮美術館，建於20世紀初，充滿西方新古典建築特色。原為帝王的起居殿。

在大漢門前站崗的古裝守門將。

除了參觀古建築群外，德壽宮也是賞櫻及賞紅葉的好地方。

旅遊達人

春櫻秋葉德壽宮

每當3、4月櫻花季節，你會被漫天櫻花所感動。德壽宮櫻花不算多，卻是樹大花繁，粉紅色濃濃的一片，賞心悦目。秋天德壽宮東邊的石牆路乃賞楓勝地，從光化門廣場6號出口向南行10分鐘可達。

INFO

🏠 首爾中區太平路 2 街 58 서울시 중구 태평로 2 가 58 | 📞 02-771 9951 | 💲 （19 歲以上成人）W1,000、19 歲以下免費 | 🕐 9:00am-9:00pm | 🌐 www.deoksugung.go.kr（英、韓）

來自星星的麵

儒林麵店（유림면） **04** **Map** 5-1/C4

🚕 地鐵 1、2 號線市廳站 (132)12 號出口，回頭走轉入右邊小巷即見

自從《來自星星的你》在儒林麵店取景，年輕一代也認識到這家50年老店。儒林麵只賣數款麵食，有蕎麥麵和在電視劇中都敏俊吃過的烏冬麵。最多人點的是熱湯蕎麥麵，麵條爽口，清湯底，口感順滑不會太鹹。儒林麵店的麵食強調用料天然，也有韓國人指湯麵有營養，味道不濃烈，胃口不好時會前來吃。

儒林麵店位於小巷盡頭。

麵店大約只可容納數十人，很快就滿座。

最多人點的熱湯蕎麥麵，配了一些菇類、魚蛋和紫菜。

INFO

🏠 首爾中區西小門路 139-1 서울시 중구 서소문로 139-1 | 📞 02-755-0659 | 🕐 11:00am-9:00pm

首爾

明洞

南大門

東大門

仁寺洞

光化門廣場

狎鷗亭、新沙洞、江南

40萬人廣場
市廳、首爾廣場 ⑤ 📷

Map 5-1/ D4

🚖 地鐵1、2號線市廳站（132）5號出口即達

　　2002年日韓世界盃期間，約40萬民眾（正確數字人言人殊，一般相信近40萬人）在此為韓國隊加油，喧聲震爆全世界的電視，令它一夜間蜚聲國際，對韓國人來説，這裡是韓國3•1運動、6月民主運動的主要舞台，歷史地位毋庸置疑。1926年正式落成的首爾廳，是一座以文藝復興樣式的石雕建築物，市廳前是首爾廣場，原為行車道，2004年重新設計成橢圓形草坪廣場，是一年一度Hi Seoul及各種慶典活動的舉行地點，亦是民間集會、示威的場所。

　　廣場之上，大家可以脱掉鞋子，在溫暖的陽光下休憩，夏天有清涼的噴水池，冬天變身溜冰場，周圍設置了照明燈，一到夜晚即上演絢爛的夜景。

每年冬季首爾廣場會化身為全市最大的滑冰場。

2002年韓國、日本携手主辦世界盃，同時成為亞洲首個主辦國，40萬民眾在此為韓國隊加油。

首爾廣場在市廳前方，星期一為「草坪休息日」，不可進入草坪範圍。

INFO

🏠 首爾中區乙支路1 서울시 중구 을지로1 | 📞 02-731 6611 | 🕐（市廳）9:00am-6:00pm；（首爾廣場）全天候開放，星期一為「草坪休息日」，不可進入草坪範圍 | 💲 免費 | 🌐 www.plaza.seoul.go.kr（韓）

首爾立美術館曾辦過夏加爾、畢卡索、馬蒂斯、梵高等世界知名畫家專題畫展。

代表韓國的美術館
首爾立美術館（西小門本館） **06**

Map 5-1 / **B5**

 地鐵 1、2 號線市廳站（132）10 號出口，步行 3 分鐘

就是大堂亦常轉換主題。

自1988年開館後便成為代表韓國的美術館，2002年遷移至現址，除了本館之外，還有位於南峴洞領事館建築的南首爾分館，以及在慶熙宮遺址的分館。原建築為前大法院辦公大樓，為1928年文藝復興建築，保存十分完整，只有後院部分是新建的。

每年春天，美術館均舉行「春遊展」，庭園變身表演場地，秋天時則演出秋季音樂會，舉辦古典、爵士樂等多種高格調的免費音樂會。

繼續前行是《來自星星的你》都教授和張律師散步的場景。

古宮牆小徑上也有銅像藝術品。錯視效果十分有趣。

INFO

🏠 首爾中區美術館路 30（西小門洞 37）서울시 중구 미술관길 30（서소문동 37） | 📞 02-2104 8800 | 💲免費 |
🕙 10:00am-8:00pm；逢星期一休息 | 🌐 sema.seoul.go.kr

首爾
蒐集民間集體回憶
首爾歷史博物館

Map 5-1/ **A2**

07

地鐵 5 號線光化門站（533）7 號出口，步行 7 分鐘

歷史博物館不一定是沉悶的。要了解首爾這一個有二千多年歷史的首都，參觀歷史博物館是一個很好的方法。

1F 設『文化訊息中心』，提供互聯網搜尋服務。

這裏的展品有70%以上都由國民自願性捐贈，每一件展品都充滿着濃厚的生活氣息，重點展品首推3樓陳列室裡1:1,500的精密互動首爾模型。另外，博物館特設觸摸廳，參觀者更可以同時以視覺、聽覺與觸覺了解展品。

前庭為戶外展場，展出充滿古早味1930年「381 光化門」街車。

首爾歷史博物館於2002年開館，堪稱最具生活氣息的人文歷史博物館。

INFO

🏠首爾鐘路區新門路 50 서울시 종로구 신문로 50 | 📞02-724 0114 | 🕘9:00am-8:00pm；逢星期一休息 | 💲免費
| 🌐 www.museum.seoul.kr

韓劇《宮》主場景 ⑧
慶熙宮
Map 5-1/ A2

 地鐵5號線光化門站（533）5號出口，步行8分鐘

　　慶熙宮是朝鮮後期的離宮，建於1617年，史稱西闕，因為在韓劇中出現頻率高，在國內外都享負盛名。所謂的離宮就是指皇帝避難的地方，慶熙宮是朝鮮時代仁祖至哲宗共10代皇帝的離宮，當時慶熙宮裡曾建有與德壽宮相連的天橋，規模之大可想而知。

　　1908年日本入侵時，大部分宮殿被拆遷，時至今日，慶熙宮的正門興化門已成為新羅酒店的大門，崇政殿則成了東國大學的一部分。

1926年，日本人把崇政殿賣給日本寺院曹溪寺，曾一度改為法堂，直至上世紀80年代才完全回復原貌。

宮內以正殿崇政殿為首，有資政殿、慶宮、隆福殿、會祥殿等100多棟建築物。

崇政殿石階上的鳳凰圖案和獬豸（韓國古神獸）石像。

與慶熙宮的古典不一樣的現代化美術館，為這一區帶來生命力。

旅遊達人
遺址內的美術館

　　位於慶熙宮舊址內的首爾立美術館其實是分館，為了紀念首爾600年而建，專為本土藝術家提供空間，常舉辦韓國青年藝術家作品展。

INFO

🏠 首爾鐘路區新門路 2-1 서울시 종로구 신문로 2-1 | 📞 02-724 0121 | 🕐 9:00am-6:00pm，星期六、日及公眾假期 10:00am-6:00pm；逢星期一休息 | 💲 免費 | 🌐 jikimi.cha.go.kr（韓、英）

新沙洞、
狎鷗亭、江南

交通策略

| 明洞 | --- 地鐵4號線・1分鐘 --- | 忠武路 [轉車] | --- 地鐵3號線・9分鐘 --- | 狎鷗亭 |

| | | 新沙 | --- 地鐵3號線・3分鐘 --- | |

| 明洞 | --- 地鐵4號線・3分鐘 --- | 東大門歷史文化公園 [轉車] | --- 地鐵2號線・5分鐘 --- | 往十里 |

| | | 狎鷗亭羅德奧 | 地鐵盆唐線・5分鐘 | |

| 新沙 | --- 地鐵3號線・6分鐘 --- | 教大 [轉車] | --- 地鐵2號線・2分鐘 --- | 江南 |

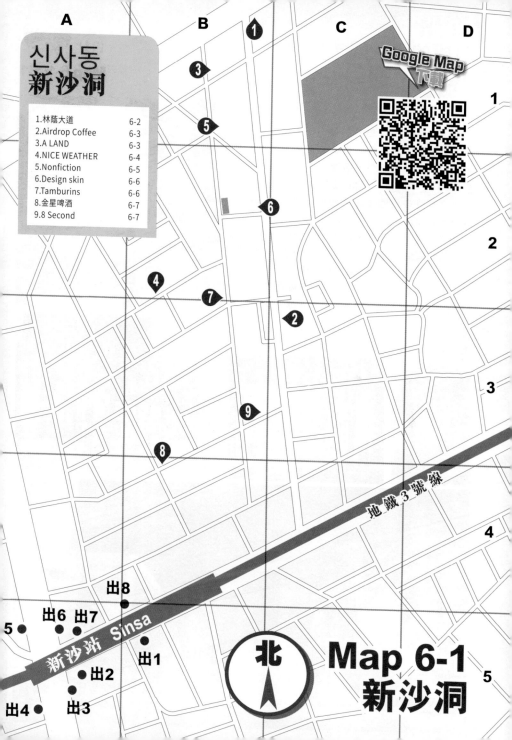

首爾的香榭麗舍大道
林蔭大道가로수길

🚗 地鐵 3 號線新沙洞站（337）8 號出口步行 10 分鐘

林蔭大道是江南區的一條時尚街道，它從現代高中前的十字路口一直延伸到島山大路和新沙站以東的三岔路口。這裡不僅有國際知名的品牌，如 Apple、H&M、ZARA、Olive Young 等，還有許多韓國本土的潮流品牌，如 Gentle Monster、Tamburins、Ader Error 等。

林蔭大道不只是一個購物天堂，也是一個藝術和文化的據點。這裡有許多畫廊、書店、咖啡廳和餐廳，展示了不同的風格和創意。秋天時，當銀杏樹變成金黃色，與白色的建築和五顏六色的招牌形成鮮明的對比，讓人感覺像走進了一幅畫。

INFO

🏠 首爾江南區狎鷗亭路 120 강남구압구정로 120

新沙洞人氣咖啡品牌
Airdrop Coffee 에어드랍 커피 ②

Map 6-1/ C3

🚇 地鐵 3 號線新沙洞站（337）8 號出口步行 10 分鐘

　Airdrop Coffee Stand 是2023年夏天新駐新沙洞的咖啡品牌，開幕迅間即成為網紅店。該店是新沙洞林蔭大道最大的單一店舖（使用面積101坪），全店樓高7層，布置簡約寬敞而舒適，讓客人在鬧市中能靜靜地品嚐咖啡。

Soft Air Blend / Coffee Sherbet Latte / Fresh Air Blend / White Coffee / Einspanner / Ethiopia Sidama Mukkugota Muntasha Washed / Vanilla Bean Latte

Airdrop Coffee 剛於2023年夏天開幕。

全店共7層，布置很有工業風的格調。

冷熱咖啡同樣出色。

設在1樓的Airdrop Coffee Stand。

🏠 首爾江南區新沙洞 545-18 서울 강남구 신사동 545-18 | ⏰ 11:00am-8:00pm | 🌐 https://stoer.co.kr/airdrop-coffee/

除了服裝、飾品，ALAND也有文具雜貨售賣。

飾品之中，有很流行的簡約風戒指。

🏠 首爾江南區新沙洞 548-5 서울시 강남구 신사동 548-5
📞 070-7820-7530 | ⏰ 11:00am-10:00pm | 🌐 www.a-land.co.kr | 💲 W5,000 起

進軍海外市場
A LAND ③

Map 6-1/ B1

🚇 地鐵 3 號線新沙站（337）8 號出口，步行約 15 分鐘

　A LAND 的產品都是由韓國本地設計師製作，又支持年輕設計師的作品，所以產品類型多元化，也玩味十足。明洞店的 A LAND、A LAND M集中在一條街上，新沙洞的分店就以規模取勝，五層高的A LAND 就在林陰大道的街尾。B1層是男裝、地下是飾品和手袋、一樓至三樓分別有女裝服飾及鞋發售，除了本地品牌，也有少量外國品牌，如Tom's 鞋發售。

新沙洞的ALAND，標誌性的玻璃外牆。

明洞　南大門　東大門　仁寺洞　光化門廣場　狎鷗亭、新沙洞、江南

可持續發展概念百貨
NICE WEATHER 나이스웨더마켓

04 Map 6-1/ B2

🚕 地鐵 3 號線新沙洞站（337）8 號出口步行 10 分鐘

NICE WEATHER Market是一個以新概念便利店為主題的文化消費平台，於2020年3月在首爾的新沙林蔭大道開業。平台的名字和標誌都寓意著「晴朗和溫暖的天氣」，希望給顧客帶來清新和愉快的體驗。這裡不僅提供日常生活用品，還有各種時尚、生活、食品、合作品牌的商品，以及音樂、藝術、設計等領域的文化內容。韓團WINNER成員兼畫家宋旻浩經常到訪，他還跟網路漫畫作家Kian 84一起在綜藝節目《我獨自生活》中到這裡購物呢！

NICE WEATHER MARKET宗旨是「真正的文化消費」。

品牌 Din & Dang

酒類也有許多選擇。

多個韓國街頭品牌。

著名園藝品牌 The Sunday Gardener。

INFO

🏠 首爾江南區江南大路 162 街 351 樓 서울 강남구 강남대로 162길 35 1 층 | 📞 025470073 | 🕐 11:00am-8:30pm | 🌐 https://niceweather.co.kr/

真實的生活
Nonfiction 논픽션 신사

 地鐵 3 號線新沙洞站（337）8 號出口步行 10 分鐘

Nonfiction 的名字來自於英文的「非小說」，意味著品牌不是虛構的故事，而是反映出真實的生活，品牌的標誌是一個簡單的圓形，象徵著一面鏡子，讓顧客能夠看到自己的內在。Nonfiction 產品包括了香水、香水潤手霜、沐浴系列、香氛蠟燭等，共推出6款香氣，大多以木調為主，最熱賣的味道是Santal Cream、For Rest 、Gentle Night 等，男女都適合，當中以 Sandal Cream 為品牌王牌香氣。Nonfiction Discovery Set 一套已包含品牌全部香氣，體驗品牌6款香水，不用作出選擇，也是手信的好選擇！

各款香水陳列及試用。

最新Long Autumn Santal Cream Candle。

店內設休息區，客人可以慢慢揀。

香氛Body Wash，女士最愛。

皇牌 Hand Cream。

🏠 首爾江南區新沙洞 532-4 서울 강남구 신사동 532-4 | 📞 0507-1335-4098 | 🕐 11:00am-8:30pm | 📷 https://www.instagram.com/official.nonfiction

手機飾品店
Design skin

  Map 6-1/ **B2** 06

🚕 地鐵 3 號線新沙站（337）8 號出口，步行約 10 分鐘

　　Design skin 是韓國連鎖手機配飾店，自家生產皮革類手機殼，也有生產金屬機殼，主要是 iPhone 和 Samsung 手機。Design skin 的電話殼，其中一個設計是附有一個卡片位，可以放置交通卡或門卡。喜歡使用有蓋式機殼的話，Design skin 有不少選擇。

Design skin 的手機殼以皮革類的最受歡迎，造型多變。

有蓋式的手機殼也可以放置一張卡，又可以保護螢幕。

在手機殼外有一個卡片位。

INFO

🏠 首爾江南區新沙洞 532-10 서울시 강남구 신사동 532-10 | 📞 070-4132-6004 | 🕙 10:30am-8:30pm | 🌐 http://thedesignskin.com/

  Map 6-1/ **B2** 07

Jennie 代言
Tamburins
탬버린즈 신사 플래그십스토어

🚕 地鐵 3 號線新沙洞站（337）8 號出口步行 10 分鐘

Tamburins 新沙店

店內栩栩如生的黑馬雕塑。

Tamburins Perfumed Hand & Body Wash 洗手 & 沐浴露

BLACKPINK 的 Jennie 是品牌的代言。

　　Tamburins 的名字來自於英文的「鈴鼓」，意味著品牌的音樂性和節奏感。品牌以「感性的藝術和美麗」為理念，通過香氛、護膚、彩妝等產品，傳遞出一種內斂而優雅的生活態度。Tamburins 近期更請來 BLACKPINK 的 Jennie 代言，突顯高貴冷艷的形象。新沙洞的旗艦店除了展示產品，店內有一隻栩栩如生的黑馬雕塑，以及各種與品牌合作的藝術作品，營造出一種與眾不同的氛圍。

INFO

🏠 首爾江南區新沙洞 520-9 서울 강남구 신사동 520-9 | 📞 025111246 | 🕙 12:00nn-9:00pm | 🌐 http://www.tamburins.com/

花樣年華 Map 6-1/ B4 ⑧

金星啤酒 江南新沙店
금별맥주 강남신사점

 地鐵 3 號線新沙洞站（337）8 號出口步行 10 分鐘

　　餐廳的名字和標誌都來自於韓國最古老的啤酒品牌「金星啤酒（금별맥주）」，這種啤酒在90年代非常流行，但後來因為市場競爭而停產。餐廳的裝潢充滿了90年代的風格，店內有許多復古的海報、唱片、電視等物品，讓人有種回到過去的感覺。店內的音樂也是90年代的經典歌曲，讓人有種懷舊的情懷。菜式主要是酒精飲料和下酒菜，酒精飲料包括啤酒、燒酒、調酒等，下酒菜包括炸雞、炸魷魚、炒年糕、炒麵等，當然包括金星啤酒的復刻版。

INFO

🏠 江南區狎鷗亭路 2 街 49 서울 강남구 압구정로 2 길 49 | ☎ 25128988 | 🕐 星期日至四 11:30am-2:00am；星期五、六 11:30am-3:00am | 🌐 http://www.goldstarbeer.co.kr/

Map 6-1/ B3 ⑨

韓版 H & M
8 Second

8 Second 新沙洞林陰大道店的設計，令人感覺像英國街頭。

 地鐵3號線新沙站（337）8號出口，步行約8分鐘

　　8 Second 是連鎖大型潮流服飾店，屬Samsung 旗下，說是「比 Zara 便宜，比 Uniqlo 時尚」。每家分店都分門別類，男、女裝分佈在不同層數，又設有飾品區、特價區、鞋區，價錢屬中價，有點像H&M的定位，衣服的風格都偏向型格。林陰大道的8 Second，樓高四層，後座大廈地下是它開設的cafe，滿有英國街頭的感覺，不妨試試。

男裝部在三樓，同樣是型格路線的設計。

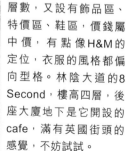

女裝部，走型格路線的8 Second，衣服都是深色系。

8 Second 後座的地下有一cafe，名叫「花園」。

INFO

🏠 首爾江南區新沙洞 535-12　서울시 강남구 신사동 535-12 | ☎ 070-7090-1144 | 🕐 11:00am-10:00pm；10 月 3 日國慶休息 | 🌐 www.ssfshop.com/8seconds

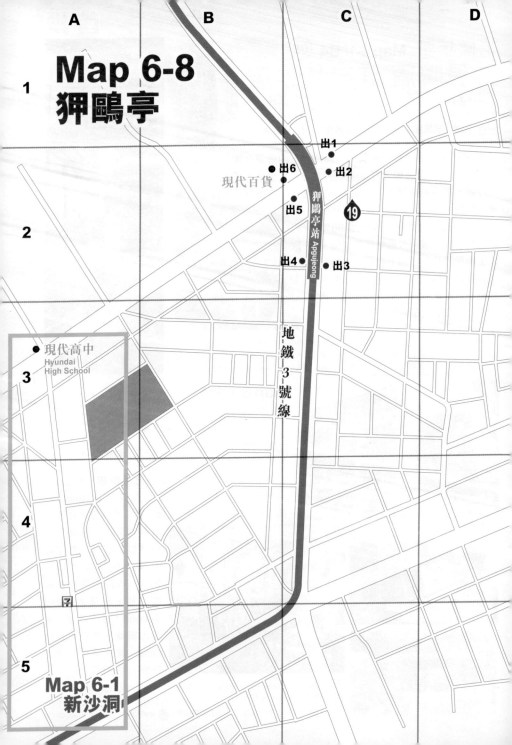

A **B** **C** **D**

1

Map 6-8
狎鷗亭

● 出1

● 出6
現代百貨 ●
2 ● 出5
狎鷗亭站
Apgujeong ⑲
● 出2

● 出4 ● 出3

● 現代高中
Hyundai
High School
3

地
鐵
3
號
線

4

7

5 **Map 6-1**
新沙洞

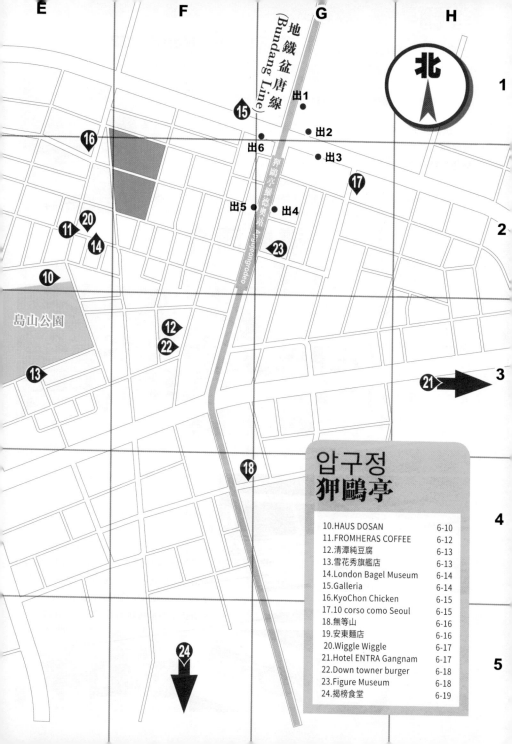

E F G H

1

北

地鐵盆唐線
(Bundang Line)

狎鷗亭羅德奧站
Apgujeong-rodeo

15

出1

16

出6 出2

出3

17

出5 出4

11 20

14

23

2

10

島山公園

12

22

13

21 3

18

압구정
狎鷗亭

24

4

5

Gentle monster 旗艦商場 ⑩ Map 6-8/ E2

HAUS DOSAN 하우스 도산

🚕 盆唐線狎鷗亭羅德奧站 (K212)5 號出口步行 10 分鐘

　　HAUS DOSAN 由韓國知名的眼鏡品牌 Gentle Monster 創立，集合了旗下的化妝品品牌 Tamburins 和甜點品牌 Nudake，結合展覽和銷售、飲食空間，為顧客提供了一個充滿未來感和創意的體驗。

INFO

🏠 首爾江南區狎鷗亭路 46 街 50 서울시 강남구 압구정로 46 길 50 | 📞 07041282125
| 🕐 11:00am-9:00pm | 🌐 https://www.gentlemonster.com/kr/stories/haus-dosan

樓層簡介

1/F

　　一樓是展覽空間，品牌與不同的藝術家合作，將不同的元素結合在一起開設 Popup Store，展現了 Gentle Monster 的無限創造力。一樓還有一個休息區，供顧客放鬆和享受飲品。

Girls Dont Cry 系列的限定產品。

不定時與品牌合作，採訪時剛好遇上潮牌 verdy 的 Girls Dont Cry 系列展覽。

2/F-3/F

Gentle Monster 眼鏡專用空間

Gentle Monster 太陽鏡專用空間

　　二樓和三樓是 Gentle Monster 的眼鏡店，分別專賣框架眼鏡和太陽眼鏡，並且各有不同的主題和氛圍。二樓以「極簡主義」和「節制」為設計理念，空間簡潔明亮。三樓則是一個充滿未來感和過去感的混合場景，中央有一個由 Gentle Monster 機器人實驗室開發的八足步行機器人 THE PROBE，象徵著 Gentle Monster 不斷挑戰和突破常規的精神。

八足機器人 THE PROBE。

4/F

四樓是Tamburins的化妝品店，通過玻璃屋頂引入外面的陽光，以「自然」為靈感，突出了空白空間的美感。室內還有一個由蘆葦製成的動態雕塑，靈感來自於風中搖曳的蘆葦，體現了品牌獨特的風格。

Tamburins禮盒精美。

Tamburins Discovery Set。

Tamburins店通過玻璃屋頂引入外面的陽光，以「自然」為靈感。

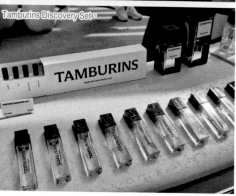

B1/F

Nudake以牛角包聞名，店內巨型牛角包非常吸睛。

地下一樓是Nudake，出品的牛角包（可頌）不同於一般的法式口味，而是採用了日式的酥皮麵包，外層酥脆，內層鬆軟，並且有各種不同的口味。室內設計以「冥想的味道」（TASTE OF MEDITAION）為主題設計，除了牛角包還提供了各種精緻的甜點，如蛋糕、馬卡龍、雪糕等，並且配以精心挑選的茶飲，讓顧客享受一個甜蜜的時光。

Nudake以『TASTE OF MEDITAION』為主題設計

Nudake Signature

FROMHERAS COFFEE 設戶內及戶外區。空間寬敞明亮。

1樓的音樂空間。

非一般咖啡室

FROMHERAS COFFEE
프롬헤라스 도산 플래그십 스토어

Map 6-8/ **E2**

⑪

🚕 盆唐線狎鷗亭羅德奧站 (K212)5 號出口步行 10 分鐘

除了 HAUS DOSAN，Gentle Monster 在 2021 年於狎鷗亭亦開設了 FROMHERAS COFFEE 旗艦店。這裡咖啡的品質也非常出色，使用了來自世界各地的優質咖啡豆，並且採用了不同的沖煮方法，如手沖、濾壓、虹吸等，讓顧客可以品嘗到不同的風味和口感。

咖啡店一樓是咖啡吧和音樂區，空間寬敞明亮，裝飾簡潔時尚，客人可以一邊欣賞精選的輕音樂一邊品嚐咖啡。二樓是閱讀和工作區，空間安靜舒適，裝飾溫馨文雅，有許多書籍和雜誌，適合顧客閱讀和工作。外面是花園和戶外區，有許多植物和花卉，適合顧客享受陽光和空氣。

店內有15種咖啡豆和多種花茶可以選擇。

甜品和茶點有很多選擇。

店內也有不同的咖啡豆出售。

粟米奶油蛋撻批 W7,200。

大受歡迎的掛耳咖啡包。

INFO

🏠 首爾江南區彥州路 168 街 29 서울 강남구 언주로 168 길 29 | 🕐 10:00am-10:00pm | 📷 https://www.instagram.com/fromheras.kr/

24小時醬湯店
清潭純豆腐（청담순두부）

Map 6-8/ F3
⑫

🚕 地鐵盆唐線狎鷗亭羅得奧站（K212）6號出口，步行約8分鐘

純豆腐有如木綿豆腐般軟滑，有多款豆腐料理如豆腐咕嚕肉、豆腐章魚燒等，不容錯過這款地道的醬湯，以海鮮加上純豆腐及辣湯，辣中帶鮮，怕辣可加入桌上的蛋讓味道變溫和。隨醬湯附送石頭鍋飯，兩者共用健康飽肚，不妨最後於石鍋中注入熱水，弄成飯焦湯。

必食推介：
海鮮純豆腐（해물）

INFO

🏠 首爾江南區新沙洞 666-17 서울시 강남구 신사동 666-17 | 📞 02-545 4840 | 🕐 24 小時

---

⑬

雪花秀按摩
Sulwhasoo 雪花秀旗艦店

Map 6-8/ E3

🚕 地鐵 3 號線狎鷗亭站（336）3 號出口

皇牌系列一次過選購。

SPA和按摩的空間。

店內展示了雪花秀品牌歷史。

「雪花秀」是以韓方藥材為基底研發的頂級美妝品牌，紅蔘系列產品更是品牌的代表之一，想徹底感受雪花秀產品帶來的威力，就要在雪花秀旗艦店預約享受一下SPA和按摩，配上經驗豐富的技師的手法，好好令身體和皮膚充充電。旗艦店不時有限量版或限量裝的雪花秀產品，只限此家喔！

INFO

🏠 首爾江南區新沙洞島山大路 45 路 18 號 4 樓서울시 강남구 신사동 도산대로 45 길 18 4 층 | 🕐 11:00am-9:00pm（每月第二個星期一公休）

熱度不減的 Bagel 店

⑭ **Map** 6-8/ **E2**

London Bagel Museum Dosan
런던 베이글 뮤지엄

🚕 盆唐線狎鷗亭羅德奧站 (K212)5 號出口步行 10 分鐘

羅勒、黑橄欖、無花果、藍莓等 W4,700 起

　　自從2021年9月開幕至今，甚至已開了好幾家分店，London Bagel Museum 的熱度依然不減。從早上八點開始現場就出現排隊人潮，如有 Catch table 就可以用 app 排隊，也可以到門口找店員拿號碼登記，只可選外帶或堂食。有不少韓星都有來過用餐打卡。Bagel 有鹹有甜超多款，每天賣完即止，所以不要太晚到啊！

門面很有英倫風。

辛苦得到的戰利品當然是相機先食。

招牌 Hand drip bag。

🅸🅽🅵🅾
🏠 首爾江南區彥州路 168 街 33 서울 강남구 언주로 168 길 33 ｜ 🕒 8:00am-6:00pm
｜ 🌐 https://www.instagram.com/london.bagel.museum/

到這裡 lunch 的都是附近一帶居住的富貴一族。幾乎人人手拿 LV，不然便是其他品牌的名牌袋。

⑮ 嘗名店街滋味

Map 6-8/ **G1** Galleria

🚕 地鐵盆唐線狎鷗亭羅得奧站（K212）
1 號出口，步行約 2 分鐘

　　不好買名牌，亦可到高級百貨公司 Galleria 見識見識。Galleria 分 EAST、WEST 二館，分別售賣多個國內外名牌。EAST 館外貌有點像香港立法會的古典風格；WEST 館則走未來風，外觀由圓形 LED 燈砌成，日間令人聯想起泡泡紙，在夜裡卻會化為幻彩幕牆。WEST 館地下更設高級超市及美食廣場，在那兒來個 lunch，也是另類感受名店街富貴魅力的不錯方法。

🅸🅽🅵🅾
🏠 首爾江南區狎鷗亭 494、515 서울시 강남구 압구정 494、515 ｜ 📞 02-3449 4114 ｜ 🕒（EAST 館）10:30am-8:00pm；（WEST 館）10:30am-8pm，星期五至日 10:30am-8:30pm ｜ 🌐 dept.galleria.co.kr （韓）

韓版 KFC
KyoChon Chicken（교촌치킨）

Map 6-8/ E2 ⑯

🚕 地鐵盆唐線狎鷗亭羅得奧站（K212）6 號出口，
步行約 5 分鐘

　　KyoChon 所有雞都是即叫即製，一般要等 15 分鐘，和西式炸雞相比，炸雞裹粉少且不油膩，配合獨家秘製醬醬，蒜味、辣味等口味別具韓國特色，最具人氣的有 Garlic Soy Wings（醬油蒜頭味雞翅）、Sal Sal Chicken Salad（雞肉沙拉）等。

KyoChon 營業至半夜 12 點，不失為宵夜佳選。

INFO

🏠 首爾江南區新沙洞 640-5 서울시 강남구 신사동 640-5 | 📞 02-547 9945 | 🕐 1:00pm- 翌晨 2:00am | 🌐 www.kyochon.com（韓、中、英）

Map 6-8/ G2 ⑰

藝術商業地標
10 corso como Seoul

🚕 地鐵盆唐線狎鷗亭羅得奧站（K212）3 號出口，步行約 1 分鐘

　　10 corso como 正是這個上流社區當中令人驚艷的表表者。店內蒐集多個精選的時裝品牌如 Harrings、Moncler，同時囊括藝廊、書店，多角度呈現品牌對藝術及生活的態度。

Cafe 設計同樣一絲不苟，酒櫃前更放滿 Egg Chair，高檔有型。

書店及雜貨部的商品較大眾化，有 Andy Warhol 等大師的作品發售，也搜羅了不少攝影及設計書籍。

INFO

🏠 首爾江南區清潭洞 79 서울시 강남구 청담동 79 | 📞 02-3018 1010 | 🕐 11:00am-8:00pm（cafe 11:00pm 關門）| 🌐 www.10corsocomo.com

零污染雪花韓牛 ⑱
無等山
Map 6-8/ **F4**

🚗 地鐵盆唐線狎鷗亭羅得奧站（K212）4 號出口，
步行約 9 分鐘

店內只採用韓國
北部羅州的最頂級靚
牛，羅州因著零污染
環境號稱全韓最佳牛
產地，產量極少不作
外銷，所以比和牛還
貴。店中的牛肉以肋
骨肉部分最矜貴軟
嫩，雪花密布的牛肉
在高級木炭上輕輕一
烤後，入口即化的油
花絕對難忘。

INFO

🏠 首爾江南區清潭洞 1-15 서울시 강남구 청담동 1-15 | 📞 02-518-4001 | 🕐 24 小時 | 💲 W60,000/ 人 | 🌐 www.moodeungsan.com

Map 6-8/ **C2** ⑲ 前總統心水店
安東麵店（안동국시）

🚗 地鐵 3 號線狎鷗亭站（336）3 號出口，步行 2 分鐘

專售安東地區傳統麵食，獨沽一味安東麵，陽
春安東麵售 W13,000，素素的一碗，樸實不
華，據說前南韓總統金泳三亦常光顧。店內只設
傳統韓式席座，需脫鞋入內。

牛肉安東麵
牛肉藏在麵底。牛肉少得可憐。味道
一般。麵帶小麥香。倒是不錯的。

INFO

🏠 首爾江南區新沙洞 612-2 第一大廈 2 樓 서울시 강남구 신사동 612-2 제일빌딩 2 층 | 📞 02-548 4986 | 🕐 11:00am-10:00pm

看到轉角位大大個「안동구시」招牌。就知道是安東麵店了。

韓星最愛招牌白色花花
Wiggle Wiggle（위글위글）

Map 6-8/ E2

 盆唐線狎鷗亭羅德奧站 (K212)5 號出口行 8 分鐘

近年韓國年輕人都喜歡用色
大膽又可以表達到強烈個人風
格的品牌，韓國生活雜貨品牌
Wiggle Wiggle 就是其中一個成功
例子。日常用品、文具、生活雜
貨、睡衣、公仔、貼紙、手機殼
等等各種生活小物一應俱全，他
們不時與韓國偶像團體合作推出
過聯名產品，追星族可以多多留
意！2 樓有浴室、廚房、書桌、
客廳、睡房等不同的生活空間展
示，還有一個小小的天台打卡位。

Wiggle Wiggle 旗艦店有3層高。
招牌白色花花產品。

2樓有不同的生活空間展示。

睡房生活空間。

INFO

🏠 首爾江南區彥州路 168 街 31 서울 강남구 언주로 168 길 31 ┃
050713402057 ┃ 🕚 11:00am-8:00pm ┃ 🌐 http://www.wiggle-wiggle.com/

Map 6-8/ H3

  ㉑

黃金地段高性價比酒店
Hotel ENTRA Gangnam

🚗 盆唐線狎鷗亭羅德奧站 (K212)4 號出口行 10 分鐘

客房採用新型舒適風格。

浴室和廁所是乾濕分離的設計。

Hotel Entra 酒店的客
房採用新型舒適風格，提
供現代住宅風格的空
間，融合了白色色調與木
質內部設計、自然友好的
定製傢俱和最好的芳香療
法設施，配以豪華鵝絨被
褥，非常舒適。重點是
位置非常方便，在新沙、
江南、狎鷗亭一帶 Shop-
ping 是最佳、最有性價比
之選！

INFO

🏠 首爾江南區島山大路 508 서울특별시 강남구 도산대로 508 ┃ 💲雙人房
HK$1,000/ 晚起 ┃ http://www.entrahotel.com/

首爾
手工牛肉漢堡
Down towner burger
다운타우너 청담

Map 6-8/ **F3**

㉒

盆唐線狎鷗亭羅德奧站 (K212)5 號出口行 10 分鐘

Down towner burger是一家美式漢堡店，以其高品質的漢堡和薯條而聞名。這裡的漢堡都是用新鮮的食材和手工製作的，每個漢堡都有著豐富的醬料和配料，而且都採用芝麻麵包，讓顧客可以品嘗到不同的風味和口感。除了漢堡，漢堡店還有其他的美式小吃，如酥脆的雞柳、香脆的薯條、鮮嫩的沙拉等，都是用上了新鮮的食材和精心的製作，與漢堡相得益彰。

芝士薯條 치즈 프라이즈 W5,800，芝士迷必點。

培根芝士漢堡 베이컨치즈 버거 W10,300。

INFO

🏠 首爾江南區島山大路 53 街 14 서울 강남구 도산대로 53 길 14 | ☎ 070-8833-3696 | 🕙 11:30am-9:00pm | 🌐 http://downtowner.co.kr/

Map 6-8/ **G2**

大小朋友都啱

 ㉓ **Figure Museum** 피규어뮤지엄

盆唐線狎鷗亭羅德奧站 (K212)4 號出口行 3 分鐘

Figure Museum由韓國知名的玩具公司Figure Museum W創立，全館分為多個區域，分別是：超級英雄區、動漫英雄區及迪士尼區等。展示了各種來自世界各地的玩具和模型，如漫威、DC、星球大戰、變形金剛、高達、蠟筆小新及龍珠等，有些還是非常稀有和珍貴的收藏品。博物館還定期舉辦各種特別的展覽和活動，如玩具市集、玩具拍賣、玩具講座等，為遊客帶來更多的驚喜和樂趣。

INFO

🏠 首爾江南區宣陵路 158 街 3（清潭洞）서울특별시 강남구 선릉로 158 길 32 | 🕙 11:00am-7:00pm | 💲成人 W15,000，14-19 歲 W13,500，4-13 歲 W12,000 | 🌐 http://www.figuremuseumw.co.kr/

米芝蓮推介一人前醬蟹 ㉔
揭榜食堂 게방식당

Map 6-8/ **F5**

 地鐵 7 號線江南區廳站（730）3 號出口步行 3 分鐘

揭榜食堂在2018年、2019年、2020年、2021年都得到過首爾米芝蓮指南推介，餐廳由老闆經營了25年蟹醬專賣店的父母提供靚蟹，再努力研發受歡迎的蟹醬菜單。這裡不僅有醬蟹和鮮辣蟹套餐，還準備了不用自己動手、更容易吃的蟹籽白飯、鮑魚醬白飯、蝦醬白飯等多種菜式，甚至設有一人餐。套餐基本提供米飯、湯和幾款家常基本小菜，筆者到訪期間還見到許多韓國人外帶。醬蟹用了藍花蟹、醬油屬於清淡類，主要食蟹的原味和蟹膏的香。

店外的首爾米芝蓮指南推介標誌。

醬蟹套餐。有白飯。湯。5個家常小伴菜和紫菜。

蟹不算大隻。但爆膏。

店家位置不多。約20位左右。建議預約。

INFO

🏠 首爾江南區宣陵路 131 街 17 서울 강남구 선릉로131길 17 | 📞 01084791107 | 🕚 11:30am- 9:00pm (3:00pm-5:30pm 休息)、星期日休息 | 🌐 https://gebangsikdang.modoo.at/

梨大及新村

交通策略

明洞		東大門歷史文化公園 [轉車]		梨大
地鐵4號線・3分鐘			地鐵2號線・14分鐘	

新村
地鐵2號線・2分鐘

《我的野蠻女友》取景地
梨花女子大學 01 Map 7-2/H1

🚗 地鐵 2 號線梨大站 (241)3 號出口，步行 8 分鐘

　　10 年前因《我的野蠻女友》而聲名大噪的梨大，早已變成如景福宮般例必朝聖的旅遊勝地。大學建於 1887 年初，由傳教士夫人 Mary Scranton 女士創立，是當地最歷史悠久的大學之一，更是韓國第一所女子大學。學校名字於創校時由當時明成皇后的丈夫高宗賜名「梨花學堂」，於 1945 年才易名「梨花大學」。

　　校內有不少特色建築，當中包括校門入口的基督教教堂 Welch-Ryang Auditorium。雖說是女子大學，男生其實也可自由出入，不然車太鉉被迫穿高跟鞋的經典一幕怎拍得成！

建於 1956 年，可容納 3,345 人，Welch-Ryang Auditorium 現時是古典音樂會的演出場地

旅遊達人 **電車男、龍友必到！**

　　4、5 點放學時段女大學生比比皆是，從中搜索心目中的翻版全智賢吧！

INFO

🏠 首爾西大門區大峴洞 11-1｜서울시 서대문구 대현동 11-1｜📞 02-3277 2114｜🕕 6:30am-10:00pm｜🌐 www.ewha.ac.kr（中、英、日、韓）｜✏ 大家要記得參觀時不要妨礙到本地師生的日常生活。

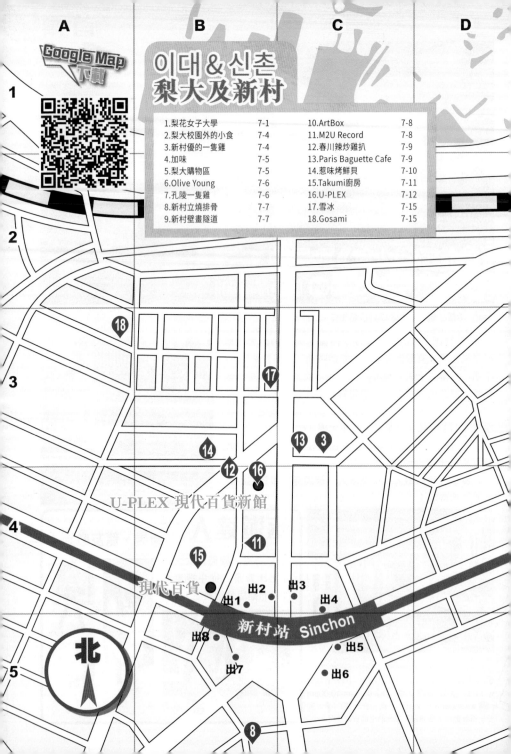

Google Map 下載

이대&신촌
梨大及新村

1.梨花女子大學	7-1	10.ArtBox	7-8
2.梨大校園外的小食	7-4	11.M2U Record	7-8
3.新村優的一隻雞	7-4	12.春川辣炒雞扒	7-9
4.加味	7-5	13.Paris Baguette Cafe	7-9
5.梨大購物區	7-5	14.蔥味烤鮮貝	7-10
6.Olive Young	7-6	15.Takumi廚房	7-11
7.孔陵一隻雞	7-6	16.U-PLEX	7-12
8.新村立燒排骨	7-7	17.雪冰	7-15
9.新村壁畫隧道	7-7	18.Gosami	7-15

U-PLEX 現代百貨新館

現代百貨

出1 出2 出3 出4

新村站 Sinchon

出8 出5

出7 出6

北

梨大新村

弘大

三成洞

聖水·首爾林

三清洞

梨泰院

校園外掃街
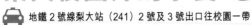
02 Map 7-2/ **H3**

梨大校園外的小食

🚕 地鐵 2 號線梨大站（241）2 號及 3 號出口往校園一帶

　　年輕人消化力特強，造就了梨大校園外聚集大量小吃攤販。它們集中在梨大站2號及3號出口往校園一帶，價格不會有觀光區的貴，大多都是 W1000/W2000 起，辣炒年糕、杯杯炸雞、烤雞肉串及烤小零食都有，在檔口邊食魚糕邊喝一口魚糕熱湯，複製大學生們放學後的下午茶時間！

一到放學時間，分不清是女學生還是遊客的人潮。

杯杯炸雞，也可以調味。

烤雞串有不同口味，W2500 起。

魚糕檔。

不可缺少的辣炒年糕。

INFO

🏠 梨大站 2 號及 3 號出口往校園一帶 | 🕐 檔口營業時間沒有特定

Map 7-2/ **C3**　　韓國美食大戰冠軍

03 新村優的一隻雞

유닭스토리 닭한마리 신촌점

🚕 地鐵 2 號線新村站 (240) 3 號出口步行 3 分鐘

　　優的一隻雞主廚兼創辦人曾獲電視節目《韓國美食大戰 3》冠軍，被公認為韓國最好的炸雞餐廳。除了炸雞，這裡的人參炖雞同樣是極品，就連泡菜，也堅持只用江原道太白市的出品。餐廳對品質的追求，吸引了一眾名人光顧，包括韓國影帝黃晟珉、法國大導演洛·比桑等。由於店主熱愛電影，店內亦布滿荷里活及韓國電影的海報，令食客享用美食之餘同時投入迷人的電影世界。

INFO

🏠 首爾西大門區昌川洞 18-72 서울특별시 서대문구 창천동 18-72 | 📞 02-6012-9563 | 🕐 10:00am-12:00mn | 🌐 https://youdarkstory.modoo.at/

梨大學生價韓食
加味 가미분식

Map 7-2/ **H2**
04

🚗 地鐵 2 號線梨大站 (241)2 號出口，向大學方向步行 5 分鐘

主打傳統韓式粉麵、湯麵，梨大學生都常光顧，足料而且味道有保證。首選蠔蜆湯麵，有細嫩的蠔仔肉和蜆肉，湯底清甜，麵條有點像烏冬，口感清爽。早餐時間最多人點這款湯麵，吃後感覺精神飽滿。另一款受歡迎小吃是芝士焗年糕，微辣的魚板年糕加上芝士，是學生課後的熱選小吃。

蠔蜆湯麵，除了是醒神暖胃之選，也很有營養。

加味的店面不大，分有兩層，上層大約可容納數十人。

芝士焗年糕，份量足夠兩人分享。

INFO

🏠 首爾西大門區大峴洞 54-1 서울시 서대문구 대현동 54-1 | ☎ 02-364-3948 | 🕐 10:00am-8:30pm

---

05

Map 7-2/ **G2**

迷你版旺角
梨大購物區

梨大購物區的鞋店，絕大部份都是一萬圜就有交易。

連鎖小物店 CtrlA，購買飾物必到。

Ctrl A 有大量韓國製襪子，每對只售 W1,000，是手信選擇之一。

🚗 地鐵 2 號線梨大站 (241)2 號出口，向梨大校園方向，一上地面即達購物區

梨大附近因為多學生聚集，所以有不少商店進駐，自成一個購物區，衣服、飾品等大都是平價之選，像一個迷你版的旺角。除了女裝外，也有男裝服飾店，吸引很多年輕顧客。以「W10,000」店為例，一萬韓圜可以買到一件衣服，或一個手袋，雖然不是名牌子，但都是「Made in Korea」，「萬包手袋」更是在梨大必買的商品，是趕潮流的首選。

INFO

🏠 首爾西大門區大峴洞 서울시 서대문구 대현동 | 🕐 各店約 11:00am-10:00 pm

⑥ 藥妝店掃本土化妝品

Map 7-2/ **G2** **Olive Young**

地鐵 2 號線梨大站 (241)3 號出口，步行 1 分鐘

Olive Young 除了有零食飲品及日常用品出售外，同時設有當地品牌專櫃，像 Dr. Jart、ISA KNOX，或與 Laneige 同集團的 IOPE、Mamonde 等，感覺就像香港的屈臣氏或萬寧，可一站式掃盡多個品牌的便宜面膜或 BB Cream，此店比明洞分店更大，難得不擠擁，逛得開心。

🏠 首爾西大門區大峴洞 56-126 서울시 서대문구 창천동 56-126 | 📞 02-365 5296 | ⏰ 8:00am-10:30pm，（星期六）8:30am-10:30pm，（星期日）1:00am-10:30pm | 🌐 www.oliveyoung.co.kr（韓）

Map 7-2/ **E3**

梨大女生的食堂

⑦ 孔陵一隻雞（공릉닭한마리）

地鐵 2 號線新村站 (240) 4 號出口，步行 6 分鐘

餐廳只選用 40 天大的鮮雞，用一整隻雞，加入蔥、薯仔、辣椒、韭菜、年糕等配菜一同燉煮，所以雞湯鮮甜無比，而且雞肉亦相當軟嫩。吃過雞肉後，可以加入刀削麵或雞蛋和紫菜，亦可點白飯加入剩下的湯汁煮粥。

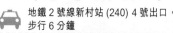

🏠 首爾西大門區大峴洞 104-39 서울시 서대문구 대현동 104-39 | 📞 02-393 9599 | ⏰ 11:00am-12:00mn

韓式立食烤牛肋骨
新村立燒排骨 신촌서서갈비

Map 7-2/ B5
08

 地鐵 2 號線新村站 (240) 6 號出口

超過70年歷史的烤牛肋骨店，餐牌只有一樣就是牛肋骨肉，只設立食，不設坐位。老闆每日早上購入新鮮牛肋骨，沒有冷藏就直接加入秘製大蔥醃料，每天新鮮製作，賣完即止。店家只會提供特製蔥醬汁、蒜頭醬汁和青椒，酒或汽水則自行到雪櫃自取，按樽計算。把牛肋骨放在烤架上烤至七至八成熟，吃過一口原味的牛肉後可以沾醬汁，充滿韓式地道風味。

記得把蒜頭醬汁放在爐上一同煮滾。

以菜包牛肉享用，可減油膩感。

加入秘製大蔥醃的新鮮牛肋骨肉汁多而充滿牛香。

INFO

🏠 首爾麻浦區西江路 20 街 11 서울 마포구 서강로 20 길 11 | 📞 02-707-3886 | 🕐 12:00nn-8:30pm (當日食材賣完為止) | 💲 牛肋骨肉 W20,000 / 1 人份 (150g)

 Map 7-2/ E1 09 梨大打卡熱點
新村壁畫隧道 신촌벽화터널

地鐵 2 號線新村站 (240) 2 號出口步行 2 分鐘

新村壁畫隧道是一條位於首爾西大門區新村洞的人行隧道，長約200米，兩端分別連接新村站 (240) 和延世大學。這條隧道的特色是牆壁上佈滿了各種色彩鮮豔、風格多樣的塗鴉，而且不斷更新，每次來訪都能發現不同的驚喜。該隧道也是電視劇《鬼怪》的拍攝地之一，吸引了更多的鬼怪迷和韓劇迷前來朝聖。

INFO

🏠 首爾西大門區新村站 (240) 路 30 서울특별시 서대문구 신촌역로 30

女生最愛 **Map** 7-2/ **G3**
ArtBox ⑩

🚕 地鐵2號線梨大站(241)2號出口出站即達

Artbox是韓國的文具品牌，也是一個網上購物平台，提供各種有趣和實用的商品，包括文具、家居用品、服飾、美妝、電子產品等。Artbox的商品以設計感和創意為主，有很多卡通人物、可愛動物、時尚圖案等主題，吸引了很多年輕人和喜歡韓國文化的消費者。Artbox不斷推出新的商品和活動，此外還會與其他知名品牌或藝人合作，推出限量版的商品，如與三麗鷗、迪士尼、鬼怪等的聯名系列。

2024卡通記事簿。

INFO

🏠 首爾西大門區大峴洞 40-4 號 서울시 서대문구 대현동 40-4 | 📞 02-393 3789 | 🕙 10:00am-10:00pm | http://www.poom.co.kr/

Map 7-2/ **B4** 明洞以外的選擇
⑪ M2U Record

🚕 地鐵 2 號線新村站 (240)2 號出口，步行約 3 分鐘

這裡有齊各韓流歌手的唱片、電視原音專輯等，韓版 CD 又比外銷版有點不一樣，唱片封面設計、附送的海報或明星小卡可能不同。新村店比明洞店大，而且是由地鐵出口往烤肉街的必經之路，樂迷不會錯過。

INFO

🏠 首爾西大門區延世路 5 號 서울시 서대문구 연세로 5 | 📞 02-3143-3946 | 🕙 10:00am-10:00pm | http://blog.daum.net/m2urecords

新村元祖名店
春川辣炒雞扒（춘천집닭갈비）⑫

 地鐵 2 號線新村站 (240)1 號出口，向現代百貨 Hyundai 方向步行，約 3 分鐘

「春川店雞扒」的招牌辣炒雞扒加入了薯仔、年糕和麵條一同炒，雖然滿鍋都是紅紅的辣醬，但味道不只有辣，還有香濃的醬料，加上薯仔同煮口感也很豐富，春川炒雞已經是韓國代表食物之一。

店員會主動幫忙完成炒雞，客人只需要戴上圍裙看著就可以。一開始店員準備好按人數份量的雞扒、蔬菜和醬料，再加入薯仔、年糕和麵條，炒至熟透後才會讓客人動手進食。辣炒雞扒還可以再沾醬料吃，或者配上泡菜同吃。

Map 7-2/ **B3**

INFO
🏠首爾西大門區滄川洞 57-8 서울시 서대문구 창천동 57-8| 📞 02-325-2361 | 🕙 10:00am- 翌晨 6:00am | 💲無骨辣炒雞扒一人份 W13,500

一般店員都會全程負責炒熟雞扒，不用怕自己煮得不熟。

Map 7-2/ **C3** ⑬

首爾連鎖餅店新貴
Paris Baguette Cafe

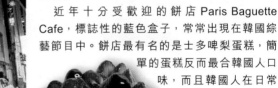 地鐵 2 號線梨大站（241）3 號出口，步行 7 分鐘

近年十分受歡迎的餅店 Paris Baguette Cafe，標誌性的藍色盒子，常常出現在韓國綜藝節目中。餅店最有名的是士多啤梨蛋糕，簡單的蛋糕反而最合韓國人口味，而且韓國人在日常生活常吃蛋糕，不一定是慶祝生日才會吃，所以常見韓國人買一整個蛋糕也不出奇。

最受歡迎的士多啤梨蛋糕。

新鮮出爐的各款麵包，款式非常多。

INFO
🏠首爾西大門區滄川洞 18-10 서울시 서대문구 창천동 18-10
| 🕙 7:00am-11:00pm | 🌐 www.paris.co.kr

韓烤扇貝海鮮

韓烤扇貝海鮮

惹味烤鮮貝 지오짱 生조개구이

Map 7-2/ B3

(14)

🚕 地鐵 2 號線新村站 (240) 1 號出口，步行 7 分鐘

在首爾有烤鰻魚、烤章魚的連鎖店，但烤海鮮的卻不多，所以當老闆在十多年前開設這家店的時候，很快便大受歡迎。小店以扇貝為主打，光是貝殼種類就有 10 種以上，蝦、帶子、鮮蠔、魚類等亦一應俱全，老闆自製椒鹽等調味料，又自創「芝士扇貝」、「香辣年糕帶子」等新口味，集 10 種海鮮的綜合燒烤 Set 足 4 人分量，只售 W80,000，難怪捧場客絡繹不絕。

綜合海鮮 Set (모듬해산물) (4人分量) W80,000
蜆、蝦、蚌、螺、蠔等於一身，
還包括了鎮店之寶「芝士扇貝」。

店營業至凌晨 5 點。愈夜愈旺場。
晚上 7、8 點反而人少。

INFO

🏠 首爾西大門區滄川洞 57-19 서울시 서대문구 창천동 57-19 |
☎ 02-333 2236 | 🕐 5:00pm-5:00am

旅遊達人

Menu 速解

대합구이	烤蚌	소라구이	烤海螺
키조개구이	烤珍珠蚌	가리비구이	烤扇貝
맛살구이	蜆肉薄片	동죽구이	烤帶殼蜆
석화구이	烤帶殼鮮蠔	모듬조개구이	綜合烤貝
왕새우소금구이	烤椒鹽蝦	조개칼국수	貝肉刀削麵
왕새우버터치즈구이	烤芝士蝦		

老闆 Yang Jae Hyuk 略懂英語，每日 10 點後繁忙時間都會在店裡打點。

梨大新村

弘大

三成洞

聖水·首爾林

三清洞

梨泰院

店內經常高朋滿座。

江南排隊店進駐大學區
Takumi 廚房 타쿠미주방

(15) **Map** 7-2/ **B4**

厚切炭火豬肉。

 地鐵 2 號線新村站（240）1 號出口

　　江南松坡區日式蓋飯排隊店進駐新村大學區，最受歡迎的就是炭火豬肉蓋飯、天婦羅炸物蓋飯和日式咖哩，每客炭火豬肉蓋飯配上大量的蔥和半隻溫泉蛋，經炭火烤過的豬肉特別香口，店家還有一款辣椒油，非常惹味！

炭火豬 TtaKumi 蓋飯 W10,900。

獨家辣椒油。必試。

 INFO

🏠 首爾西大門區新村路 83（現代百貨 B1）서울 서대문구 신촌로 83

🕐 10:30am-8:00pm

大學生的流行喜好指標
U-PLEX 현대유플렉스

Map 7-2/ B4
⑯

🚖 地鐵2號線新村站
（240）2號直達

U-PLEX是現代百貨旗下的品牌，主攻年輕人路線。新村的U-PLEX百貨位處梨大附近，更可説是大學生的流行喜好指標。新村U-PLEX百貨經換新裝，會按著流行的東西有不同的pop-up store和新店進駐，所以再來逛逛也可能發掘到新東西！

INFO

🏠 首爾西大門區延世路13號現代百貨店 U-PLEX 서울 서대문구 연세로 13 현대백화점 유플렉스 | 🕙 10:30am-10:00pm | 🌐 https://www.ehyundai.com/

【潮店推介】

PEER

PEER是潮流編輯店，集合超多潮流品牌，從韓國小眾時尚到美式街頭文化一應俱全，還有零食、化妝品等，是新概念生活方式門店。

2023年11月新進駐品牌PROJECT555。

PEER入口。

NANING9。

街頭品牌NO ONE ELSE。

SEPHORA

LVMH旗下的品牌之一，同時擁有國際知名的美妝品牌、韓國美妝品牌和自家品牌SEPHORA，如Dior、Chanel、Lancôme、Estée Lauder、Clinique、MAC、NARS、Urban Decay、Fenty Beauty、Huda Beauty等。SEPHORA也有自己的品牌SEPHORA COLLECTION，提供了高品質的美妝產品，如面膜、眼線筆、唇膏等。

INFO
https://www.sephora.kr/

4/F MARKET IN U

MARKET IN U的目標客群是喜歡二手服飾和生活用品的年輕人，尤其是MZ世代。品牌口號是「Better than New」，希望通過提供多樣和有趣的商品和服務，讓顧客可以找到自己的風格和喜好，並享受一種環保和社會責任的生活方式。除了日常衣飾，亦設有高級品牌的二手區，滿足不同客人的需求。

高級品牌的二手服飾區。

店內亦設有Café及休息空間。

店面都是以環保材料打造，展現了一種簡約的風格。

ARC.N.BOOK ：12/F

ARC.N.BOOK是一個結合書籍與生活時尚的城市複合文化空間，精心策劃的精選書籍和文創產品都可以在這裡找到。店內書籍陳列是按照四個主題來分類的，分別是Daily、Weekend、Style和Inspiration。每個主題都有不同的書籍種類和風格，如人文、經濟、趣味、時尚、旅遊、藝術等，讓顧客可以根據自己的需求和興趣來選擇書籍。這裡也定期舉辦各種活動和活動，如作家、記者和文學界人士舉行講座或簽名會，讓顧客可以參與和體驗不同的文化和價值。

：12/F Sinchon Roasting Library
신촌로스팅라이브러리

Sinchon Roasting Library與Arc N'Book同樣位於12樓，為客人打造一個隱藏在城市中的休息空間。這裡提供濃縮咖啡、荷蘭咖啡、冷沖咖啡和手工滴咖啡，作為烘焙咖啡，也多種混合咖啡豆以供選擇。客人可以在餐廳內一邊欣賞城市的壯麗美景，一邊細緻品味咖啡令人陶醉的芳氣。

Sinchon Roasting Library。

午後的一杯冰咖啡。

落地玻璃的景觀。

INFO
http://www.instagram.com/roastinglibrary_sinchon

韓式刨冰
雪冰설빙 신촌점 (新村店)

Map 7-2/ **B3**
(17)

🚗 地鐵 2 號線新村站（240）2 號直達步行 5 分鐘

雪冰是韓國最有名的雪花冰連鎖店，以提供各種口味和配料的雪花冰而聞名。雪花冰是一種由牛奶製成的細緻冰沙，上面可以加上水果、麻糬、豆粉、煉乳等，口感清爽甜美。雪冰的雪花冰不僅好吃，還很漂亮，常常出現在韓劇和網紅的推薦中。雪冰最受歡迎的是招牌麻糬豆粉雪花冰，這是一碗用黃豆粉、杏仁、核桃等裝飾的雪花冰，裡面還有麻糬和紅豆泥，吃起來很有嚼勁和層次感。

INFO

🏠 首爾西大門區延世路 23 2F 서울특별시 서대문구 연세로 23 2F | 📞 070-7716-8970 | 🕐 10:30am-11:00pm | 🌐 www.sulbing.com

---

Map 7-2/ **A3** (18)

魚我所欲
Gosami 고삼이

🚗 地鐵 2 號線新村站（240）2 號直達步行 5 分鐘

Gosami 以提供新鮮、美味、實惠的魚類和其他海鮮而聞名。這家餐廳的特色是使用炭火烤製魚類，讓魚肉的香氣和風味更加突出，並且不添加任何調味料或醬汁，保持魚肉的原汁原味。菜單上有多種選擇，包括鯖魚、鯖魚、鰈魚、鰻魚、章魚、蝦等，每種海鮮都有不同的處理方式。餐廳還提供多種配菜，如冷麵、啤酒、梅花酒、燒酒、飲料等，都是很好的搭配。

INFO

🏠 首爾西大門區延世路 7 內街 38 서울특별시 서대문구 연세로 7 안길 38 | 📞 02-324-1403 | 🕐 11:00am-9:30pm

弘大

交通策略

| 首爾站 | ------- 機場鐵路線 • 7分鐘 ------- | 弘大入口 |

| 明洞 | 地鐵4號線 • 8分鐘 | 三角地 [轉車] | 地鐵6號線 • 11分鐘 | 合井 |

必遊綜合藝術大樓 **Map** 8-2/ **C4**

Sangsangmadang

6層高的綜合藝術大樓還包括戲院、藝廊、cafe等，不過最受歡迎始終是地面1樓的精品店

🚖 地鐵 2 號線弘大入口站 (239) 5 號出口，步行 10 分鐘

外形像棵樹的Sangsangmadang，是一所集合藝廊、表演場地、獨立電影院、影樓、café 及精品店的綜合藝術平台。樓高10層，但只有1樓的精品店、6樓的café 會長期開放，2、3樓則是獨立展館，歡迎外界參觀，展覽性質及主題不定期更換，如舉辦不同的影展、畫展及小型音樂會。身為遊客，最不容錯過的當然是1樓精品店，內裡集合了140個本土作家的獨家創作，部分更屬獨家發售。

梨大新村

弘大

三成洞

聖水·首爾林

三清洞

梨泰院

自然晾乾水杯。

煙囱紙巾盒。 Studio u.p. 機械人鏈咀。

INFO

🏠 首爾麻浦區西橋洞 367-5 서울시 마포구 서교동 367-5 | 📞 02-330 6200 | 🕐 12:00nn-11:00pm，星期一休息 | 🌐 www.sangsangmadang.com（韓）

Map 8-2
弘益大學、合井站

A B C D

Google Map 下載

地鐵2號線

Forever 21

弘大入口站

出2
出1
出9

⑪
㉑
⑰
⑫
㉔
⑬
⑭
弘益公園
⑱
⑳
⑤
⑥
①
⑮
②
合井站 Hapjeong
出2
出1
出3
出4
出9
⑤ 出5
出6
合井站 地鐵6號線
出7
⑦

홍대 & 합정
弘大及合井

HAHA&金鐘國開的店 02
401精肉餐館
Map 8-2/ **C4**

地鐵 2 號線弘大入口站 (239)9 號出口，步行 15 分鐘

由綜藝節目 RUNNING MAN 主持河東勳 (HAHA) 和金鐘國所開設的401精肉餐館，專賣五花肉、豬皮等食物。門口有 HAHA 的人形紙牌，好讓粉絲和他合照。食物以五花肉最受歡迎，有分韓國本地豬和高級一點的濟州黑毛豬。韓國人喜歡把烤肉連同配菜一起吃，或包成生菜包，這個吃法便不覺得油膩。兩位老闆不時在店內幫手，還會主動與食客自拍呢！

左邊是豬頸肉，右邊是五花肉，都是厚切，各 W15,000

INFO
🏠 首爾麻浦區西橋洞 395-17 서울시 마포구 서교동 395-17 | ☎ 02-325-0805 | 🕐 4:00pm- 翌晨 2:00am；星期六至日營業至翌晨 4:00am | 💲 W17,000 起

Map 8-2/ **F2** 03
七百食堂 칠백식당
A 級韓牛

地鐵 2 號線弘大入口站 (239)6 號出口，步行約 3 分鐘

七百食堂的韓牛是來自江原道太白山上海拔700公尺的放牧牛，「七百」也因此得名。店內的韓牛屬最頂級的1++A級，含豐富不飽和脂肪，質素絕對有保證。店內主打韓牛拼盤及生牛肉刺身，肉質油花分佈細密而且平均，入口即溶，要吃靚韓牛的必到！

INFO
🏠 首爾麻浦區新村路 4 街 22-6 서울시마포구신촌 로 4 길 22-6 | ☎ 02-333-3006 | 🕐 5:30pm- 10:30pm，星期日休息

整容證件相 (04) Map 8-2/ E3
Studio Photobi

🚕 地鐵 2 號線弘大入口站 (239)8 號出口，步行 5 分鐘

去到韓國一定不可以錯過它的變臉技術，指的是數碼式整容。Studio Photobi 可體驗韓式影樓證件相服務，客人雖自行帶妝拍攝，但場內仍有少量化妝工具、西裝褸等租借，拍攝後和攝影師討論修圖方向，完成後以 USB 或電郵拿回電子檔案。店員都可以用簡單的英文溝通，絕對放心。

INFO
🏠 首爾麻浦區西橋洞 332-13 서울시 마포구 서교동 332-13 | ☎ 070-7581-4782 | 🕐 11:00am-8:30pm，星期一休息 | 🌐 http://photobi.modoo.at

Map 8-2/ C4 (05)
美式運動風格
Archive Bold 939 아카이브 볼드

🚕 地鐵 2 號線合井站（238）3 號出口步行 5 分鐘

Archive Bold 939旗艦店就位於弘大 Lee 旗艦店的對面。品牌以美式運動風格為主，設計簡約，以939的數字作為品牌的標誌。品牌的名字意味著「大膽的記錄」，表達了對街頭文化的熱愛和創造力。有不少韓星如金泰亨及李泰民等都是捧場客。經典的 logo T 及同 tone 運動服是主打，走高中生和大學學長學姐風。

INFO
🏠 首爾麻浦區西橋洞 368-12 서울 마포구 서교동 368-12 | 🕐 12:00nn-9:00pm | 🌐 http://www.archivebold.com

梨大新村
弘大
三成洞
聖水・首爾林
三清洞
梨泰院

韓式學院風

(06) Map 8-2/ C4

Covernat 커버낫 플래그쉽 홍대점

🚕 地鐵 2 號線合井站（238）3 號出口
步行 5 分鐘

許多韓國大學生喜愛走休閒學院風的 COVERNAT，弘大這間旗艦店可說是風格、種類和SIZE最齊的旗艦店！弘大旗艦店共有1樓、B1兩個樓層，帽子、包包、配件、各種風格的衣物服飾都好齊！不同場景更可以讓大家有更多的配搭靈感。

INFO

🏠 首爾麻浦區西橋洞 367-9 서울 마포구 서교동 367-9 | 🕐 12:00nn-9:00pm | 🌐 https://www.covernat.net/page/flagship

---

Map 8-2/ C5 (07) 合井韓食獨家村

o ngdallsem（옹달샘）

🚕 地鐵2、6號線合井站4號出口，步行約10分鐘

在옹달샘 o ngdallsem 就可以吃到一頓「韓國媽媽煮的飯」，很有家的感覺！這家餐廳最有名的就是韓式拌飯，最多人點的是곤드레（蔬菜拌飯，音譯：Kon 爹呢），這一款拌飯是江原道一帶很受歡迎，加入了韓國薊草（곤드레），一種植物的葉，製成拌飯。雖然沒有牛肉、豬肉拌飯，但配些大醬湯和泡菜煎餅份量也很多，可以一試江原道的人氣拌飯也是少有的機會。

店面不大，只有十張不夠四人桌。

곤드레 蔬菜拌飯套餐有三款小菜，一個大醬湯和一份泡菜煎餅。

INFO

🏠 首爾麻浦區西橋洞 402-3 서울시 마포구 서교동 402-3 | 📞 02-333-2440 | 🕐 11:00am-10:00pm | 💲 곤드레拌飯套餐 W6,000

手作雜貨平台
OBJECT
Map 8-2/ **F2** ⑧

 地鐵 2 號線弘大入口站（239）6 號出口步行 5 分鐘

OBJECT 雜貨店

OBJECT 以簡約、實用、環保為設計理念，提供各種文具、書籍、生活用品等。品牌的名字意味著「目的」，表達了對生活的追求和態度。此店有不少寄賣貨品，不論布袋、衣服，或生活用品及首飾都應有盡有。一樓、二樓都是手作雜貨，一樓比較多韓國設計師出品的小飾物，二樓有一些家品設計，也有二手貨品corner，喜歡尋寶的人不要錯過。

OBJECT cafe

在 OBJECT 三樓是自家咖啡店，桌椅組合都很有特色，由不同款式的桌椅組合而成，也有熨衫板當作咖啡桌；又用了一道門作咖啡桌，有趣亦很有 LOFT 的風格。甜品和水果茶也不錯。

Café一角。

OBJECTS二樓比較多家品雜貨，都是韓國本地設計作品。

韓國設計師出品的預飾物，以陶瓷作耳環的材料。

可以摺起來的膠杯，非常有趣的設計。

INFO

🏠 首爾麻浦區西橋洞 326-2 서울시 마포구 서교동 326-2 | 📞 0231447738| 🕐 12:00nn-9:00pm | 🌐 https://insideobject.com/

8-7

梨大新村 弘大 三成洞 聖水·首爾林 三清洞 梨泰院

最 HIT 的人生四格

candy photo 캔디포토 연남점 ⑨

Map 8-2/ **E1**

🚕 地鐵 2 號線弘大入口站（239）3 號出口，步行 10 分鐘

在韓國自拍照相館依然是朋友之間聚會後必去的人氣地方。candy photo 自助照相館剛於 2023 年 8 月開業，品牌的口號是「Enjoy Sweet Moment」，表達了對甜蜜回憶的珍惜和分享。品牌的產品包括四張一組的照片，可以選擇不同的背景、角度、濾鏡和裝飾，也可以使用品牌提供的各種小道具和服飾，創造個性化的風格和氛圍。就算一個人自己去、沒有攝影師的情況下，一樣可以拍到自己的半身或全身的 Profile pic，而且價格相宜，大多都只是 W4,000 起就可以打印出 2 張四格照。

每月有不同主題。

店內設有寬敞兼設備齊全的化妝室。

無論一個人或一班人都可以拍得很開心。

自拍機內部。

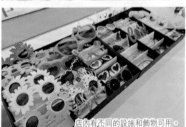
店內有不同的設施和飾物可用。

INFO

🏠 首爾麻浦區東橋洞 148-14 서울 마포구 동교동 148-14

🕐 24 小時 | 💲 W4000 起

訂製個人眼影盤
Espoir creation shop ⑩
에스쁘아 연남점

Map 8-2/ **E1**

 地鐵 2 號線弘大入口站（239）3 號出口，步行 10 分鐘

Espoir creation shop 不時都會有不同主題的 showcase 體驗，最近是可以現場訂製個人眼影盤，如事前在官網預約，更可以透過彩妝師分析臉型五官，為你臉型諮詢找出一個合適你的妝容和妝感建議，最正是可以試完所有新出系列產品！

超多選擇，可按自己需要 mix and match。

現場訂製個人眼影盤。

臉型及妝容諮詢。

🏠 首爾麻浦區東橋洞 148-14 서울 마포구 동교동 148-14 | 🕐 11:30am-8:30pm | 🌐 https://www.espoir.com/

Map 8-2/ **D3**

來自星星 - 全智賢的炸雞
⑪ BHC Chicken（홍대점）

 地鐵 2 號線弘大入口站 (239)9 號出口，左轉入弘大步行街至第一個路口右轉直走 2 分鐘

炸雞店之多，有時要找出它們各有的優點，是需要時間和胃口的。BHC 多研發不同的新味道和配醬，常常與不同國家菜做出特色 fusion，有意想不到的效果。特別提一提弘大分店，有一個特大的酒櫃，食客自己招呼自己，到結帳時才以酒瓶數量結算。

這家炸雞 Menu 特別多。

맛초킹 (한마리/날개)，少少辣，惹味之選。

뿌링클，配止酸奶醬。

🏠 首爾麻浦區東橋洞 163-16 2 樓 서울시 마포구 동교동 163-16 2 층
📞 050-4109-3112| 🕐 12:30pm-3am | 🌐 www.bhc.co.kr

綿羊咖啡店

Thanks Nature Café

Map 8-2/ D3

땡스네이처카페

梨大新村

弘大

🚕 地鐵 2 號線弘大入口站 (239)9 號出口，步行 6 分鐘

韓國周街都是Café，每間風格都不一樣，而這間 Thanks Nature Café，賣點居然是明星綿羊！小綿羊來自江原道的大關嶺羊群牧場，性格溫馴可愛，而且平時有專人打理，羊毛順滑柔軟，只要惠顧就可以作親密接觸，而店內的咖啡和窩夫都不錯，可以一邊嘆美食一邊玩羊。

INFO

🏠 首爾麻浦區上水 486 西橋 Prugio 大樓 B1F 121 號서울시 마포구 서교동 486 서교푸르지오상가 B1F 121 호 | 📞 02-335-7470 | 🕐 11:00am-10:00pm | 💻 www.facebook.com/TNcafe

---

Map 8-2/ D4

傳統餐廳吃家常菜

原糖薯仔湯 (원당 감자탕)

三成洞

🚕 地鐵 2 號線弘大入口站 (239) 9 號出口，向弘大正門，步行約 10 分鐘

聖水‧首爾林

店內裝修傳統，有一半是韓式餐桌，貪得意的朋友可以選擇在該區用餐。餐廳主打薯仔豬肉煲，一份小的薯仔豬肉煲足夠二至三人吃，豬肉香燴，極具風味。附上的小菜也有四款，只有傳統韓國餐廳才有這「高級待遇」。

小份的薯仔豬肉煲有5、6塊大豬肉，豬骨味非常入味。

三清洞

餐廳一半是韓式餐桌，要脫鞋才可內進。

上檯時薯仔豬肉煲已煮好，只需要加熱煮熟粉絲。

梨泰院

INFO

🏠 首爾麻浦區西橋洞 358-90 서울시 마포구 서교동 358-90 | 📞 02-333-1706 | 🕐 10:00am-12:00mn；星期六至日 24 小時營業

本土創意大召集
弘大 Free Market

Map 8-2/ D4
⑭

 地鐵 2 號線弘大入口站 (239)9 號出口，步行 10 分鐘

　　弘大 Free Market 是一個在首爾弘益大學附近的兒童公園舉辦的藝術市集，從3月到11月每週六下午1點到6點開放。這個市集的特色是由年輕的藝術家和創作者親自擺攤，展示和銷售他們的手工藝品、畫作、首飾、服飾、配件等，每件作品都有其獨特的風格和創意。在這裡，你可以欣賞到各種風格和類型的藝術作品，甚至可以參加一些有趣的活動，如音樂表演、工作坊、遊戲等，讓你感受首爾的時尚氣息。

場內精品多不勝數，好像這些漂亮的手造陶瓷耳環全是hellomei 創作，其作品在13ook、10x10等精品店亦有發售。

Lina 將各種材料配搭拼湊成天馬行空的襟針。

檔主在攤檔內即畫自家 tee。

Lee So Bal 攤 檔出售布製盆栽。

Gigi 喜以人為繪畫素材，其首飾作品全以人為主角。

INFO

弘益大學前兒童公園內 홍대 앞놀이터안 홍익어린이공원안 | 📞 02-325 8553/8251 | 🕐 3-11月逢星期六 1:00pm-6:00pm | 🌐 www.freemarket.or.kr (韓)

梨大新村

弘大

三成洞

聖水‧首爾林

三清洞

梨泰院

黃色小天使潮牌 ⑮ **Map** 8-2/ **C4**

WHAT IT ISN'T

와릿이즌 홍대 플래그십

(what it isnt)

🚕 地鐵 2 號線合井站（238）3 號出口步行 5 分鐘

What it isNt 品牌是由街頭滑板教父 Mark Gonzales 創辦，走自由、奔放風格，弘大旗艦店共有兩層樓，一樓展示著當季最新商品，二樓則是滑板服飾專區、還有一台自助的拍照機器可以免費拍照！

What it isNt 弘大旗艦店。

冬季最新商品。

自助拍照機。

黃色小天使的標誌，很多人都會稱它為黃色小鳥。

INFO

🏠 首爾麻浦區西橋洞 367-12 서울 마포구 서교동 367-12 | 🕐 12:00 nn-10:00pm | 🌐 https://www.wiisnt.co.kr/

Map 8-2/ **E1** ⑯ 一個人也可以開心烤肉

Hongojib 혼고집

🚕 地鐵 2 號線弘大入口站（239）3 號出口，步行 10 分鐘

獨行俠最愛的烤肉店！一個人也可以享受烤肉和壽喜燒，桌上準備了個人火爐或電磁爐，優質新鮮的牛肉、豬肉，還有獨門的祕方醬汁，毫無負擔又高性價比，不論你是一個人也好，二人同行也好，三五知己也好，戀人也好會喜歡！套餐基本包一個白飯、麵豉湯和泡菜。

一人火爐。

有牛有豬的午市套餐 W13,900 起。

烤肉必備的生啤。

充滿油脂的五花豬肉。

INFO

🏠 首爾麻浦區東橋洞 149-1 서울 마포구 동교동 149-1 | 📞 0507-1335-928 | 🕐 11:30 am-10:00 (3:30pm-5:00pm 休息)| 🍴 午市套餐 W9,900 起 | 🌐 https://www.instagram.com/hongojib_1

Map 8-2/ **D3**

首爾的旺角

⑰ **弘大未來路**

🚗 地鐵 2 號線弘大入口站 (239)9 號出口，往弘益大學方向靠右手面，步行約 10 分鐘

想檢到便宜服飾，可從前往弘大的那條路中轉到未來路。由於在大學附近，特別多店舖是專門做學生生意。這裡除了跟其他地方一樣，每十步便有一間護膚品店之外，更有很多賣便宜服飾的商店。不過對於那些「淘寶達人」可能覺得沒什麼特別，因為很多便宜貨均是 Made in China，不過可以看到實物，始終跟在淘寶買的不同。

🄸🄽🄵🄾

🏠 首爾麻浦區西橋洞 서울시 마포구 서교동
🕐 約 11:00am-10:00pm

Map 8-2/ **C4**

美瞳秀秀

⑱ **LENSSIS 弘大店** 렌시스코리아

🚗 地鐵 2 號線弘大入口站（239）8 號出口，步行 10 分鐘

灰色系美瞳。

GRAY

沙棕色(Beige sand)
非常特別。

SAND
BEIGE
샌드 베이지

G.DIA 13.2mm
1Month

LENSSIS 以 提 供 高 品質、低價格、多樣化的隱形眼鏡為賣點，吸引了許多年輕人的喜愛。品牌的產品包括各種類型的隱形眼鏡，如透明、彩色、圓形、日拋、月拋等，適合不同的需求和喜好。LENSSIS 的第一家品牌店坐落弘大，日本風和韓國風格的美瞳應有盡有，現場也有專業視光師幫客人驗眼，再配最適合的美瞳。

🄸🄽🄵🄾

🏠 首爾麻浦區西橋洞 358-58 서울 마포구 서교동 358-58 | 🕐 10:30am-10:00pm | 💲 W18,000 起 | 🌐 https://lenssis-offline.com

風味烤肉 ⑲ Map 8-2/ E2
小豬儲蓄罐 돼지저금통

🚕 地鐵 2 號線弘大入口站 (239)8 號出口，步行 3 分鐘

對比傳統烤肉，小豬儲蓄罐採用天然石及水蒸氣代替鐵板、燒烤網及炭，除了賣相極具風味，亦不易烤焦，而且可把多餘的油脂被石頭吸走，感覺上更健康。將烤好的肉搭配生菜及秘制的蘸醬一同吃，更加滋味，難怪每晚都大排長龍！

INFO
🏠 首爾麻浦區西橋洞 331-1 서울시 마포구 서교동 331-1 | 📞 02-323-6292 | ⏰ 4:00pm-2:00am

👀 Map 8-2/ C4 ⑳
女神加持
Hapa Kristen 하파크리스틴 홍대점

🚕 地鐵 2 號線弘大入口站（239）8 號出口，步行 10 分鐘

Hapa Kristen 是韓國著名彩色隱形眼鏡品牌，以提供自然、舒適、多樣的隱形眼鏡吸引了許多年輕人的喜愛。產品包括各種類型和顏色的隱形眼鏡，如透明、棕色、灰色、藍色、紫色等，適合不同的需求和喜好。弘大店是 Harpark Listin 的第一家品牌店，位置在想像廣場附近。韓國女團 IVE 張員瑛是品牌代言人，為產品加添了少女元氣！

INFO
🏠 首爾麻浦區西橋洞 364-19 서울 마포구 서교동 364-19 | ⏰ 10:30am-10:00pm | 🌐 https://hapakristin.co.kr/

Kidadult 的玩具店
POP Mart Flagship Store
팝마트 플래그십스토어

Map 8-2/ D3
㉑

地鐵 2 號線弘大入口站（239）8 號出口，步行 3 分鐘

　　泡泡瑪特 POP MART 是中國的著名創意產業，專注玩具的製作，出品廣受國內外的「Kidadult」歡迎。首爾的 POP MART 旗艦店在2023年7月於弘大開幕，店面共三層樓，打破了「玩具是給小孩玩的」這個傳統觀念，將藝術、設計、潮流、繪畫、雕塑等元素注入精緻小巧的產品，打造出極具收藏價值的潮玩。泡泡瑪特與超過350位藝術家保持著緊密的關係，截至目前為止，旗下擁有超過90個IP，包括 MOLLY、DIMOO、The Monsters、PUCKY、SKULLPANDA 等，總有一款可以討你歡心。

POP Mart Flagship Store。

一樓玩具組販售區。

POP MART 限量聯名款人物公仔。

INFO

🏠 首爾麻浦區西橋洞 346-40 서울 마포구 서교동 346-40
🕐 11:00am-10:00pm　🌐 https://popmart.co.kr/

梨大新村

弘大

三成洞

聖水・首爾林

三清洞

梨泰院

首爾

超人氣意式料理

延南趣向 연남취향 ㉒

Map 8-2/ E1

🚕 地鐵 2 號線弘大入口站（239）3 號出口，步行 3 分鐘

延南趣向以歐陸風格的裝潢和意式料理吸引了許多顧客。餐廳的菜單包括各種類型的意大利麵、燉飯、牛排等，每一道菜都有獨特的配料和調味，呈現出豐富的口感和色彩。餐廳的裝飾也十分精緻，以麻石的外牆配上歐式古董家具和燈飾，營造出浪漫和溫馨的氛圍，成為區內的人龍食肆。

不但出品味美，連盛載的碟也充滿南歐風情。

INFO

🏠 首爾麻浦區東橋洞 113-25 서울특별시마포구동교동 113-25 | ⏰ 11:30am-9:30pm

🍴 **Map 8-2/ E2 ㉓** Fusion 辣麵

Ni Pong Nae Pongr

🚕 地鐵 2 號線弘大入口站 (239)8 號出口，直走左轉。

韓國辣麵 Jjang Pong 是一種辣海鮮麵，不同地區做法也有少少不同，而且辣度不一；不過其實韓國人也不是每一個都可以食辣，加上西方飲食變得流行，所以最近就出現了一種 Fusion 麵店，尤其在大學區附近分店特別多！它有點像韓式麵，也可以説它是意大利麵的變奏版。店家特別做了不同國家風味的麵，除了韓式，也有西班牙、意大利、中國、泰國等的口味，不同國家的 fusion 做法，撞出特別的味道！

麵質是韓式 Jjang bong 的麵底。

INFO

🏠 首爾麻浦區東橋洞 169-15 2 樓서울시 마포구 동교동 169-15 2 층 | 📞 02-322-1908 | ⏰ 11:00am-9:00pm | 🌐 www.nipongnaepong.co.kr

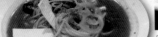

Spain Pong
西班牙 X 韓式風味，辣度適中。

弘大小區飯堂 ㉔
김장독

Map 8-2/ **D3**

 地鐵2號線弘大入口站 (239)8
號出口徒步約2分鐘

在弘大有很多餐廳，各式烤肉店滿街都是，想找家韓式飯堂卻不容易。這家김장독(音：金長篤)是少數售賣家常飯的餐廳，想試試韓國家常菜就要來這裡了。拌飯、豆腐鍋、石頭鍋飯等菜式是韓國人的家常菜。這家店主打火鍋，韓式口味的火鍋有泡菜鍋、部隊鍋等，大醬湯也是韓國家常菜。

梨大新村 / 弘大 / 三成洞 / 聖水‧首爾林 / 三清洞 / 梨泰院

韓式水蛋是用石頭鍋煮，很快變熟。點鍋就送一。

韓國飯桌的基本配備是各式小菜。

石頭鍋泡菜魚子拌飯比較有口感，趕快拌勻以免變飯焦。

一個泡菜鍋已有肉、豆腐、新鮮的菜作配料，不是只有泡菜。

INFO

🏠麻浦區東橋洞 166-11 號서울시 마포구 동교동 166-11 | ☎02-333-6301 | 🕙10:00am- 翌晨 1:00am | 💲W10,000 左右 / 位

弘大至熱鬧蒲點
AK& PLAZA

Map 8-2/ E1 ㉕

🚕 地鐵2號線弘大入口站
（239）4、5號出口之間

　　AK& PLAZA 在1至5樓，其中1至4樓主要以時裝店、化妝品、雜貨店等為主，5樓則是各式餐館及咖啡店；6至16層是酒店智選假日酒店（Holiday Inn Express）。整棟建築可以算是住宿、餐飲、購物等消遣娛樂一條龍的大型綜合百貨。

INFO

🏠 首爾麻浦區東橋洞 190-1 서울 마포구 동교동 190-1
| 🕐 11:00am-10:00pm | 🌐 https://www.akplaza.com/

【樓層簡介】

5/F Rooftop Musinsa Terrance 무신사테라스

由韓國知名的時尚網站 Musinsa 打造，提供各種服飾、美食、音樂、藝術等體驗。

4/F

動漫專區

SPAO Flagstore

Brickline 男裝

3/F

K-fashion 街頭服代表品牌 SUPY。

2/F

KYOUMA•shop主要銷售日本動漫和遊戲相關的手辦和周邊產品。

FLEF是結合地下藝術、新品牌、熱輪風格和弘大次文化的特色小店。

1/F PLANET B

AVANDRESS

一樓可找到各風格的年青服飾時裝店。

梨大新村

弘大

三成洞

聖水・首爾林

三清洞

梨泰院

招牌鮮奶油甜甜圈
Café knotted 노티드

1/F

　　品牌標誌是一個Q版的微笑臉，2017年於首爾島山公園開設第一家店，每日可賣出超過3,000顆甜甜圈，在KOL以及韓流明星們的捧場推薦之下，品牌快速成長，至今已有14家分店。Knotted甜甜圈的特色是將麵團兩面油炸、之後再夾入或灌入絲滑順口的各色鮮奶油，入口盡是馥郁奶香、甜而不膩的風味讓人一試上癮。

INFO

https://www.instagram.com/cafeknotted/

Knotted甜甜圈有多種口味。

Map 8-2/ **E2** (26) 集悠閒和購物於一身
Y'z Park 와이즈파크

🚇 地鐵2號線弘大入口站(239)8號出口旁

Books Libro 書店雖然不算大。但是文青小物選擇也不少。

6-7樓都有不少食店和Coffee shop。

　　Y'z Park購物中心有Fashion、文青小物店、生活雜貨Tag-on、書店Book Libro、各式餐廳、Coffee shop、化妝品和樂天影院等，值得一提的是如果想試下在韓國睇最新上映的電影，可以到樂天影院，有時會有韓英字幕版本，不過沒有字幕也不是重要，因為可以立即捧偶像上映的電影更緊要！

Lotte Cinema

INFO

🏠 首爾麻浦區楊花路176 Y'z Park 서울시 마포구 양화로 176 와이즈파크 | 📞 02-322-8775 | 🕐 11:00am-10:00pm | 🌐 www.yzpark.kr

各式女裝。也包括DUO's。

梨大新村

弘大

三成洞

聖水・首爾林

三清洞

梨泰院

營業至深宵

Another Awesome ㉗
어나더어썸 홍대점

Map 8-2/ E3

 地鐵 2 號線弘大入口站（239）8 號出口，步行 5 分鐘

　　Another Awesome 以簡約而時尚的裝飾和多樣化的服飾吸引顧客。店內的商品包括各種類型的男女服飾，如 T 恤、襯衫、牛仔褲、裙子、外套等，每一件都有獨特的設計和細節，呈現出豐富的色彩。一樓是男裝，相對較有設計感。二樓是女生服飾，各樣服飾分門別類，價格實惠，而且營業至凌晨二時，所以吸引了附近許多大學生光顧。

ANOTHER AWESOME是大學生時尚潮流的中心地

服飾分門別類，價格實惠。

有各種款色和配色的包包。

INFO

🏠 首爾麻浦區東橋洞 164-2 서울 마포구 동교동 164-2 | 🕐 10:00am- 翌日 2:00am

Map 8-2/ E2 ㉘ 媲美 Uniqlo
TROUBADOUR 홍대점

🚕 地鐵 2 號線弘大入口站（239）8 號出口，步行 5 分鐘

　　TROUBADOUR 以平價見稱，非常受韓國年輕人歡迎，有 Unisex、女裝、男裝等為主，店內換上最新最流行的冬季衣物，外套、毛衣、毛帽等都一應俱全，選擇之多及 CP 值媲美 Uniqlo！

衣飾以街頭休閒風為主。

最新最流行的冬季衣物。

非常受韓國年輕人歡迎的 Unisex 系列。

INFO

🏠 首爾麻浦區東橋洞 169-11 서울 마포구 동교동 169-11 | 🕐 10:00am- 翌日 1:30am | 🌐 https://www.troubadour.kr/

三成洞
Mei...

交通策略

| 明洞 |—— 地鐵4號線 • 3分鐘 ——| 東大門歷史文化公園[轉車] |—— 地鐵2號線 • 27分鐘 ——| 三成 |

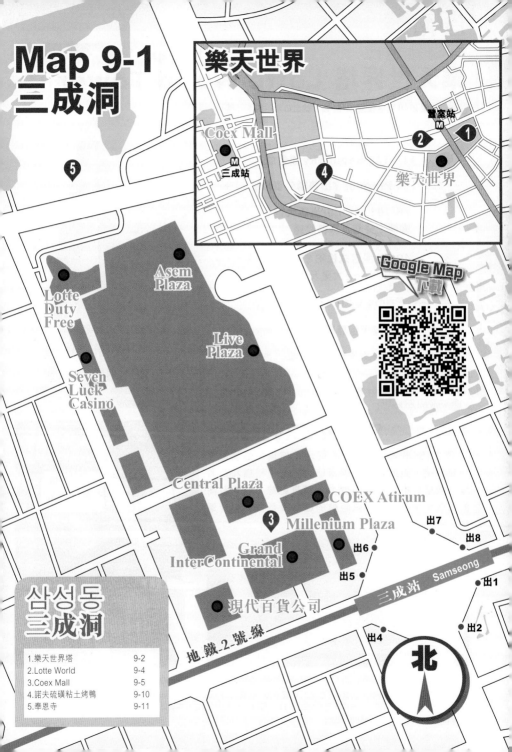

Map 9-1
三成洞

樂天世界

Coex Mall

蠶室站 M

三成站 M

樂天世界

Google Map
下載

Lotte Duty Free

Asem Plaza

Live Plaza

Seven Luck Casino

Central Plaza

COEX Atirum

Millenium Plaza

Grand InterContinental

現代百貨公司

地鐵 2 號線

三成站 Samseong

出7

出8

出6

出5

出1

出4

出2

北

首爾新地標

01 Map 9-1

樂天世界塔 Lotte World Tower

🚗 地鐵 2、8 號線蠶室 (216) 站 2 號出口步行約 5 分鐘

梨大新村

弘大

三成洞

聖水‧首爾林

三清洞

梨泰院

117-123 Seoul Sky 觀景台

108-114 Premier 7 出售辦公室樓層

76-101 Signiel 酒店大堂、客房、餐廳及服務設施

40-71 服務式住宅 Signiel Residence 大堂及會所

14-37 Prime Office 辦公室

1-12 樂天世界購物中心

B1-B2 樂天世界水族館

INFO

🏠 首爾松坡區奧林匹克大路 300 서울시 송파구 올림픽로 300
| www.lwt.co.kr

117-123 Seoul Sky 觀景台

位處555米高，場內設有落地大玻璃，整個首爾一覽無遺，天氣好的時候還能遠眺仁川松島和西海岸。觀景台更創下三項健力士世界紀錄，包括最高的透明地板、最長輸送距離的電梯及最快的雙層電梯，認真威水！

INFO

📞 82-2-1330 | 🕐 9:30am-11:00pm | 💲成人 W27,000、兒童 W24,000；另設 Fast Pass，不需預約與排隊等候即可快速入場 W50,000，大小同價（一般門票可於到訪前 14 天預購，但僅可於指定日期與時段參觀，Fast Pass 僅開放現場購票）

76-101 Signiel酒店

首爾最豪華的六星酒店，235間客房的落地玻璃窗完全無遮擋地欣賞首爾的天際線，設計風格時尚，81樓有由米芝蓮三星廚師 Yannick Alléno 主理的STAY餐廳，享用精緻的法式料理，另外亦有韓國最大的香檳酒吧Bar 81，入住客人亦可享受健身中心以及室內泳池等設施。

INFO

🕐 Check in 3:00pm；Check out 12:00nn ‖ 📞 02-3213-1000 | 💲 雙人房連早餐由 W430,000 起 | 🌐 www.lottehotel.com/signielseoul

1-12 樂天世界購物中心

約有900多間品牌店鋪，單是Avenuel就佔8層，有國際品牌鐘錶珠寶、男女裝服飾、家居用品、化妝品以及亞洲最大規模的免稅店Lotte Duty Free。相連的Lotte World Mall共6層，雲集國際大型連鎖流行服裝店如Aland、TOPTEN等。商場還設有專賣電器的Hi- MART、大型超級市場Lotte Mart、Lotte Concert Hall 音樂廳、巨型影院Lotte Cinema，而且每層都設有Cafe和食肆，逛足一整天也不會悶！

INFO

🕐 商店 10:30am-8:00pm，Duty Free 9:30am-9:00pm，餐廳 10:30am-12:00mn，超市 10:00am-12:00mn

B1-B2 樂天世界水族館

韓國第2大水族館，面積達11,240平方公米，水槽重達5,200噸。全館分13個主題，全場焦點就是全長85米的海底隧道，可以一次過看到650種不同的海洋生物，站在魚缸前更能欣賞到潛水員和白鯨、企鵝、海獅的互動表演。

INFO

🕐 10:00am-8:00pm，💲成人 W29,000、青少年 W27,000、小童 W25,000 | 🌐 www.lotteworld.com/aquarium

梨大新村

弘大

三成洞

聖水·首爾林

三清洞

梨泰院

樂天城堡愈夜愈浪漫。

夢幻樂園
樂天世界 Lotte World
02 Map 9-1

🚗 地鐵2、8號線交匯蠶室站4號出口，
沿地下廣場直達入口

　　當年樂天借出旋轉木馬給《天國的階梯》作拍攝之用，自此聲名大噪。縱使樂天裡面其實有座疑似迪士尼童話堡壘，晚間又有激光表演巡遊，以及人肉洗衣機、跳樓機、鬼屋等多種刺激玩意，大家印象最深刻的仍是那座迴旋木馬。

　　樂天表演也值得一看，2:00pm和7:30pm有由200多名演員參與的樂天狂歡節，晚上9pm有鐳射燈光Show，如果遊樂設施都玩完了，還可去滑冰場和博物館。滑冰場在樂天世界地下3層，一年365天都可溜冰。民俗博物館專為外國人而設，透過歷史資料展覽、模型村、遊戲場展示韓國五千年的民俗文化。

《天國的階梯》裡的翩然木馬。

每晚9:00pm上演的鐳射燈光Show。

吉祥物 Lorry 意大利歌劇
特別版毛公仔。

INFO

🏠 首爾松坡區蠶室洞40-1　서울특별시 송파구 잠실동 40-1| 📞 02-425 52920 | ⏰ 9:30am -11:00pm | 💲(任玩入場券)成人 W62,000、中學生 W54,000、小童 W47,000；(一般入場券)成人 W36,000、中學生 W32,000、小童 W29,000；(4:00pm 後任玩入場券)成人 W59,000、中學生 W52,000、小童 W46,000；(4:00pm後一般入場券)成人 W47,000、青年 W41,000、小童 W35,000 | ✏️ 1. 任玩入場券包括入場費、娛樂設施費用及民俗博物館入場費；一般入場券只限入場及觀看表演；2. 場內部分設施設 Magic Pass 快證，可先預約於特定時間遊玩，以節省排隊時間 | 🌐 www.lotteworld.com (中、英、日、韓)

綜合購物城
Coex Mall
Map 9-1 03

🚕 地鐵 2 號線三成站 (219) 5、6 號出口，COEX 商場 B1，步行約 8 分鐘

Coex Mall 佔地 12 萬平方米，與地鐵 2 號線的三成站相連接，交通便利。它是一個集文化、娛樂、購物於一體的生活文化空間，內有流行、美容、飾品、餐廳等賣場超過 260 多個，包括文青和書迷的打卡之地星空圖書館，與及擁有超過 4 萬隻海洋生物的 COEX 水族館。

INFO
🏠 首爾江南區永東大路 513 서울시 강남구 영동대로 513| 📞 02-6002-5300 | 🌐 https://www.starfield.co.kr/coexmall/main.do

3a
置身英國大宅
Chloris Tea & Coffee

綠茶系列推介有Chloris Garden 和 Habanera。

紅茶系列推介有 Maple Sugar 和 Evening Tea。

店內佈置極具英倫風格

一壺茶可以有二至三杯份量。

　　商場樓底高，店內的佈置可以營造出英國大宅的氣氛，座位也比弘大店鬆動。Chloris 的英式茶分有紅茶系列和綠茶系列，選茶時可以在櫃台前聞一聞茶辦，選擇自己喜歡的茶味。例如下午時間可以選紅茶，店員推薦香氣比較濃的 Maple Sugar，還有名字與黃昏時間十分合襯的 Evening Tea。

INFO
🏠 COEX 商場 B1 層 電話 :02-553-7523 | 🕐 8:00am-11:00pm；星期六日 11:00am-10:00pm | 🌐 www.cafechloris.co.kr/index.asp | 💲 W3,500 起

Coex 全新美食廣場
Delacourt ③b 🍴 **B1/F**

Delacourt是一個一站式美食廣場，有不同的韓式小吃、正餐，其中少見的韓牛卷也在這裡找到，價錢相宜，可以一試！場內有不同口味的紫菜卷飯，以韓牛卷最多人點。美食廣場是中央收費，付款後有一個電子提示機，亮燈時就可到餐廳取餐。

門前有電子購票，可用信用卡購買食品。

美食廣場座位很多，可以先購票再找位置。

韓牛紫菜卷飯，即使是小吃也附上湯和醃黃蘿蔔。

INFO
📞 02-6002-3170 | 🕐 10:30am-10:00pm | 🌐 www.coexmall.com/store/storeView.do

---

B2/F ③c 韓流巨星體驗空間
😎 Star Avenue

在樂天免稅店B2層入口處，有韓星立牌拍照區。

在Coex商場內的樂天免稅店前，有一個Star Avenue，包括韓國當紅的歌星、影星，都在這裡找到它們的「身影」，除了有韓星立牌拍照區、明星抽獎卡，可以選自己喜歡的明星小卡，又可以抽獎，抽中可得到有關明星的商品禮物。最受歡近的一定是是Wish Wall，可以在牆上留言給明星。

供掛在Wish Wall上的留言牌很快被取光，抽獎卡亦是搶手貨，折下抽獎卡後是可以收藏的明星膠卡。

在立牌拍照區對面是Wish Wall。

梨大新村
弘大
三成洞
聖水·首爾林
三清洞
梨泰院

Coex 新式韓風家品店
JAJU

　　JAJU是韓國近年新冒起風家品雜貨店，風格帶點像無印良品，常用的配色偏向自然色系，很受年輕父母歡迎。店鋪面積很大，分有家品部、文具部、廚具部等，小童及大人的服裝也有。貨品價格屬於中價，品質不錯。

幼童紙片玩具，Zoo in my hand 動物造型。

JAJU的文具系列，有不同的裝飾飾用膠紙、分類用標貼等。

JAJU服裝部，大人、小童的服裝都是以自然色系、大地色系為主。

INFO

📞 02-6002-3212| 🕐 10:00am-10:00pm

實驗室主題店
mcm lab

B1/F 3e

　　mcm是韓國貴價潮牌之一，mcm lab 不同其他分店，以實驗室作為設計主題，mcm的手袋都放在輸送帶上，準備掃描。店員都穿上實驗室白袍，十足化驗員。mcm lab 有不少商品是獨家發售，店內展示了與實驗室有關的設計元素，以銀色為主的展示枱，透明膠的展示櫃等，充滿實驗室感覺。

一般mcm的飾品在這裡也發售

店內最注目的是『手袋輸送帶』，一個會動的展示枱。

INFO

📞 02-3453-5765 | 🕐 10:00am-10:00pm | 🌐 www.mcmworldwide.com

9-7

全國最大水族館 (3f)
Coex Aquarium B1/F

水族館入口處在商場的B1層

Coex Aquarium是全韓國規模最大的水族館，有14個不同主題的展覽館，海鮮生物物種也有650種。最吸引的是海底隧道和觸摸池，可以親手摸摸海洋生物最受小朋友歡迎。每日由中午開始至下午4時半都有不同的海洋生物餵食表演，部分表演全場只有8分鐘，要留意表演節目表。

毛公仔最受小朋友歡迎

在入口處有一個熱帶魚小型海底隧道，未入館已經感受到海洋魅力

INFO

📞 02-6002-6200 | 🕙 10:00am-8:00pm（最遲 7:00pm 入館） | 🌐 www.coexaqua.com | 💲 成人 W28,000，青少年 W25,000，小童 W22,000

2/F 乘搭升降機直達

外國人專用 (3g) 七星娛樂場

Seven Luck Casino 是為外國人而設的娛樂場，只有出示護照身份證明的外國人才可以內進。最低下注金額是 W2,500。娛樂場與商場、免稅店相連，可以隨時調動行程，方便自遊人。

七星娛樂場的年度代言人是影星崔智友，連續四年擔任代言人

INFO

🏠 首爾江南區三成洞 159　서울시 강남구 삼성동 159 | 📞 02-3466-6000 | 🕙 24 小時開放 | 🌐 www.7luck.com | ❗只限年滿 19 歲外國人，出示護照才可免費入場

COEX 必到打卡位
星光庭院圖書館 Starfield Library
코엑스별마당도서관

3f 📷

圖書館於2017年5月開幕，至今仍吸引大批人潮，三座高13米的大型書架是熱門打卡點。星光庭院圖書館總面積達 2,800 平方米，書籍與雜誌藏量超過50,000本，大部份都是韓文為主，可供免費借閱，也可供購買。

星光庭院圖書館就在 Coex Mall 的中庭位置

不時有新書會/作者活動。

2樓的閱讀區設有 ARABICA 咖啡店及 Billy Angel 甜品店。

大書櫃是人人必到的打卡地方。

INFO

📞 02-6002-5300 | 🕐 10:00am-10:00pm | 🌐 https://www.starfield.co.kr/coexmall/main.do

梨大新村

弘大

三成洞

聖水·首爾林

三清洞

梨泰院

硫磺粘土烤鴨套餐
套餐分量足3、4人用，除原隻烤鴨外，也
包括多款前菜及沙律，非常豐富

以毒補身

（04）**Map** 9-1

諾夫硫磺粘土烤鴨
놀부유황오리진흙구이

🚕 地鐵2號線綜合運動場站1號出口，步行8分鐘

　　硫磺有毒性，鴨在中醫角度亦是較「毒」的食物，何解善於養生的大韓民族會將毒物當補品？據說古人發現鴨喝了含硫磺的溫泉水非但沒中毒，還能自行排毒，人若吃了硫磺鴨，也能把長期積聚於體內的有害物質清除，達致強身健體之效。是否如此神奇不得而知，不過它確實是經典的韓國宮廷菜。硫磺鴨製作過程非常複雜，此店廿多年來只挑以溫泉水餵飼的鴨，釀以鹿茸、人參、栗子、糯米、紅棗等廿多種材料，再花長時間烤烘，滋補程度可想而知。

除了硫磺鴨，也可以考慮煙燻。

師傅先將鴨放入黃土陶罐，再放入450度高溫的烤爐中烤製，模擬昔日以黃土烤鴨的效果。

Step 1

Step 2

鴨用布及錫紙包好才放入陶罐烘烤。這樣可以封鎖肉汁和蒸氣，保證原汁原味。

Step 3

即使烤了3小時，鴨肉仍鮮嫩多汁，內裡的糯米亦充滿濃濃鴨味。製作需時，最好先行預訂。

🏠 首爾松坡區籚本洞305 서울시 송파구 잠실본동 305 ｜ 📞 02-592-5292
｜ 🕙 10:00am-10:00pm ｜ 🌐 www.nolboo.co.kr｜ 💲 W30,000/ 人

千年古寺
奉恩寺（봉은사）卍

Map 9-1 ⑤

🚗 地鐵 2 號線三成站 (219)6 號出口，步行 10 分鐘

奉恩寺於新羅元聖王10年（794年）由緣會國師所興建，已有1200年歷史，最初名為「見性寺」。1498年成宗的貴妃貞顯王后把成宗的王陵安置在寺廟的東邊，並將「見性寺」擴建，改名為現在的奉恩寺。

寺內保有秋史金正喜所撰寫的華嚴經、金剛經等13個種類多達3479個法經經板。每年農曆9月9日與四部大眾（指的是釋迦牟尼四大派第子的統稱）一起頂著經板，舉行盛大莊嚴的儀式。

真如門。樓內供奉四大天王。1939年曾遭大火付諸一炬，現在的真如門是1982年修復的。

彌勒殿。信徒祈禱的場所。

高23米，是韓國最高的佛像，1996年完工，是寺內最新的建設。

選佛堂一景。堂前掛起一大片蓮花燈。在朝鮮時代曾為僧科考試場所。

真如門美輪美奐的門畫和裝飾。

INFO

🏠 首爾江南區三成洞 73 서울시 강남구 삼성동 73 ｜ 📞 02-425 52920 ｜ 🕐 3:00am-10:00pm ｜ 🌐 www.bongeunsa.org（英、韓）｜ 💲 免費

聖水首爾林

交通策略

明洞	東大門歷史文化公園站 [轉車]	聖水
地鐵4號線 • 5分鐘	地鐵3號線 • 10分鐘	
	往十里 [轉車]	首爾林
	地鐵2或5號線 •5分鐘	水仁·盆唐線 •3分鐘

Map 10-1
聖水・首爾林

성수 · 서울숲
聖水 · 首爾林

首爾
SM 娛樂公司總壇

D tower 首爾林디타워 서울숲 ①

Map 10-1/ A1

🚕 盆唐線首爾林站（K211）4 號或 5 號出口直達

D tower 樓高33層，約158米，是聖水洞的地標建築，更是韓國流行文化龍頭 SM 娛樂公司的所在地。地下一樓設有 KWANGYA（광야），可以買到 SM K-Pop 的明星商品。樓內亦設有 D Museum、各國餐廳食店及咖啡廳等，連同旁邊的 Under stand avenue 和首爾林公園，可以消遣一個下午，如果天氣好，做一些外帶的美食，去最近的漢江公園野餐也非常不錯喔！

BO MARKET美食店有多國食品和生活雜貨。

Patty and Veggie提供多采多姿的素食。

小型美食廣場。

INFO

🏠 首爾城東區往十里路 83-21 서울특별시 성동구 왕십리로 83-21

---

② **Map** 10-1/ **A1** 讓日常生活變成藝術

D-Museum 디뮤지엄

🚕 D tower 首爾林內

D-Museum 是一間私立美術館，2021年由漢南洞遷往首爾林，它的口號是「日常生活變成藝術」，展示了攝影、設計、建築、時尚等不同領域的當代藝術。展覽的觀眾包攬兒童到成人，透過豐富多彩的教育、文化項目，讓任何人都能愉快體驗、享受藝術，感受和思考藝術與生活的關係。

D-Museum。

場內設置不同的展覽。

WHITE LA

D-Museum Shop。

MUSEUM SHOP

韓國設計師的作品。

INFO

🏠 D tower 首爾林 B1 | 🕐 星期二、三、四、日 11:00am - 6:00pm；五、六 11:00am - 7:00pm；星期一休息 | 💲 不同展覽有不同收費 | https://www.daelimmuseum.org/

KPOP SM 迷朝聖
KWANGYA@SEOUL 광야 ⑬

Map 10-1/ **A1**

🚗 D tower 首爾林內

　　KWANGYA(광야)韓文是「荒野」的意思，是韓國SM娛樂公司創造的一個虛擬世界的名稱，那個世界裡SM旗下的藝人和他們的AI化身(ae)共同生活，並與粉絲們互動。在 D tower 的 KWANGYA 是首間實體店，粉絲們在這裡可以看到藝人的親筆簽名、獨家照片、特別展示等，也可以和藝人的AI化身合拍照片，體驗SM的創意和文化。平日往 KWANGYA 不用預約，不過在舉行藝人 Fan meeting 或生日 Party event 就需要用 naver 預約了。除了 SM 家族的專輯和周邊產品之外，有時會有不同的限量商品發售。

KWANGYA@SEOUL。

店內布置充滿科幻感。

新舊專輯種類繁多。

SM新女團 aespa 的聯乘產品。

SM歌手的周邊商品和紀念T恤。

SM家族的專輯和周邊產品。

INFO

🏠 D tower 首爾林 B1 | 🕙 10:30am-8:00pm | 🌐 https://twitter.com/kwangya_seoul / https://www.instagram.com/kwangya_seoul

梨大新村
弘大
三成洞
聖水・首爾林
三清洞
梨泰院

型男型女置裝站　**04**　**Map** 10-1/ **C2**

MUSINSA STANDARD 聖水店

🚕 地鐵 2 號線聖水站（211）4 號出口

MUSINSA STANDARD 是韓國最大的線上時尚商店MUSINSA推出的自有品牌，主要提供現代、基本、休閒的服飾。它的產品包括上衣、下衣、外套、配件等，都是以簡潔、實用、舒適為設計理念，適合日常穿著，也可以搭配不同的風格。除了男裝和女裝，也有中性的選擇，讓不同的顧客都能找到適合的服飾。

MUSINSA STANDARD聖水店。

寬敞有型的購物空間。

衍不同型格路線的男女裝。

INFO

🏠 首爾城東區峨嵯山路 104 서울시 성동구 아차산로 104 | 🕐 星期一至五 8:00am-9:00pm，星期六至日 10:00am-9:00pm | 📷 https://www.instagram.com/musinsaterrace/

Map 10-1/ **B1**

🍴　**05**　비통레브 르알레스카 **阿拉斯加**

火紅的鹽麵包

🚕 地鐵 2 號線聖水站（211）4 號出口，步行 8 分鐘

店舖小小・卻小巧溫馨。

沒有招牌的麵包店

新鮮出爐的鹽麵包。

全麥麵包好香

麵包店由前法國料理廚師開設，它們的麵包有多種的口味和形狀，例如감자 치아바타（馬鈴薯麵包）是用馬鈴薯和起司製作的，팥빵（紅豆麵包）是用紅豆和奶油製作的，마들렌（瑪德蓮）是用蜂蜜和奶油製作，亦有近很火紅的鹽麵包。它的店面小巧簡潔，沒有明顯的招牌，但不時有人排隊，人們都出出入入買得快，搶購心儀的包點。

INFO

🏠 首爾城東區聖水洞 1 街 16-41 서울 성동구 성수동 1 가 16-41 | ☎ 0264659244 | 🕐 11:00am-7:00pm

聖水新地標 Map 10-1/ B1 06
DIOR 디올성수 😊

🚕 地鐵 2 號線聖水站（211）4 號出口，步 5 分鐘

　　位於首爾林的 DIOR 概念店於 2022 年 4 月 30 日開幕，它的建築外觀是仿造 DIOR 的巴黎總店的華麗風格，外觀猶如劇院，用金屬和玻璃的材料打造了透明和光亮的效果，與首爾森林公園的綠色形成了對比。概念店展示了 DIOR 的各種產品，包括女裝、男裝、包包、鞋子、配飾等。若想入內參觀或是購買精品，需要事先預約，或早上在現場 Walk in 碰運氣，看看該天有沒有剩餘的參觀名額。

INFO

🏠 首爾城東區聖水洞 2 街 302-11 서울 성동구 성수동 2 가 302-11 | 🕐 11:00am-8:00pm | 🌐 https://www.dior.com/fashion/

---

07 **Map** 10-1/ C2　　　　超水準手工漢堡
GTS Burger GTS 버거 성수점

自選配醬，總有一款啱你口味。

🚕 地鐵 2 號線聖水站（211）4 號出口，步行 8 分鐘

　　GTS 漢堡聖水是手工漢堡專賣店，有手工漢堡、手工啤酒、奶昔、咖啡等各種飲料，牛肉 100% 手工，最基本的芝士漢堡由 W7,900 起，炸薯條是必點，配醬自由選擇，蛋黃醬、Hines 番茄醬、Hines 芥末醬、拉差辣椒醬等，選擇多樣化！

芝士煙肉手工牛漢堡。

即點即炸原味薯條。

INFO

🏠 首爾城東區聖水洞 2 街 269-63 서울 성동구 성수동 2 가 269-63 | 🕐 11:00am-9:30pm
📷 https://instagram.com/gtsburger.seongsu

總統夫人同款包包

(08) **Map** 10-1/ **B1**

MARHEN.J FLAGSHIP STORE Seongsu

🚕 地鐵 2 號線聖水站（211）4 號出口，步 5 分鐘

早前南韓總統夫人與總統出訪美國時使用了 MARHEN.J 黑色手提包，一度令此品牌成了時尚話題。MARHEN.J 產品包括女士和男士的手袋、背包、錢包、化妝包等，都是用素食的皮革或帆布等材料製作的，不含任何動物的成分或測試，體現了環保和動物友好的理念，其中一個系列的材料全是由回收蘋果皮變身而來。它的產品的設計是簡潔和實用的，可以搭配不同的風格和場合。少女時代秀英、李聖經、薛仁雅都愛用。

MARHEN.J黑色手提包。

MARHEN.J聖水旗艦店。

韓國女演員薛仁雅代言。

純素時尚品牌，材料都是回收或純素系。

INFO

🏠 首爾城東區上元 12 街 34 서울특별시 성동구 상원 12 길 34 | 🕐 11:00am-8:00pm | 🌐 https://m.en.marhenj.com | 📷 https://www.instagram.com/MARHEN.J/

咖啡時光

Map 10-1/ **B1** **(09)**

LOOOP Café 루프 베이커리 카페

🚕 地鐵 2 號線聖水站（211）4 號出口，步行 8 分鐘

LOOOP 是聖水洞的高級麵包及咖啡廳，有普通烘焙食品 Premium Bakery，又有素食烘焙食品 Vegan Bakery，所有烘焙都是店家親手生產的，採用法國麵粉和高級牛油，咖啡 Specialty Coffee 可選用4種混合咖啡豆作為特色咖啡豆。店內分為戶內及戶外區，以簡約的布置打造讓客人享受至 Chill 的咖啡時光。

戶內區與戶外區一樣寬敞舒適。

烘焙都是自家生產。

烘焙食品雖然是純素，賣相都不輸蝕。

INFO

🏠 首爾城東區聖水洞 2 街 302-43 서울 성동구 성수동 2 가 302-43 | 📞 050714232023 | 🕐 9:30am-10:00pm | 🌐 https://www.instagram.com/looop_official/

韓國最大第一代貨櫃商場 ⑩ **Map** 10-1/ **D2**
COMMON GROUND
(커먼그라운드)

 地鐵 2 號線建大入口 (212) 站 6 號出口
直走 2 分鐘便到達

COMMON GROUND 位於首爾建國大學附近，由200個藍色貨櫃組成1,600坪的文化複合空間，同時也是一個包含了購物、玩樂、文化交流分享的 Shopping Mall。

超過80個時裝、生活時尚、食品食肆的品牌，也有不同的 Pop-up Store。廣場的中央有 Food Truck Market， 而 Market Ground 則不定期舉行各種藝術文化活動、簽名會等。

每一位韓男韓女都在藍櫃前打卡。

INFO

🏠 首爾廣津區紫陽洞 17-1 서울시 광진구 자양동 17-1 | ☎ 02-467-2747 | 11:00am-10:00pm (Terrance Market 食肆部份營業至 2:00am) | 🌐 www.common-ground.co.kr

潮物潮食

中央廣場的中間有 Food Truck Market。

梨大新村

弘大

三成洞

聖水・首爾林

三清洞

梨泰院

良心之選 ⑪ **Map** 10-1/ **A1**

Under Stand Avenue
(언더스탠드에비뉴)

7個不同主題區以不同顏色和設計的貨櫃組成

🚕 地鐵盆唐線首爾森林 (K211) 站 3 號出口，步行 2 分鐘

在首爾森林公園旁的Under Stand Avenue的藝術文化空間，有Youth、Mom、Heart、Art、Power、Social、Open共7個不同主題區，以不同顏色和設計的貨櫃組成，而各店舖均以社會企業和支持公益方向為主，有自家品牌、本地和海外畫家作品展覽、免費小公演、大小 Workshop 和電影放映、有益而健康美味的餐廳。

INFO

🏠 首爾城東區往十里路 63 서울시 성동구 왕십리로 63| 📞 02-725-5526| 🕐 11:00am-9:00pm| 🌐 www.understandavenue.com

Brinner 的 Urban Food

三清洞

交通策略

明洞		忠武路 [轉車]		安國	景福宮
地鐵4號線 • 1分鐘		地鐵3號線 • 5分鐘		2分鐘	

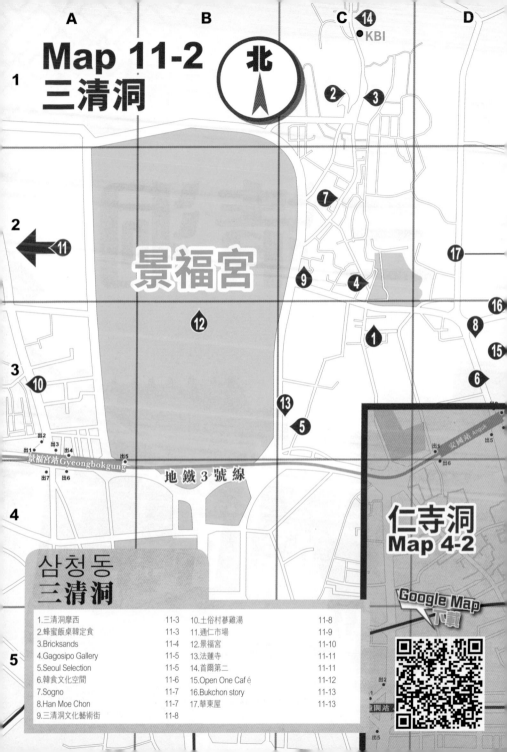

Map 11-2
三清洞

北

KBI

景福宮

地鐵3號線

景福宮站 Gyeongbokgung

安國站 Angu

仁寺洞
Map 4-2

Google Map
下實

삼청동
三清洞

長龍芝士年糕鍋
三清洞摩西

 Map 11-2/ **C3**

 地鐵 3 號線安國站 (328)1 號出口，步行 7 分鐘

　　三清洞另一人龍食店，主打的是辛辣鍋飯，説穿了其實是在辛辣湯底內加入青口、雞蛋、年糕、牛肉、芝士及飯，一邊以火爐保持熱度，讓材料均入味熱辣辣，在嚴寒冬日吃下最暖胃，而且所謂的二人鍋，實則三人分享都綽綽有餘，抵食又飽肚。吃罷，侍應會再在鍋上加飯、紫菜及湯汁製作香脆飯焦，帶來另一番滋味。

原來古巨基在2012年留下的簽名仍貼在大門前！！

香脆飯
年糕鍋後還可以吃得下這盤香脆飯，是為真·胃人！

必食推介：
芝士海鮮年糕鍋(二人份量)。

INFO

🏠 首爾鐘路區安國洞 17-19 서울시 종로구 안국동 17-19 | 📞 02-723 8089 | 🕐 11:00am-9:00pm

健康家常式韓定食
蜂蜜飯桌韓定食 꿀밥상한정식

  Map 11-2/ **C1**

 地鐵 3 號線安國站（328）或景福宮站（327），再步行 15-20 分鐘

　　蜂蜜飯桌韓定食是三清洞有名的家常式韓定食，用腐乳和蜂蜜做成的拌菜，配上從野外採集的山野草製成的野菜，富含對身體有益的維生素。定食提供的小拌菜有16種，既清新有健康，多吃肯定會延年益壽。

定食W17000/1位。

小拌菜足有16種。

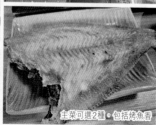
主菜可選2種·包括烤魚香

INFO

🏠 首爾鐘路區三清洞 98-1 서울 종로구 삼청동 98- 1| 📞 0507-1417-9801 | 🕐 10:20am-8:00 (3:30pm -4:30pm 午休)

首爾
首爾大熱手信

Map 11-2/ **C1**

Bricksands 브릭샌드 삼청점 ⑬

🚕 地鐵 3 號線安國站（328）或景福宮站（327），再步行 15-20 分鐘

Bricksands 是磚頭形狀的甜點小食，設計上添加了趣味要素，由2020年開始直到現在，一直都是首爾必買手信TOP10，在店裡吃現烤的 Bricksands，外酥內嫩的夢幻口感，還有杏仁粉和榛子醬的香味，咬一口甜軟的 Bricksands，配上一杯咖啡或茶。作為送給親朋好友的禮物也很合適。

有十多種口味。

Bricksands 三清店是餅店也是 Café。

Bricksands 可以混合不同食材創出新口味。

現製的 Bricksands 享上香濃咖啡是最佳享受。

INFO

🏠首爾鐘路區三清洞 62-17 서울 종로구 삼청동 62-17| 📞 0507-1336-9673 | 🕐 10:00am-7:00pm、 星期二休息 | 📷 https://www.instagram.com/happybricksand

---

三清洞特色衣飾店

在三清洞沿途有不少特色衣服飾品店，不同風格，價格大多是 W10,000 起，筆者不時在這尋到寶。

monologue 모노로그 공관점

OL上班首選

INFO

🏠 首爾鐘路區三清洞 62-18 서울 종로구 삼청동 62-18

Be on you

少女風·青春活潑。

INFO

🏠 首爾鐘路區三清洞 63-30 서울 종로구 삼청동 63-30

La: ppland

田園風·多款連身裙。

INFO

🏠 首爾鐘路區三清路 83 서울 종로구 삼청로 83

三清洞

梨大新村

弘大

三成洞

聖水·首爾林

梨泰院

了解韓國當代藝術

04 Map 11-2/ **C2**

Gagosipo Gallery 가고시포 갤러리

 地鐵 3 號線安國站（328）1 號出口，再步行 10 分鐘

Gagosipo Gallery是一間私立美術館，由大約20坪的展示空間構成，靠近國立現代美術館和景福宮。它展示了各種媒體的當代藝術作品，包括繪畫、雕塑、攝影、版畫、工藝等，讓大眾可以接觸和欣賞不同的藝術和文化。它每年舉辦多次的企劃展，展示了國內和國際的藝術家和作品，而且免費入場。美術館目標是建立「沒有界限的藝術空間」，為大眾提供接觸多種藝術和文化的機會。

美術館設在傳統的韓式庭園裡。

美術館會為韓國本土及外國的藝術家舉行展覽。

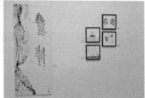

INFO

🏠 首爾鐘路區北村路五 ga 街 16 서울 종로구 북촌로5 가길 16 | 📞 0507-1423-9669 | 🕐 11:00am-6:00pm，星期一休息 | 🌐 gagosipogallery.com

Map 11-2/ **C3**

韓國文化藝術書店

05 Seoul Selection

在書店門前，就有三清洞美術街的指示牌，一路前行是不同韓國藝術家的展館。

地鐵3號線安國站(328)1號出口，向景福宮方向走，在景福宮右邊的美術街上，步行約6分鐘

在景福宮右手邊有一條美術街，也是三清洞的文化中心，有很多韓國美術家、文化工作者聚集在這區，開設展館，工作寫室等。在地下一樓的小書店，展示了不同的韓國書籍，也有英文版，分類上主要有韓國小說、畫冊、韓國文化介紹等。書店也有售韓國紙藝品。美術街上只有這家書店，逛完這書店再往前走就是不同韓國藝術家的展館。

在出版文化會館前，有一方向牌指示往地下一樓的書店。

書店雖然不大，但有座位讓讀者閱讀，像半個圖書館。

INFO

🏠 首爾鐘路區司諫洞 105-2 서울시 종로구 사간동 105-2 | 📞 02-734-9565 | 🕐 9:30am-6:30pm；星期六日 1:00pm-6:00pm | 🌐 www.seoulselection.com

首爾
韓食深度遊
韓食文化空間 한식문화공간

Map 11-2/ **D3**
06

🚕 地鐵 3 號線安國站（328）2 號出口直走 5 分鐘

　　韓食是全球推動韓國文化的獨有品牌，在2022年8月31日，「韓食文化空間E:eum」正式開館，合併了原有的韓食文化館、食品名人體驗宣傳館和傳統酒畫廊，一館盡攬韓國飲食文化，提供關於韓食和傳統酒的展覽、體驗、宣傳及教育。

　　韓食文化空間分為地上2層、地下1層。地下1層是藏有2,400餘種飲食相關題材的圖書館和可供座談會、研究學術項目的Eeum廳。1樓內部另設有傳統酒展室，展示300餘種傳統酒，每期更提供5至6種傳統酒試飲體驗和銷售。

有關韓食的展覽。

傳統酒展廳。

韓食教室。

韓食圖書館。

INFO

🏠 首爾鐘路區北村路 18 서울특별시 종로구 북촌로 18 | 🕐 10:00am-7:00pm，星期一休息 | 🌐 https://www.hansik.or.kr/ | ✏️ 試飲體驗項目：每月評選新主題「本月試飲酒」，下午三時及四時特別設有英語時段，是為外國旅客準備的項目，每一節約 6-8 個名額。

夢幻花飾 Map 11-2/ C2

Sogno

 地鐵 3 號線景福宮站 (327)5 號出口，步行 9 分鐘

Sogno 在意大利語有「夢」的意思，店內的首飾亦同樣帶夢幻唯美的感覺，飾品大多以花為題，主要用上粉紅、粉藍等糖果色調，全部百分百人手製作，由老闆娘 Son Hee Kyung 親自設計再找專人製造，好些更由老闆娘親自操刀穿製。價錢視乎款式手工而定，以手鏈為例，一般約 4、5 萬韓圜已有交易。

INFO

🏠 首爾鐘路區八判洞 63-3 서울시 종로구 팔판동 63-3
| 📞 02-723 1421 | 🕐 10:30am-8:30pm

Map 11-2/ D3 08 韓國宮廷料理

Han Moe Chon (한뫼촌)

 地鐵3號線安國站(328)2號出口，步行6分鐘

韓國宮廷料理考究精美，糅合食療與傳統韓國精湛廚藝，如此考工夫，意想得到價值不菲，豈知這裡的宮廷料理價錢由 W30,000-75,000 不等。

推介中等價錢（W53,000）的13道菜套餐，全以雅致陶砵盛載，有煎魚、鹹肉、燻鴨等，甜酸苦辣鹹有齊，尤如吃一頓京都懷石料理，卻連200港元也不到，比餐餐烤肉來得清淡便宜。

Han Moe Chon 在小巷之中，要留意它的淡黃色招牌

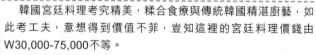

13道菜套餐全以雅致陶砵盛載，有煎魚、鹹肉、燻鴨等，甜酸苦辣鹹有齊。

精選菜式一覽：蒸魚、燻鴨、鹹豬肉、特色泡菜。

INFO

🏠 首爾鐘路區北村路 24-4　서울시 종로구 북촌로 24-4| 📞 02-766 5535|
🕐 11:30am-3:00pm、5:30pm-10:00pm| 💲 W30,000 / 人

首爾

美術展館集中地 ⑨ Map 11-2/ C2

三清洞文化藝術街 👀

🚕 地鐵3號線安國站(328)1號出口,步行約6分鐘

三清洞是首爾其中一個藝術家的聚腳地,在景福宮右邊,就有一條美術館街,這裡有不少文化、藝術相關的展館,也是美術家們的工作室。部份展館設計成傳統韓屋的外貌,與景福宮的古建築相呼應。一直至美術館街尾,就連接了三清洞購物區,其中有不少藝術家的商店,都集中在這區。

其中一個美術展館,外貌是韓屋的設計

幾乎天天也有展覽的學古齋展覽館,門前張貼了當日展覽的主題。

這間美術館還有cafe的部分。

INFO

🏠 首爾鐘路區司諫洞 서울시 종로구 사간동 | 🕙 10:00am-10:00pm
| 🌐 學古齋 www.hakgojae.com/cn/ (中文版面)

Map 11-2/ A3

長青人氣排隊店

⑩ 土俗村蔘雞湯 (토속촌삼계탕)

🚕 地鐵3號線景福宮站(327)2號出口,步行8分鐘

店內大都是傳統韓式座席。

必食首選:人參雞湯。

人參烏雞湯烏雞釀料中有小載人參,價貨真價實,滋補之選。

除了蔘雞湯,燒雞也是常點的食品之一。

在當地無人不曉的長龍店,其招牌作人參雞湯以30多種藥材及40天大童子雞炮製,質地濃稠,鮮濃不燥,有普通雞及烏雞可選。喜歡參味重一點,可學當地人把隨附的小杯人參酒倒進湯裡,而雞肉可蘸上少許鹽及胡椒來吃。店舖距景福宮約8分鐘路程,怕迷路建議乘的士。

INFO

🏠 首爾鐘路區體府洞 85-1 서울시 종로구 체부동 85-1|
📞 02-737 7444| 🕙 10:00am-10:00pm | 💲 W20,000/人

時光倒流
通仁市場 통인시장 ⑪

Map 11-2/ **A2**

🚗 3號線景福宮站（327）2號出口，向前直走 500 米

通仁市場位於西村孝子洞附近，雖不及其他傳統市場面積大，但一樣五臟俱全，以餐廳與小菜攤販等料理相關店鋪最多，有很多更是元祖級！其次就是日常生活必須的乾濕貨，如蔬菜、水果、海鮮、內衣、鞋子及其他生活雜貨等。

通仁市場最好玩之處，是可以用朝鮮時代的古幣去購物，只要在市場內有貼有「도시락 cafe 가맹점」的商店，客人便可隨心所欲地挑選各式小食，再以古幣結帳。

通仁市場。

市場內有許多價廉可口的傳統美食。

朝鮮時代的古幣。

孝子洞懷舊炒年糕。

獨一無二的韓式傳統便當。

INFO

🏠 首爾鐘路區弼雲大路 6 街 3（通仁洞）서울특별시 종로구 필운대로 6 길 3（통인동）
| 🕐 8:00am-10:00pm，每月第三週星期日休息 | 🌐 https://tonginmarket.modoo.at/

玩家小貼士

1、通常蔬菜類為 W1,000（2個古幣），肉類為 W2,000（4個古幣）。

2、在市場二樓的客服中心可以買到各 W1,000 的白飯和湯，並坐下慢慢享用。

3、每人基本可以 W10,000 換到20個朝鮮時代的古幣和一個便當盒。

4、用不完的古幣是可以換回現金的。

5大古宮之首
景福宮

⑫ 📷

Map 11-2/ **B3**

🚗 地鐵3號線景福宮站(327)5號出口直達

　　景福宮為朝鮮王朝於開國之初建立的第一行宮，建於1395年，乃5大古宮之首（其餘為昌德宮、昌慶宮、慶熙宮及德壽宮），名氣最大，內含勤政殿、慶會樓、修政殿、乾清宮等著名宮殿。

　　景福宮曾遭兩次大破壞，1592年因王辰倭亂全被損毀，1915年日佔時期9成以上殿閣遭毀壞，今日所見的330多座宮廷建築，多數都是上世紀90年代修復的，如想目睹朝鮮王朝的宮廷文物，可到宮內的古宮博物館欣賞。

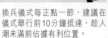

換兵儀式每正點一節，建議在儀式舉行前10分鐘抵達，趁人潮未滿前佔據有利位置。

原於1873年建造，為帝后寢殿乾清宮的前庭。

INFO

🏠 首爾鐘路區世宗路 1-56 서울시 종로구 세종로 1-56 | ☎ 02-732 1931 | ⏰ 9:00am-6:00pm（3-10 月）、9:00am-5:00pm（11-2 月）、逢星期二休息；5-8 月及逢星期六、日及公眾假期開放至 7:00pm；關門前 1 小時停止售票 | 💲 19 歲 -64 歲 W3,000、7-18 歲青少年 W1,500 | 🌐 www.royalpalace.go.kr（英、韓） | ℹ️ 1. 設國語及英語導覽服務，詳細時間請參閱官方網頁；2. 持景福宮入場券，可免費參觀毗鄰 的 國立古宮博物館與國立民俗博物館

現代化佛寺
法蓮寺

 ⑬ 卍

Map 11-2/ **C3**

法蓮寺後是露天佛堂，天為樓地為席，不失莊嚴

🚗 地鐵3號線景福宮站(327)5號出口，步行9分鐘

　　法蓮寺為現代化的佛寺，外表古典，內部沒有香爐佛像木魚，倒與一般現代大樓無異，在1樓的「佛日書店」書籍齊全，甚至有佛教中文典籍、佛教音樂CD、DVD、手工藝品、佛教兒童圖書，場內更設有小木椅，歡迎「打書釘」。

外表古典的法蓮，每到佛教節日，門前定必彩燈飄揚。

INFO

🏠 首爾鐘路區司諫洞 121-1 서울시 종로구 사간동 121-1 | 📞 02-733 5379

🍴 **Map** 11-2/ **C1** ⑭

서울서 둘째로 잘하는 집 (**首爾第二**)

韓方大補湯

🚗 地鐵 3 號線景福宮站 (327)5 號出口，步行 14 分鐘

　　於1976年開業的韓方藥茶老字號，多年來不曾改變，店內外仍保留了韓國70年代的風味。主打十全大補湯、紅豆粥、鹿角大補湯，出名用料足，啖啖香濃，一到寒冬，店內更是客人不絕。

　　店主曾學習韓方藥湯，本來只賣補身湯，後來才在菜單上添加了年輕人喜歡的紅豆粥，現在紅豆粥已經成為招牌作了。

紅豆粥
粥裡加有大粒甘栗、白果、肉桂和湯圓，營養充足又夠分量。紅豆熬至完全無渣的程度，口感濃滑。

幾十年不變的懷舊裝潢。

INFO

🏠 首爾鐘路區三清洞 28-12 서울시 종로구 삼청동 28-12 | 📞 02-734 5302| 🕐 11:00am-10:00pm，節慶休息

梨大新村
弘大
三成洞
聖水・首爾林
三清洞
梨泰院

安國站大型麵包咖啡店

Open One Café 오픈원

Map 11-2/ **D3**

⑮

🚕 地鐵 3 號線安國站（328）3 號出口直走 5 分鐘

Open One Café 於 2023年4月開業，靠近國立現代美術館和景福宮。它提供了各種的咖啡、茶、飲料、麵包、甜點等，讓消費者可以享受一個舒適和美味的時光。這裡樓高三層，麵包、甜點與咖啡有超多選擇。室內寬敞舒適，屋頂更有露臺等多種座位，可以一邊享用美食、一邊欣賞附近景福宮及首爾林公園的美景。

新鮮製作多款麵包和蛋糕。

咖啡店會按季節推出時令項目。

升級版的牛角。

地下與天台都設有戶外區。

韓國人喜愛的鮮牛油紅豆配搭。

新鮮出爐的麵包令人雀躍。

INFO

🏠 首爾鐘路區桂洞街 33-2 서울 종로구 계동길 33-2 | 📞 0507-1379-7174 | 🕐 9:00am-9:00pm

北村故事。Fusion 炸物店
북촌스토리 Bukchon story ⑯

Map 11-2/ D3

🚕 地鐵 3 號線安國站 (328)3 號出口,步行至
第一個街口左轉,步行約 8 分鐘

比起日式小店,用「炸物」店來形容會更貼切!炸物看似容易,但要炸得香脆而不食油是非常高難度的,北村故事以炸物—炸豬排和炸蝦而有名之外,最有趣的食品是炸芝士泡菜餅,想不到的是芝士和泡菜的味道非常配合!

小店在 2 樓,室內的裝潢有點像《回應吧!1997》的場景。

芝士還在半溶的狀態下是最美味的!

INFO

🏠 首爾鐘路區北村路 4 街 27 서울시 종로구 북촌로 4 길 27
| 📞 02-743-2336 | 🕐 11:00am-8:00pm

Map 11-2/ D3 ⑰

傳統雪濃湯專門店
華東屋 화동옥

🚕 地鐵 3 號線安國站 (328)3 號出口,步行約 10 分鐘

華東屋是傳統雪濃湯、冷麵、燉排骨的專門店,在江南和金浦分店,十年間已有超過數百萬名顧客光顧,去完再去,所以不用懷疑店家的實力!位於三清洞北村分店,同樣可以一嚐這美味。華東屋招牌雪濃湯,比一般連鎖店的有更多肉,也有加入一口麵線在湯內,看見當地人都把飯直接倒入湯食,米粒吸收了湯更有質感,並不是一般的湯飯。提提你,加入新鮮的蔥花是亮點之一!

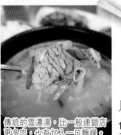

傳統的雪濃湯,比一般連鎖店更多肉,也有加入一口麵線。

INFO

🏠 首爾鐘路區昌德宮 1 街 40 서울시 종로구 창덕궁 1
길 40 | 📞 02-762-5426 | 🕐 10:00am-10:00pm

梨泰院

交通策略

明洞		三角地 [轉車]		梨泰院
地鐵4號線 • 8分鐘			地鐵6號線 • 3分鐘	

首爾至 Chill 小區
梨泰院漢南洞 ① **Map** 12-2

🚕 地鐵 6 號線漢江鎮站（631）

梨泰院是有名的世界美食街，而稍稍離遠梨泰院的漢南洞，相對來説較重藝術氛圍，美術館、畫廊、藝廊林立，有不少以新 MZ 世代為對象的品牌都喜歡在此開店，很多韓星住在這一帶或喜歡周末來逛逛，而一些韓國綜藝節目亦常常會在漢南洞的大街小巷拍攝。

【 漢南洞必逛潮店 】

BBB Bagel
베베베 한남점

🚕 地鐵 6 號線漢江鎮站（631）3 號出口，步行 3 分鐘

德國鄉村住宅風的 Bagel 專賣店，每天都會準備新烤 Bagel，還有清香的咖啡。

 🏠 首爾龍山區漢南洞 683-43 서울 용산구 한남동 683-43 | 🌐 https://www.instagram.com/_bbb.official/

Beaker 비이커
한남플래그십스토어

🚕 地鐵 6 號線漢江鎮站（631）3 號出口，步行 10 分鐘

Beaker 不僅銷售自有的服裝和配飾，還引進了許多國內外的潮流品牌，如 GANNI、AURALEE、KAPTAIN SUNSHINE、UNFORTUNATE PORTRAIT 等。

🏠 首爾龍山區漢南洞 738-36 서울 용산구 한남동 738-36 | 🌐 http://www.beakerstore.com/

Map 12-2
梨泰院

이태원
梨泰院

出1

出2

地鐵 6 號線

梨泰院站 Itaewon

消防局

出4

出3

出1

出3

漢江鎮站
Hanganjin

地鐵6號線

CONCURE.

味覺大挑戰 ② **Map** 12-2

Concure Hannam
컨큐어 한남

🚕 地鐵6號線漢江鎮站（631）3號出口，步行5分鐘

　　CONCURE Hannam是一個咖啡館和香水品牌的複合空間，將自己生產的各種香氣和咖啡、甜點等結合在一起，提供了一個獨特的文化體驗。這個空間分為兩個部分，一個是咖啡吧和座位區，另一個是香水展示和試用區。這些香水都是由CONCURE自己設計和製作的，有些還是根據咖啡館的菜單為靈感而創造。相反部分CONCURE的菜單則以自家的香氣主題而設計，實行把各種香味合而為一。

INFO

🏠 首爾龍山區漢南洞729-37 서울 용산구 한남동 729-37 | 📞 01073440628 | 🕐 12:00mn- 翌日 9:30pm | f https://www.facebook.com/concurehannam/

12-3

首爾

鉤針針織體驗

mysti kotita 미스티코티타

Map 12-2 ③

🚕 地鐵 6 號線漢江鎮站（631）3 號出口，步行 10 分鐘

韓式鉤針針織在韓國也有人氣，mysti kotita 出品是時尚雜誌拍攝的常客，在這裡除了可買到各種各樣的鉤針針織作品之外，也有體驗工坊（預約必須），有提供一日體驗課堂、興趣/正規班、手工編織指導師資格證等，暫時只有韓語班，建議在 Instagram 公告或諮詢後到訪。

剛好遇上 open day market，非常熱鬧

不同風格的手工編織包包及飾物。

INFO

🏠 首爾龍山區漢南洞 683-8 서울 용산구 한남동 683-8 | 🕐 11:00am-6:00pm(星期日、一休息) | 🅾 https://www.instagram.com/mystikotita_official

Map 12-2 ④

熊啤啤天下

Kinki Robet 킨키로봇 한남점

🚕 地鐵 6 號線漢江鎮站（631）3 號出口，步行 8 分鐘

Kinki Robet 是一間潮流玩具店專門展示和銷售貝爾布里克（Bearbrick）這種日本製造的可愛熊形玩偶，以及其他的玩具、服裝和生活用品。這些商品部分是與各種知名的品牌、藝術家、動漫角色等合作設計和生產，有著獨特的風格和個性，而且具備收藏價值。

與 Joe cool 聯乘的熊啤啤。

形象多變的 Bearbrick。

除了公仔也有其他周邊產品。

Studio Dragon 系列。

INFO

🏠 首爾龍山區漢南洞 682-13 서울 용산구 한남동 682-13 | 🕐 12:00nn-9:00pm | 🅾 https://www.instagram.com/kinkirobot/ | https://www.561.co.kr/brand/main/KK

小眾品牌 ⑤ Map 12-2
Pesade 페사드 한남

 地鐵 6 號線漢江鎮站（631）1 號出口步行約 10 分鐘

Pesade 是 一 個 創 立 於2022年 的 小 眾 香 水 品 牌，漢南店 showroom 有 3款香水選擇，Lid Mountain、The New Error 和 In Hindsight。 除 了 香 水，店鋪還展示和銷售蠟 燭、香氛，以及其他美容 護膚商品。品牌知名度雖 然不算高，但產品充滿創 意和魅力，適合香水愛好 者和生活家前往選購。

護膚品質地厚但不 稠。香氣隱約。

INFO

🏠 首爾龍山區梨泰院路 49-16 서울 용산구 이태원로 49 길 16
| 🕐 12:00nn-8:00pm | 🌐 http://www.pesade.kr/

玩味十足襪子
Map 12-2 ⑥ MSMR 漢南

🚕 地鐵 6 號線漢江鎮站（631）3 號出口步行 10 分鐘

MSMR是襪子專門店，店裡銷售MSMR自 有的靴下、貼紙、禮盒等產品，以及其他的服裝 和配飾等商品。除了襪子超多款，裝襪子的彩 盒，以至裝飾的貼紙，都有不同選擇，包裝可愛 特別，是送禮的最佳之選。除了襪子，店內還賣 着多種T恤、環保購物袋、筆記本等產品，而且 進場購物，一律奉上靚茶及點心，招呼非常貼心。

INFO

🏠 首爾龍山區漢南洞 657-21 三樓 서울시 용산구 한남동
657-21 3 층 | 🕐 11:00am-7:30pm、星期一休息 | 🌐
http://www.msmrseoul.com/

建築大師遊樂場
三星美術館

Map 12-2　**07**

🚃 地鐵 6 號線漢江鎮站 (631)1 號出口，沿大街往梨泰院方向步行 5 分鐘（於 Grand Hyatt 酒店旁）

請來世界3大名建築師 Mario Botta、Jean Nouvel、Rem Koolhaas 分別設計3座展覽館

三星美術館由三星集團創始人李秉哲的收藏品為基礎而建立。美術館由三位世界級的建築師設計，分為一館、二館和三星兒童教育文化中心。一館展示了韓國古代的陶瓷、青銅器、佛像等文化財，二館展示了韓國和外國的近現代美術作品，包括李梵希、達利、畢卡索等大師的作品，以及韓國現代藝術家的作品。三星兒童教育文化中心則是為了培養未來的藝術家而設立的教育空間，提供各種藝術體驗和學習活動。

第二展廳由法國當紅建築師 Jean Nouvel 操刀

戶外展示當代女藝術家Louise Bourgeois的「母親與蜘蛛」。

INFO

🏠 首爾龍山區漢南洞 747-18 서울시 용산구 한남동 747-18 | 📞 02-2014 6901 | ⏰ 10:30am-6:00pm，5:00pm 停止售票；星期一休息；星期四延長至 9:00pm 閉館 | 🌐 http://leeum.samsungfoundation.org/html_eng/global/main.asp | 💲 常設展覽（成人）W10,000，（青少年）W5,000；短期展覽（成人）W8,000，（青少年）W4,000

Map 12-2　**08**

古典幽雅
Perfumery BLUTE

🚃 地鐵 6 號線漢江鎮站（631）3 號出口步行 10 分鐘

Perfumery BLUTE 是一家設計師香水品牌，它的產品由熱愛香氣的調香師製作，採用天然植物成份及傳統的手工方式製作。BLUTE 的產品系列包括設計師香水、蠟燭和香氛噴霧。BLUTE 的設計師香水系列以其獨特的氣味和優秀的持久性而聞名，而包裝設計以至銷售門面都採用復古元素，令產品檔次大大提升。

INFO

🏠 首爾龍山區漢南洞 684-88 서울시 용산구 한남동 684-88 | ⏰ 12:00nn-7:00pm，星期一休息 | 🌐 https://bluteshop.com/

設計萬歲
D&DEPARTMENT SEOUL

Map 12-2 09

🚖 地鐵 6 號線漢江鎮站（631）3 號出口步行 10 分鐘

來自日本的D&DEPARTMENT PROJECT，是一個以地域設計為主題的社區商店和網絡，旨在發掘和傳遞各地的文化和特色。D&DEPARTMENT SEOUL是D&D首間海外分店，它與韓國的設計公司MILLIMETER MILLIGRAM合作，把D&D的概念帶到韓國。D&DEPARTMENT SEOUL店內有家具、雜貨、書籍、食品等各種商品，以及咖啡廳和畫廊空間，更以「Long Life Design」為理念，希望設計及售買的商品都能永久循環再用。

🏠 首爾龍山區梨泰院路 240 B1F 서울특별시 용산구 이태원로 240 B1F | 🕐 12:00nn-8:00pm | 🌐 http://d-seoul.mmmg.net/

Map 12-2 10

首爾蘭桂芳
梨泰院購物街 이태원쇼핑거리

🚖 地鐵 6 號線梨泰院站 (630) 出站即達

梨泰院是許多外國領事館的聚集地，所以特別有異地的氛圍。梨泰院購物街位於梨泰院站附近，長約1.4公里，兩側有2400多家各式各樣的商店，販售世界各國的品牌商品。除了購物，這裡也是美食和娛樂的聚集地，有各國料理及酒吧，吸引了許多外國人和年輕人的光臨，就像香港的蘭桂芳。不過亦因為購物街人多路窄，2022年10月29日該處發生了人踩人慘劇，造成159人死亡，情況竟與發生在1993年1月1日的蘭桂芳人踩人慘劇極度相似。

🏠 首爾龍山區梨泰院路 (梨泰院 1 洞到漢南 4 洞)

入境

I) 從香港 / 首爾直飛釜山

香港往來釜山的直航航班前往釜山的金海國際機場 (PUS) 김해공항。預算鬆動的朋友，亦可在首爾的仁川機場乘內陸機前往釜山。

機場至市區交通

往海雲台的機場巴士

1) 機場巴士

在機場國際航廈出來，向右轉便有由機場出發之機場巴士。乘搭機場巴士可到海雲台。機場巴士分普通巴士和豪華巴士，所有車票皆可在一樓三號閘門購買。

機場巴士三號線站站頭指示

車號	巴士類型	候車站	途徑市區地點	票價	服務時間
307號 시내버스	普通	3	金海機場→江西體育公園站→江西區廳站→龜浦站→龜浦市場→德川站→淑嶝站→萬德交叉路→東萊站→民樂洞→BEXCO站→市立美術館站→冬柏島入口→海雲台海水浴場→海雲台事務處	W1,300	6:10AM- 11:15PM 20分鐘一班
海雲台1 해운대1	豪華	2	金海機場→南川洞→廣安洞→Centum City酒店→BEXCO→奧帆競技場→韓華度假村→海潑里恩大岔路→威斯汀朝鮮酒店→Grand酒店→諾富特國賓酒→樂園酒店→Paledecz酒店→萇山站→白醫院→東部公寓→大林1期公寓→養雲高中→Home Plus→Centum酒店→水營交叉路→廣安洞→南川洞→金海機場	成人 W10,000 小童 W6,000	6:45AM- 9:55PM 20分鐘一班
海雲台2 해운대2	豪華	2	金海機場→南川站→廣安站→水營交叉路→新世界百貨商店→Centum酒店→BEXCO→奧林匹克交叉路→慶南瑪麗娜公寓→Park Hyatt酒店→韓華度假村→冬柏島入口→海雲台海水浴場→PARADA伊斯酒店→長山站→白醫院	成人 W10,000 小童 W6,000	6:30AM- 10:30PM 20鐘一班

一出機場便會看到有很多的士在等候

2) 的士

從金海國際機場從來後，便可以看到一列的士在等侯，十分方便，當然價錢相對亦較昂貴，從機場搭到西面大約 W20,000-25,000。

3) 輕軌 (Light Rail)

Step by Step

　　輕軌是方便又便宜的選擇，出機場後過馬路，再向右走兩分鐘便可見輕軌車站。遊客可以乘輕軌到沙上 (地鐵2號線) 或大渚 (地鐵3號線)，再轉乘地鐵到市區。而在地鐵站中轉乘西面方向的列車便可到西面或海雲台等中心地，而且大部分景點亦需要在西面換線，釜山金海輕軌營運時間5am-12mn。

沙上 ▸ 江邊公園 ▸ 西釜山流通地區 ▸ 機場 ▸ 德斗 ▸ 登龜 ▸ 大渚

轉釜山地鐵2號綫　　　　　　　　　　　　　　　　**轉釜山地鐵3號綫**

II) 從首爾往返釜山

　　首爾已經不是到韓國唯一的景點區，如果時間充裕，不少遊客都會選擇去完首爾再到釜山，感受韓國不同地方的風情。首爾和釜山往返方便，主要是乘搭火車或巴士。

1) 火車

　　往返首爾和釜山，旅客可以乘坐「京釜線」的KTX或無窮花號 (Mugunghwa) 列車。火車有座席級別之分，買票前最好先在KTX網站上參考時間表和價格表。火車票價都會比巴士票價貴，不過火車的座位寬敞舒服，設備齊全，設洗手間、零食販賣機，而且會準時到達目的地。假如選搭 SRT，可由首爾江南區的水西站乘搭「京釜線」到東大邱、新慶州和釜山。

往返首爾和釜山的KTX列車

釜山火車站外貌

火車型號	標準席	頭等席 (1st Class)	車程	班次
KTX	成人W59,800 小童W29,900	成人W83,700 小童W53,800	2小時50分鐘	5-20分鐘/班
無窮花號 (Mugunghwa)	成人W28,600 小童W14,300	–	5.5小時	每日15班
SRT	成人W52,000 小童W26,000	成人W75,800 小童W49,800	2小時30分鐘	30分鐘/班

＊不同班次票價會有分別／截至2023年12月

無窮花號(Mugunghwa)車票最便宜，但車程為三者之中最慢。車程比KTX特快列車足需倍多，但票價又僅來多便宜一倍，若時間鬆動，不妨一試。

無窮花號的「標準席」車廂整齊清潔，環境舒適。

購票零難度，因售票機有簡單英文介面，簡單易用。

2) 巴士

西部長途汽車客運站。

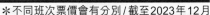

左邊是高速巴士售票處，右邊是市外巴士售票處。

回程時可以選乘釜山到首爾的巴士，可以到沙上的西部長途汽車客運站乘搭。在地鐵2號線的沙上站5號出口出，沿右手邊的麥當勞直走便可看見車站。巴士比火車稍為便宜，但車程比新村號火車快些許。到首爾的巴士有分高速巴士和市外巴士，市外巴士沒有出發時間規定，買好票後便可以直接到車站上車。

巴士類型	車票價格		車程	備註
市外巴士	約W27,100		約4小時40分	
高速巴士	一般	W27,200	約4.5小時	小童車票為半價
	優等	W40,400		
	深夜優等	W57,700		

III) 釜山市內交通

　　首爾已經不是到韓國唯一的景點區，如果時間充裕，不少遊客都會選擇去完首爾再到釜山，感受韓國不同地方的風情。首爾和釜山往返方便，主要是乘搭火車或巴士。

1) 地下鐵

入閘前請注意自己的乘車方向。入閘後只能到其中一個方向的月台，不能通往另一月台。

　　釜山地下鐵覆蓋了大部分的景點。地鐵有中英文導向，在換乘站及景點站亦會有響鳴提示。地鐵設有4條路線，同線乘搭單程車價為W1,450，跨線乘搭為W1,650。一日票票價為W5,500，可於一日內無限次使用。另外，遊客亦可選擇到地鐵站的便利店購買「HANARO 儲值卡」，此卡亦可用於市內巴士，讓旅程上的交通更方便。

賣單次性車票的售賣機

HANARO交通卡售賣機
Transit Card Automatic Machine

賣單次性車票的售賣機用法：

1. 可以點選中文或或英文，更方便買票。然後點選目的地車站，如果想買一日通票可點選右下角的綠色按鈕。

　　螢幕會顯示出車票總金額，如需買多張

2. 可點選左下角綠色按鈕。

　　然後投入紙幣和硬幣。但注意售票機只

3. 接受 W1,000 紙幣。

　　如果沒有 W1,000 紙幣可到旁邊的換鈔

4. 機換鈔。

5. 最後從螢幕下的出口位掏出車票和零錢便完成。

2) 市內巴士

　　釜山市內巴士車價為 W1,550 起。巴士常有不夠零錢找續的情況，需自備零錢。如使用交通卡不單有乘車優惠，而且可享有轉乘優惠，而優惠亦可用於地鐵，但需要注意的是上車和下車時必須拍卡。部分巴士站設有電子牌，顯示巴士到站預定時間及路線圖。

3) 的士

　　釜山的士分普通的士及模範的士兩種。普通的士首2公里收費為W2,800，之後每公里加收W100；模範的士首3公里收費為W4,800，以後每公里加收W200。普通的士在夜間會另收20%費用。

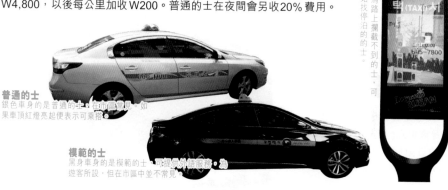

普通的士
銀色車身的是普通的士。在市區常見。如果車頂紅燈亮起便表示可乘搭。

模範的士
黑身車身的是模範的士。可提供外語服務。為遊客所設，但在市區中並不常見。

如果在馬路上攔截不到的士，可到的士站找停泊的的士。

4) Busan City Tour 釜山觀光巴士

站頭有分顏色以分辦路線

搭乘「釜山觀光巴士」可以更輕鬆地遊覽各個景點，憑1日使用券即可自由上下車參觀。

紅線：	綠線：	橙線：
釜山站 ↔ 海雲臺循環	釜山站 ↔ 太宗臺循環	釜山站 ↔ 多大浦站循環

出發地點：釜山站廣場旁 (Toyoko Inn/ Encore Ramada 酒店前)

價格：成人 W15,000，兒童 W8,000　**公休日：**每週一二公休

購票方式：於釜山站釜山市區觀光巴士大型巴士停車場購買車票

網站：https://www.citytourbusan.com/40647/en2/02course/02.php

IV) 釜山往返福岡（博多市）

極度喜愛遊日本的朋友，如有時間的話，可以取道釜山，前往日本福岡玩上一兩天。

福岡大濠公園
(Photo Credit: Fukuoka City)

1) 國際航班

如不是買套票的話，最好是選乘 Air Busan 釜山航空的直航航班。航程只需50分鐘，輕鬆舒服。

濟州航空：www.jejuair.net
釜山航空：www.airbusan.com
大韓航空：www.koreanair.com

2) 高速快船

除了選乘飛機外，大家亦可經水路前往福岡。從釜山國際港口出發往福岡的快船，由 queen beetle 公司經營；每日對開3-4班，每日航班開出時間有異，宜出發前先到網站查閱。航程約3小時。

釜山國際港口：乘坐地鐵1號線至中央站(112)於10號出口出，徒步約8分鐘
網址：https://www.jrbeetle.com/ko/queenbeetle/

旅遊達人

坐飛機 or 坐船？

編輯部建議選乘飛機往返，因兩者票價差不多，但飛機航程只需50分鐘，而且可以在香港經網站訂票，方便安排行程，福岡空港亦位於博多市中心，出入方便。至於高速船方面，船程頗長，票價只是比飛機便宜少許，而且不能網上訂票，相當不便。優點嘛!? 可以看看海景罷了！

釜山東京/大阪聯遊？

其實 Air Busan 有航班往返釜山至東京或大阪，價錢不貴，有時間的話可以一次過玩首爾＋釜山＋日本(東京/大阪/福岡)，行程就相當圓滿！

釜山通行證
（Visit Busan Pass）

　　釜山通行證專為外國遊客而設，可以在一定的時間或次數內，免費或優惠地使用釜山的各種交通、觀光、餐飲、購物等服務。Visit Busan Pass有以下的特點：

- 可以自由選擇24小時或48小時的時間限制卡，或者3個或5個的次數限制卡（只選3個或5個景點）
- 可以免費進入釜山的30多個收費觀光設施，包括釜山塔、釜山電影博物館、釜山X the SKY等
- 可以免費使用城市觀光巴士，或者預付使用地鐵，方便地在釜山各地遊覽
- 可以在120多個餐廳、商店、活動、住宿等觀光設施享受折扣優惠，節省旅遊開支
- 可以通過手機應用程式方便地查看和管理自己的通行證，也可以在應用程式中找到更多的旅遊資訊和攻略

費用：

24小時卡	W55,000
48小時卡	W85,000
BIG3 (3選:ABB)	W45,000
BIG5 (5選:AABBB)	W65,000

一次過有30多個景點可選，記得量力而為。

使用細則：

1. 出發前可於指定的代理商購買，如 Klook，完成交易可獲發確認電郵，到釜山後可在指定地點領取實體卡
2. 選擇應用程式用戶收費相同，不用特意領取實體卡，便加方便
3. 通行證把釜山的景點分為紫色及藍色兩組，24及48小時用戶都可免費入場，但BIG3及BIG5的用戶參觀景點要按指示選紫(A)及藍(B)兩組，舉例BIG3如果選擇樂天世界(A組)，便不能再選A組景點
4. 免費交通僅限部分觀光巴士，乘坐市內地鐵及巴士，要先在便利店為通行證充值，之後每程扣減
5. BIG3及BIG5的使用限期為第一個觀光點之後的180天

FREE　PURPLE
BUSAN X the SKY

FREE　BLUE
釜山電影體驗博物館＆釜山特麗愛3D博物館

FREE　BLUE
釜山塔

選擇手機程式更加方便。

詳情請參閱： https://www.visitbusanpass.com/

Busan Transportations

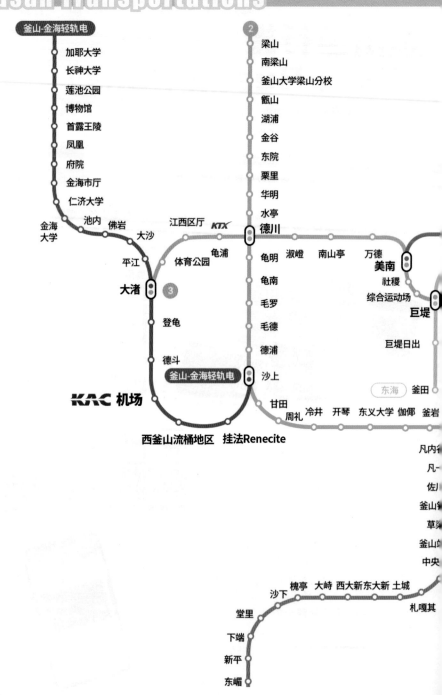

釜山-金海轻轨电
加耶大学
长神大学
莲池公园
博物馆
首露王陵
凤凰
府院
金海市厅
仁济大学
金海大学　池内　佛岩
大沙
平江
大渚
登龟
德斗
釜山-金海轻轨电
KAC 机场
西釜山流桶地区　挂法Renecite

2
梁山
南梁山
釜山大学梁山分校
甑山
湖浦
金谷
东院
栗里
华明
水亭
江西区厅　KTX　德川
龟浦
体育公园
3
龟明　淑嶝　南山亭　万德
美南
龟南
毛罗　社稷
综合运动场
毛德
巨堤
德浦
巨堤日出
沙上
东海　釜田
甘田
周礼　冷井　开琴　东义大学　伽倻　釜岩
凡内
凡一
佐川
釜山镇
草梁
釜山站
中央
槐亭　大峙　西大新东大新　土城
沙下
堂里　札嘎其
下端
新平
东嵋

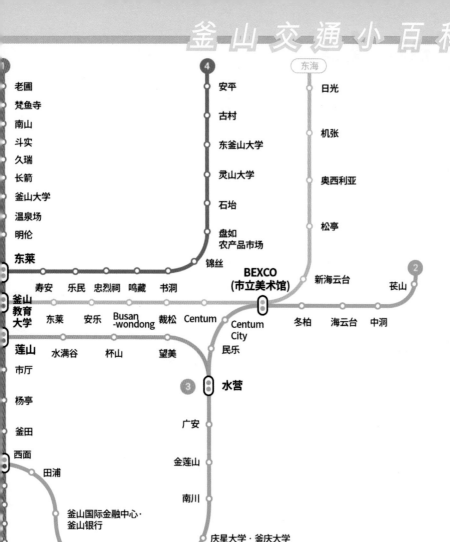

釜山地鐵圖

Map 13
釜山廣域地圖

南浦洞、
札嘎其市場

交通策略

釜山站		南浦		札嘎其
	地鐵1號線・4分鐘		2分鐘	

韓國麵食元祖
元生麵屋

01 **Map** 13-2/ **C4**

 地鐵 1 號線南浦站 (111)1 號出口，光復路大街靠左第三個街口內

元生麵屋的麵是冷麵，由1953年開始營業，至今已經超過60年歷史，古老的味道一直保持至今。釜山的冷麵，界乎米粉與水冷麵之間，比較軟腍。拌勻辣醬後可以加入白醋和黃芥辣同吃。

水冷麵。

INFO

🏠釜山市中區善昌洞 1 街 37 부산시 중구 창선동 1 가 37 |☎ 051-245-2310 | 🕐 11:00am-9:00pm | 💲 W14,000 起

Map 13-2/ **B4** 南浦洞必到
02 雪冰創始店

🚗 地鐵 1 號線南浦站 (111)1 號出口，步行約 5 分鐘

由韓國傳統冰品發展而成的雪冰，是近年韓國非常人氣的甜品，一份冰品有紅豆、黃豆粉年糕、新鮮水果等。今次介紹的雪冰店，就是全韓國第一家雪冰。點一份雪品夠二人分享，份量很大。

士多啤梨雪冰。

INFO

🏠釜山市中區昌善洞 1 街 37-2 부산시 중구 창선동 1 가 37-2
☎ 051-254-0980 | 🕐 10:30am-10:30pm

13-1

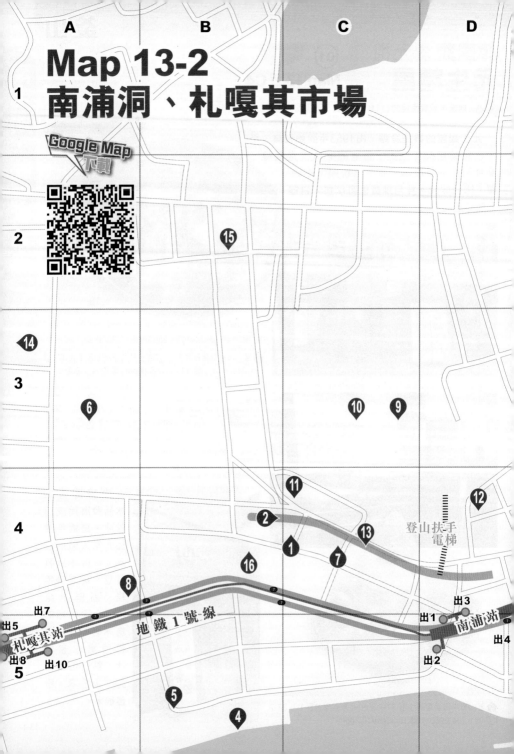

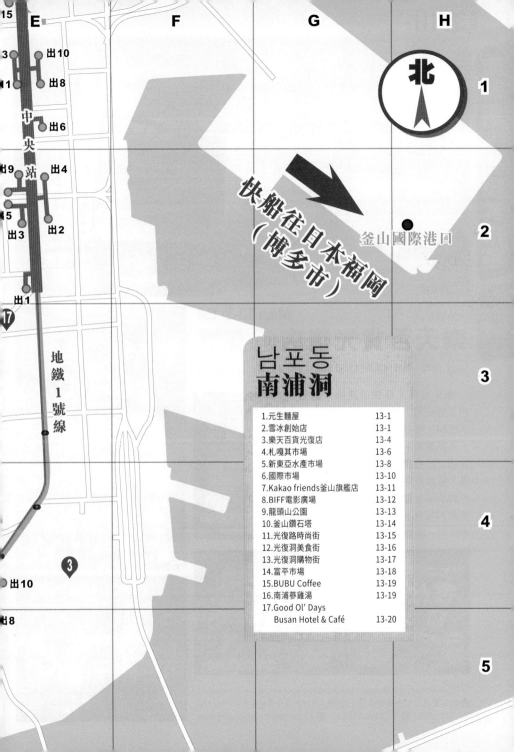

北

15
出3
出1

中央站

出9
出5
出3

出1

17

地鐵1號線

出10

出8

出10
出8
出6
出4
出2

快船往日本福岡（博多市）

釜山國際港口

남포동
南浦洞

E   F   G   H

1

2

3

4

5

南浦洞、札嘎其市場

海雲台

包羅萬有

樂天百貨光復店 03

Map 13-2/ E4

🚕 地鐵 1 號線南浦站 (111)8 號出口步行 2 分鐘

　　樂天百貨是韓國的連鎖大型免稅百貨公司，外國人手持護照便可以退稅，所以遊客到韓國都會到樂天百貨購物。百貨公司內有國際名牌店，亦有韓國本地品牌店舖供選擇。百貨公司內亦會經常有打折貨品的小攤在擺賣，可以低價買到有質素的貨品。最重要是 Lotte Mart 都在同一建築內，買手信最方便！

近期最 HIT 的韓國手信零食 HABF 堅果。

韓國拉麵的最新口味。

INFO

🏠 釜山廣域市中央區中央洞 7 街 20-1 부산시중구중앙동 7 가 20-1 | 📞 051-678-2500 | 🕐 10:30am-9:00pm | 🌐 http://store.lotteshopping.com

樂天百貨觀景台

頂樓的空中花園及觀景台不需要購買門票，可以清楚觀望到龍頭山公園、釜山塔、釜山大橋、影島大橋、扎嘎其海鮮市場及釜山市區日、夜美景。血拼完上來休息嘆杯咖啡，絕對是一大樂事！

圍欄上可以掛上愛情鎖，鎖住你Honey的心啊！

INFO
🕐 觀景台 10:30am-7:pm | 💲 免費

釜山品牌咖啡之一
BLACKUP COFFEE (블랙업커피)

與一般連鎖品牌不同，BLACKUP COFFEE會定期對國內外各類特色咖啡進行檢測，以選出最好的鮮豆。每一季都有不同的signature Coffee推出，Lotte Mall店每日有新鮮出爐的包點甜品，hand drip bag或特色咖啡豆更是可當特別的釜山手信。

特色釜山咖啡手信

新鮮出爐的包點甜品選擇很多。

INFO
🏠 樂天百貨光復店 B1 | 🕐 10:00am-10:00pm
| http://www.blackupcoffee.com/

札嘎其市場

海鮮大集會

Map 13-2/ **B5**

(04)

南浦洞、札嘎其市場

海雲台

地鐵 1 號線札嘎其站 (110)10 號出口，直行在路口右轉。走兩分鐘便可見札嘎其牌，再直走是室外漁市場。從室外市場左轉，直行五分鐘便可見札嘎其市場

釜山是韓國的漁港，而札嘎其市場便是釜山的標誌。札嘎其市場位於海旁，所以在釜山說到吃海鮮，一定離不開札嘎其市場。市場一年四季皆有豐富的新鮮海產提供。從地鐵站出來走大約五分鐘，便有一股咸腥味撲面而來，提示你已到了札嘎其市場。直行可見一列的海鮮攤，鮮魚、貝類、乾貨，應有盡有。而室內的札嘎其市場一樓是賣海鮮的，二樓則是餐廳和乾魚貨市場。在一樓挑選好海鮮後可交給二樓烹煮，亦可選擇直接在餐廳點菜，相信同樣可令你大快朵頤。

小福旁有座位讓顧客休息即場吃刺身。

札嘎其室內市場外觀。

市場內的一樓全是賣海鮮的。

INFO

🏠 釜山廣域市中區札嘎其海岸路 52 號（中區南浦洞 4 街 312-1 號）부산광역시 중구 자갈치해안로 52(중구 남포동 4 가 312-1 번지) | 📞 (051)713-8000 | 🕐 8:00am-10:00pm | 🌐 http://jagalchimarket.bisco.or.kr

Map 13-2/ **B5**

人氣之選

(4a)

갈매기 횟집 경주 (海鮮套餐)

在札嘎其室內市場中滿是海鮮店，但這家明顯比較受歡迎。店內提供的海鮮套餐內包括一碟魚生和一個海鮮鍋，另送八個小菜，可算豐富。魚生片肉質爽口，而且有魚油香。海鮮鍋裏有多種的海鮮，包括蝦、蟹、蜆、魷魚、扇貝、獅蚶和青口，以清湯把海鮮煮熟。湯中只有大蔥，全靠海鮮調味，鮮味十足。店員還會貼心地把海解去殼並切成小塊，服務就是到。

小菜都以清淡為主。

札嘎其室內市場是專門吃魚生的地方，值得一試。

海鮮鍋真材實料，有一定分量。

INFO

🏠 釜山中區南浦洞 4 街 312-1 號札嘎其市場二層부산시 중구 남포동 4 가 312-1 자갈치 시장 2 층 | 📞 (051)245-2313 | 🕐 6:00am-10:00pm | 💲 約每人 W20,000

地道烤魚

Map 13-2/ **B5**

제일횟집 (烤海鮮) ④b

🚕 地下鐵 2 號線札嘎其站 (110)10 號出口，見路口右轉，直走到室外漁市場後右轉走 3 分鐘

在札嘎其的室外漁市場也有很多的海鮮餐廳，不一定要在室內市場用。這間海鮮店在札嘎其室外市場，同樣可以在門口選海鮮烹調。海鮮店內提供的菜式比較地道。店內提供生魚片、烤鰻、烤魚等多類型的菜式選擇。店內有中國店員，有便於語言不通的遊客。

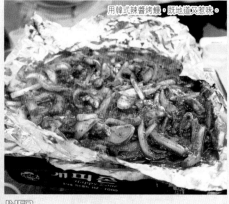
用韓式辣醬烤鰻，既地道又惹味。

店外亦有賣烤魚。香脆可口。

INFO

🏠 釜山中區札嘎其路 30 부산 중구 자갈치로 30 | ☎ 051-246-6442| 🕐 9:00am-10:00pm | 💲 烤魚 (細) W 20,000

Map 13-2/ **B5**　　釜山獨有

②c **札嘎其盲鰻街**

在札嘎其的傳統市場，會見到有餐廳提供盲鰻料理。盲鰻（Hagfish）的製作很簡單，店家把盲鰻洗乾淨後切成段，直接放上鐵盆上烤煮，加入洋蔥和韓式辣醬，可以配紫蘇葉同吃。盲鰻的肉與皮都很彈牙，有咬勁，以台灣的說法就是「QQ」！這道菜是釜山獨有，夠膽的就來試試！

新鮮的盲鰻。

店家會代勞烤海鮮。

新東亞水產市場 即撈即吃

🚕 地鐵 1 號線札嘎其站 (110)10 號出口，直行在路口右轉，前走兩分鐘便在右邊，而市場正門在札嘎其室內市場旁。

Map 13-2/ **B5** ⑤

新東亞水產市場位於札嘎其市場旁，同樣是吃海鮮的好地方。在市場一樓挑選好海鮮後，便可於每間海鮮店旁所設的用餐地區進餐，十分方便。用膳的環境明顯沒有札嘎其市場舒適，市場亦較殘舊，所以會比較冷清，但直接在魚店旁，吃即撈的海鮮可算是另一番風味。而二樓是賣魚類乾貨的市場，種類齊全。遊客亦可到市場地下一層或三樓的餐廳進餐。

市場內的一樓既是賣海鮮的地方，亦是餐廳。

INFO

🏠 釜山廣域市中區南浦洞 5 街 92 號부산광역시중구 남포동 5 가 92 번지 | 🕐 6:00am-11:30pm | 💲 每人 約 W20,000 | 🌐 http://shindongamarket.kr

市場內的二樓則是乾貨市場。

南浦洞、札嘎其市場

海雲台

有價講
보배상회 (生魚片) 5a

Map 13-2/ B5

　　新東亞水產市場一樓是海鮮店與餐廳共用的，餐廳便在海鮮店旁。顧客先在海鮮店選好食材，店家便會立即烹調，保證新鮮。但因為餐廳都不會標價，要先問清楚價錢，亦可嘗試議價。

石斑刺身
刺身十分爽口，相當新鮮。

海鮮店有多種海鮮供選擇，而且都十分生猛，而小店旁便是餐廳。

魷魚刺身
上碟後仍會不停蠕動，更會吸著口腔，想試試的要多一點勇氣。

INFO 🏠 新東亞市場 1 樓 152 號 | 📞 (051)246-6101 | 🕐 9:00am-9:00pm | 🌐 http://bobaestore.dining.kr

---

Map 13-2/ B5 5b 清淡之選
영주식당 (鮑魚粥)

餐廳內環境舒適，有點古典韓國的味道。

　　新東亞小產市場地下一樓是吃海鮮熟食的餐廳，比較清靜，但想對上食物的價錢會較便宜。如果吃魚生、海鮮鍋和海鮮燒烤嫌太普通，不妨試試鮑魚粥。把鮑魚切片放於粥內，有淡淡的鮮味。鮑魚粥的味道清淡，吃海鮮亦可以簡簡單單。

小菜味道較濃，剛好與清淡的鮑魚粥中和。

INFO 🏠 釜山廣域市中區南浦洞 5 街 92 號 新東亞市場地下 1 樓 부산광역시중구 남포동 5 가 92 번지 신동아지하 1 층 | 📞 (051)246-6406 | 🕐 9:00am-6:00pm

▶國際市場 來吧大血拼！

06 Map 13-2/ **A3**

🚗 地鐵 1 號線札嘎其站 (110)7 號出口，步行約 7 分鐘

國際市場是釜山最大規模的傳統市場，建於1950年，歷史悠久。國際市場類似於首爾的南大門，市場內可以說是一應俱全，無論是食店、服裝店、特產店、家俱用品店等，都可以在市場內找到，亦有路邊小攤。來到釜山，除了到樂天百貨購物外，到國際市場亦可令你有所驚喜，市場內的貨品價格相宜，可以享受到另一種的購物樂趣。市場內的分類明確而有條理，可以輕易地找到想買的貨品，是一個尋寶的好地方。

國際市場的A出入口。

INFO

🏠 釜山市中區新昌洞 4 街 부산 중구 신창동 4 가 | 📞 (051)242-8253| 🕐 9:00am-8:00pm(每月第一、三個星期日休息)

餐廳十分受歡迎，座無虛席。

老牌餐廳
개미집 (烤魷魚)

這家店由1975開業至今，歷史悠久，曾經亦有被電視台採訪過，甚有人氣，在國際市場內開了好幾家分店。魷魚上桌後要先烤數分鐘，然後加入辣醬、粉絲、紫菜、韭菜拌飯，味道香濃。而且魷魚仍是半生熟，所以還有爽口的感覺，拌飯後有多重口感。

餐廳四周都同貼了被採訪的新聞。

煮好便拌和辣醬，香氣撲鼻。

INFO

🏠 釜山中區中區路 30 街 21-1 부산 중구 중구로 30 번길 21-1 | 📞 051-246-3186| 🕐 11:00am-9:00pm | 💲 W12,000/ 位 起

春植和他的朋友們
Kakao friends 釜山旗艦店 ⑦
카카오프렌즈 부산플래그십 스토어

Map 13-2/ C4

搭乘地鐵 1 號線至南浦站（111）5 或 7 號
出口往左直走約 5 分鐘

Kakao friends 釜山旗艦店

「KakaoTalk」可以說是韓國最多人使用的通訊軟體之一，KakaoTalk有八個可愛的角色，一些Emoji更是抵死有趣！所以一系列Kakao Friends的周邊產品和食品都很受歡迎。Kakao Friends 釜山旗艦店總共有3層，1、2樓主要販售商品，而3樓是Kakao Friends的showroom，大家都找它拍照和打卡呢！

聖誕主題好可愛

INFO

🏠 釜山廣域市中區光復路 62 부산광역시 중구 광복로 62 | 📞 051-256-0815 | 🕐 12:00nn-9:00pm | 🌐 https://store.kakaofriends.com/

春植的角落

HAPPY YOSHIKKE DAY

3樓的 Kakao Friends showroom

BIFF電影廣場入口。

做個文藝青年
BIFF 電影廣場 ⑧

Map 13-2/ A4

地鐵 1 號線札嘎其站 (110)7 號出口，出地鐵站後沿大路行至第一個街口轉左至十字路口即達

　　釜山是國際電影的標誌，每年十月亦會舉辦國際電影節，星光燦爛。如若趕不上電影節，其實亦可到BIFF電影廣場感受一下釜山的電影氣息。BIFF廣場的地上有多個電影明星和導演的手印，你可以找心水電影明星的手印合照。拍完照亦可逛廣場兩旁的小食攤和飾品攤，當中以小食攤最多，種類繁多，定可滿足口腹。廣場中的ARTBOX精品店亦是亮點之一，店中有各式各樣的精品售賣，由文具到家具用品都有，而且產品設計相當精緻，極受韓國人歡迎。

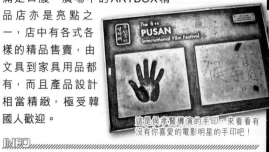

這是侯孝賢導演的手印，來看看有沒有你喜愛的電影明星的手印吧！

人氣精品店ARTBOX，店內的產品十分精緻，令人愛不釋手。

INFO

🏠 釜山廣域市中區光復路 31 號부산 중구 비프광장로 | 📞 051-248-0138 | 🕙 10:00am-10:30pm | 🌐 http://tour.bsjunggu.go.kr

釜山地標
龍頭山公園

Map 13-2/ **C3**

🚗 地鐵 1 號線南浦站（111）3 號出口，於光復街直走約五分鐘，會看到上龍頭公園的扶手電梯（位於 STAFF 服裝店旁），乘扶手電梯直上便可到達。

龍頭山公園因為地勢貌似龍頭而得名。公園內松樹繁盛，環境優美，不單是遊客必到景點之一，而且是釜山市民休憩和共聚天倫之地。龍頭山公園為於山丘之上，是俯瞰釜山城市面貌的好地方。如果想更清楚觀賞釜山美景，可以選擇釜山鑽石塔。

到塔上俯瞰漁港和看夜景是到釜山的指定動作。

通往龍門山公園的扶手電梯。

🏠 釜山市中區龍頭山街 312-55（光復洞 2 街）부산광역시 중구 용두산길 312-55（광복동 2 가）| 📞 051-860-7820 | 💲 免費入場

遊釜山指定行程
釜山鑽石塔（부산다이아몬드타워）

到釜山塔上俯瞰漁港和看夜景是遊釜山的指定動作。

 龍頭山公園內

原名釜山塔，2021年已經正式改名做「釜山鑽石塔（부산다이아몬드타워）」。身處120公尺高的塔內，遊客除了依舊可以看到超180度釜山景色之外，以投影方法看24小時的釜山實拍縮影同樣震撼。塔內還有以釜山海洋為題的展覽館、夜晚更會進行煙火拼圖秀，為遊客留下浪漫的美好回憶。

釜山的醉人夜景。

在釜山塔上可以把釜山漁港看得一清三楚。

FLYING SUBMARINE
以釜山海洋主題的小展覽。

visual art下的釜山。

INFO

🏠 龍頭山公園 | 🕐 10:00am-9:30pm | 💲 成人（19歲以上）W12,000；兒童（3至18歲）W9,000 | 📷 https://instagram.com/busantower_official

埋嚟睇埋嚟揀
光復路時尚街 ⑪
Map 13-2/ **C4**

地鐵 1 號線南浦站（111）7 號出口，於大街上直走十分鐘可見 ABC MART，在 ABC MART 對面的小巷走入便是年輕服裝街

南浦洞、札嘎其市場 海雲台

年輕服裝街位於內街窄巷中，兩旁都是售賣青年人服裝的小店，貨品價位比較低，一件長袖間條衫只需 W10,000。而且選擇同樣十分多，款式新款，適合不想花費太多但又想購物的遊客。街道中間擺放了各式各類的小攤，當中以賣飾物為主，其次亦有賣衣服的。因為價錢合宜，所以經常人山人海。紅豆湯是釜山其中一樣小食，在年輕街直走十分鐘，可見左邊有吃紅豆湯的小巷，巷中坐滿吃豆粥的人，風味十足。

一整列都是賣紅豆粥的小攤。

熱騰騰的紅豆粥裏放了微咸的糯米團。

年輕服裝街的衣服十分便宜，毛衣只需 W5,000。

在年輕服裝街賣飾物的小攤。

INFO

🏠 釜山市中區昌善洞 1 街
부산시 중구 창선동 1 가

光復洞美食街 掃街大軍 Map 13-2/ D4 ⑫

 地下鐵1號線南浦站(111)4號出口，右轉直行三分鐘，穿過BIFF廣場便到達

　　光復洞美食街最有名的不是入鋪的餐廳，而是街上滿滿的小食攤。食攤的種類甚多，而且食物價格便宜而美味，所以即使街上餐廳林立，小食攤旁永遠都是人山人海的。在此處可找到多款釜山特色小食，逛到餓時不彷稍為停下腳步，嘗試一下釜山的獨有風味。

INFO

🏠 釜山廣域市中區光復洞2街 부산 중구 광복동 2 가

元祖煎餡餅

　　踏進光復洞美食街便會看到一片人海圍繞著一個小攤，那便是元祖煎餡餅。煎餡餅是釜山的特色小食，外脆內軟的糯米餅包裹著葵瓜子、花生、糖漿等甜甜的餡料，口感十分豐富，而且甜而不膩。雖然大街上亦有好幾攤同樣是賣煎餡餅的，但就只有這家要「打蛇餅」排隊，大概等5-10分鐘。不要被人龍嚇怕，因為每個餡餅都是新鮮出鍋，熱騰騰的餡餅令人愛不惜手，絕對值得等待！

餡餅煎至金黃、熱氣騰騰，令人想一食再食。

不少藝人亦曾光顧元祖煎餡餅，而每個餡餅都是新鮮製作。

INFO

🕙 10:00am-10:00pm | 💲 W1,000-1,500/ 個

一站式掃街
綜合小食攤

　　如果想要一次過嘗試多種韓國街頭小食，綜合小食攤可以滿足你的要求。小食攤中有煎韭菜餅、煎餃子、炒年糕、黑輪等韓國特色小食供選擇。點餐後店主會給你一杯清湯，無論點餐多少，也可以無限添飲。韓國小攤與香港的小食店有點不同，點餐後要站在攤前用餐，然後吃完後才付錢。

綜合小食攤的食物種類甚多，都是韓國有代表性的小食。

INFO

🕙 10:00am-10:00pm | 💲 小吃的價格約 W500-W1,000

▶光復洞購物街 血拼第一站

 13 **Map** 13-2/ **C4**

🚕 地下鐵 1 號線南浦站 (111)7 號出口，看到光復路牌右轉便是購物大街

　　光復洞購物街是光復洞的主道路。大街兩旁服裝店、化妝品店、電子產品店、咖啡廳林立，在釜山購物，不得不到光復洞購物街走一圈。在購物街中，不單可找到國際品牌服裝店，如 Nike、Lacoste，而且不乏韓國本地知名品牌的服裝店，如 K2、Pancoat、Bean Pole 等，亦有其他本地服飾小店。大部分韓國品牌的化妝品店也可以在光復洞購物街找到，而且此處的化妝品店經常打折，適合一眾女仕「血拼」一番！街道兩旁亦有多個造型可愛的銅像，購物之餘可以在此留下情影。

光復洞購物街兩旁商店林立。

從南浦洞地鐵站出來後便會看到光復洞的路牌和歡迎銅像。

INFO
🏠 釜山廣域市中區光復洞 1 街 부산 중구 광복동 1 가 | 🕐 10:00am-10:00pm

真可愛青春
TOPTEN

🚕 地下鐵 1 號線南浦站 (111)7 號出口，看到光復洞牌後向前直走約十分鐘，店鋪就在左邊

　　TOPTEN 是韓國熱門的連鎖服裝店。店中的衣服顏色繽紛，青春洋溢，因此得到了不少韓國青年的喜愛。此店的衣服質量不錯，價錢亦算合理，每件衣服大約 W20,000 至 W50,000。雖然有不少分店，但每間分店也經常人頭湧湧。

INFO
🏠 釜山廣域市中區光復洞 2 街 61 號 부산 중구 광복동 2 가 61 | 📞 0512451976 | 🕐 11:00am-10:00pm |
www.topten10.co.kr

罐頭夜市
富平市場（부평시장）⑭ **Map** 13-2/ **A3**

🚕 地鐵 1 號線札嘎其站 (110)7 號出口步行 10 分鐘即可到達

　　外號「罐頭市場」的富平市場，因韓戰後美軍進駐，軍用品與各種走私水果、罐頭流入市面而得名，現在長約110米的商店街有30多個流動攤檔，主要售賣本土食品、服飾、精品、雜貨。另外場內的小吃，如年糕、札嘎其餅、果仁糖餡餅、炒豬血腸等也十分出色。除了韓式美食，亦加入了很多個國家的美食。如果有空可安排一天晚上來夜市逛逛，亦能順道到龍頭山公園欣賞夜景。

INFO

🏠 釜山廣域市中區中區路 53 街 17 (富平洞 2 街) 부산광역시 중구 중구로 33 번길 32 (부평동 2 가) | 📞 051-243-1128
🕕 6:00pm-12:00mn | 🌐 www.bkmarket.co.kr

老屋情濃 ⑮ **Map** 13-2/ **B2**
BUBU Coffee 그리다부부

🚕 地鐵 1 號線南浦站（111）1 號出口步行 15 分鐘

　　BUBU Coffee 由一對釜山夫婦咖啡師開設，Café 是以舊建築改成，保留部份原有結構。內部分了不同的小區，地下一層會播放著不同主題的音樂，筆者當天到訪時正播放著外國電影音樂，頗有情調。店內除了有咖啡和甜品之外，也有不少本地茶品、書籍、文具和咖啡的寄售，有點像文青市集的微縮版。

BUBU Coffee。

只有老屋才能營造到的厚重氛圍。

不少本地茶品、書籍、文具和咖啡在此寄售。

有心思的咖啡和甜品。

INFO
🏠 釜山中區光復中央路 35-1 부산 중구 광복중앙로 35-1 | 🕐 11:00am-10:00pm | 💲 W5,000 起 | 📷 https://www.instagram.com/bubucoffee.kr

---

Map 13-2/ **B4**
50年老店
南浦蔘雞湯
⑯

🚕 地鐵 1 號線南浦站 (111)3 號出口，步行約 10 分鐘

　　韓國第一號代表食品人蔘雞，在釜山也代表老店。韓國人很喜歡吃人蔘雞，補一補體力，冬天吃又可以暖身。南浦蔘雞湯也是材料十足，另外送上的人蔘酒是一小瓶，可以按個人喜好加入在酒內，也可以分開飲用。

門口比較窄，但不難看到

原隻人蔘雞。

INFO
🏠 釜山市中區南浦街 16 부산시 중구 남포길 16 | ☎ 051-245-5075 | 🕐 10:00am-9:00pm | 🌐 www.namposamkyetang.com | 💲 W16,000 起

釜山
夢想成真

Map 13-2/ **E3** ⑰

Good Ol' Days Busan Hotel & Café
굿올데이즈 호텔

 地鐵 1 號線中央站（112）1 號出口步行約 2 分鐘

Good Ol' Days Busan Hotel & Café 的老闆是一對韓台夫婦，他們在疫情期間結束了舊咖啡廳的營業，花了近大半年時間，慢慢實現夢想，開了位於中央洞的精品酒店和咖啡廳。酒店部份只有9個房間，房間布置與設施都盡量特顯釜山的在地文化。而位於1樓至2樓的Café及5樓的Rooftop Garden，客人可以找到釜山景色的明信片，再選定特定的時間寄給自己，當作是旅程的紀錄，也是一次過去與未來的到話，非常有心思。

Café 二樓設不同類型雅座。

咖啡選豆也用上當地品牌。

寫給未來的明信片，除了老闆親自拍攝外，也有本地攝影師的作品。

酒店房間準備了手沖咖啡及茶的設備，都是在地出產。

 INFO

🏠 釜山市中區中央大路 41 號街 5 부산시 중구 중앙대로 41 번길 5 | 📞 01051263278 | ⏰ Café 營業時間：11:00am-10:00pm
📷 https://www.instagram.com/goodoldays_hotel/

海雲台

交通策略

釜山站	西面 [轉車]	海雲台
地鐵1號線 • 10分鐘	地鐵2號線 • 30分鐘	

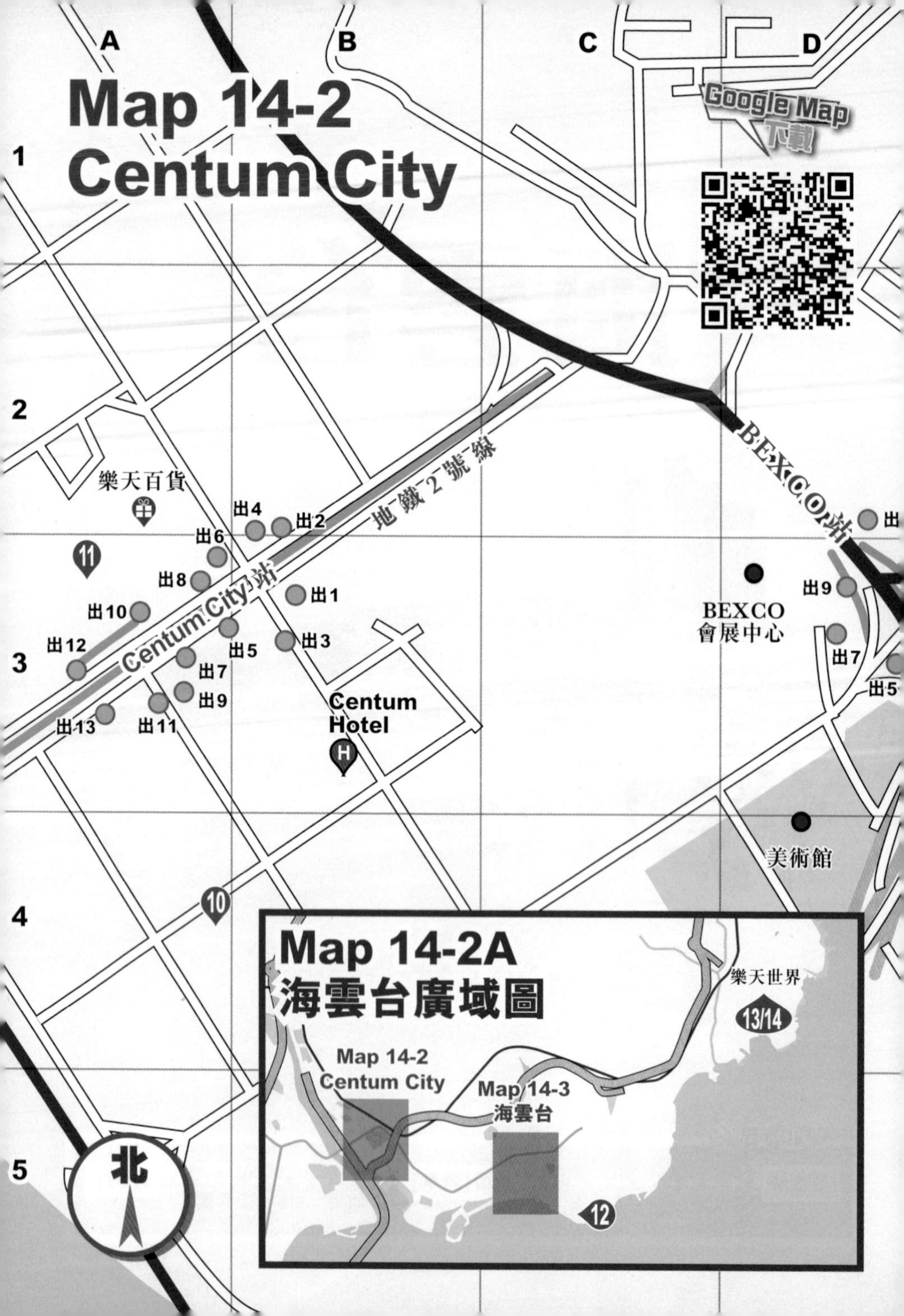
Map 14-2
Centum City
A
B
C
D
1
2
3
4
5
Google Map
下載
地鐵2號線
BEXCO站
Centum City站
樂天百貨
出4
出2
出6
出8
出1
出10
出5
出3
出12
出7
出9
出13
出11
11
10
Centum
Hotel
H
BEXCO
會展中心
出
出9
出7
出5
美術館
北
Map 14-2A
海雲台廣域圖
樂天世界
13/14
Map 14-2
Centum City
Map 14-3
海雲台
12

E F G H

Map 14-3
海雲台

해운대
海雲台

1

出8 出6 出4
出10
出12 中洞站
出9 出3
出7 2
出5

地鐵2號線

海雲台站
出2
出1
出4 出3
出7 出5

9

3

5

海雲台
街市
●

7/8
海雲台
街市入口
●

6

3
4

2

1

4

北 5

海底遊踪

釜山水族館

Map 14-3/ **F4**

🚗 地下鐵2號線海雲台站（203）3號出口，
直走3分鐘過馬路後右轉

釜山水族館總面積4,000多坪，有400多種動物可供觀賞，魚類更高達40,000條，是全韓國最大的水族館。水族館分為三層，地下三層是深海魚類展示室，地下二層是熱帶海洋生物和企鵝展示區，地下一層是紀念品區。釜山水族館中最具代表性的便是鯊魚，地下三層設有觀賞沙鯊魚的玻璃海底隧道，地下二層和三層之間又有連貫兩層的水族箱。水族館會在不同時段安排各類的表演，如果要欣賞表演便要事先看清楚表演時間和地點。館內亦設有其他收費的體驗活動。

在玻璃海底隧道可以觀賞到鯊魚及其他深海動物。

潛水員表演餵魚既驚險又慈笑。

小企鵝超可愛呢！

🏠 釜山廣域市海雲台區海雲台海邊路266 부산광역시 해운대구 해운대해변로 266 | 📞 (051)740-1700 | 🕐 10:00am-8:00pm；星期五至日、假期和暑假旺季 (7月21日至8月26日)9:00am-10:00pm；閉館前1小時停止入場 | 💲成人W30,000；3-13歲小童 W25,000 | 🌐 www.busanaquarium.com

釜山最高大樓
釜山 X The Sky 부산엑스더스카이

02 Map 14-3/ H4

🚕 地鐵 2 號線海雲台站（203）3 號出口步行 15 分鐘、中洞站（202）7 號出口步行 10 分鐘

釜山「Busan X The Sky 展望台」(부산엑스더스카이) 位於「海雲台LCT」複合式大樓，於2020年開幕，還有六星級酒店、購物中心、水上樂園及高級汗蒸SPA設施等。「釜山 X the SKY」的觀景臺可以眺望海雲台海景，還有「Shocking Bridge 的透明玻璃走廊」及世界最高的星巴克，是海雲台必遊景點。

世界最高的Starbucks。

Busan X The Sky 展望台是釜山最高的大樓。樓高411.6公尺。

鳥瞰整個海雲台海景。

Shocking Bridge 透明玻璃走廊。

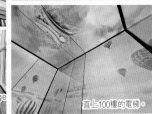
直上100樓的電梯。

🏠釜山廣域市海雲臺區迎月路 30 부산광역시 해운대구 달맞이길 30 | 🕙 10:00 am-9:00pm(最後入場時間 8:30pm)| 💲 成人 (13 歲以上) W27,000、小童 (3-12 歲) W24,000| 🌐 http://www.busanxthesky.com

---

Map 14-3/ H4

汗蒸幕＋水上樂園

03 Club D Oasis 클럽디오아시스

🚕 地鐵 2 號線海雲台站（203）3 號出口步行 15 分鐘、中洞站（202）7 號出口步行 10 分鐘

海雲台的全新遊樂設施 Club D Oasis 在2023年7月開幕，是一個結合了水上遊樂設施、水療SPA、汗蒸幕的綜合娛樂勝地，還有室內及室外水上遊樂園、長達200公尺的滑水道、人工造浪、露天酒吧、桑拿和五種主題的汗蒸幕；Club D Oasis 可以只使用水療汗蒸幕或購買綜合Package全部設施玩個夠！

五種主題的汗蒸幕。

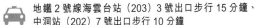

🏠釜山廣域市海雲臺區迎月路 30 LCT 3-6 層부산광역시 해운대구 달맞이길 30(建議大家使用在 Signiel Busan 正門旁邊入口) | ⬤極旺季 (7-8 月) 9:00am-10:00pm、旺季 (8.28-10.22) 10:00am-9:00pm (水上樂園至 7:00pm)| 💲綜合券 (7 個小時) 成人 W79,000、小童 W69,000，水療券 (5 個小時) 成人 W30,000、小童 W24,000，超過使用時間時，每 1 小時追加 W10,000（水上樂園、水療相同），另有 5 小時綜合券選擇 | 🌐 https://www.clubdoasis.com/

釜山

浪漫地標 04 **Map** 14-3/ **F5**

海雲台海水浴場

🚕 地下鐵 2 號線海雲台站（203）
3、5 號出口步行約 10 分鐘

日落的海雲台。

海雲台是釜山最有名的海水浴場，擁有廣闊的沙灘和美麗的海岸線。除了遊客外，亦吸引了不少本地人在假日時前來。海鷗是釜山的代表性動物，海雲台吸引了大量的海鷗的聚集，佈滿在沙灘上，海鷗和海水互相輝映，景色壯觀。

海灘上佈滿了海鷗。

海雲台的觀賞性是不分季節和晝夜的，在各個時段各有美態，所以經常也人山人海。海水浴場旁更有釜山水族館和冬柏公園，都是釜山有名的景點。海雲台區是一個不夜城，不少人入夜後仍會到海水浴場，更會有不少餐廳24小時營業。

INFO

🏠 釜山市海雲台區海雲台海邊路 264 부산광역시 해운대구 해운대해변로 264

海雲台水清沙幼‧景色怡人。

南浦洞、札嘎其市場

海雲台

海雲台最熱鬧的中心 ⑤ Map 14-3/ F3

龜南路文化廣場 해운대구남로 문화광장

 地鐵 2 號線海雲台站（203）3，5，7 號出口往海水浴場方向一帶

龜南路文化廣場是海雲台最熱鬧的商業和休閒區域，龜南路的一端是海雲台海灘，另一端是海雲台站，路上有許多餐廳、咖啡館、酒吧、電影院、購物中心和酒店，夜晚更是燈火通明，氣氛熱鬧，是釜山的夜生活重鎮之一。在龜南路的中間，有一個寬敞的廣場，常常舉辦各種表演、展覽、節慶和市集，更有許多有趣和創意的藝術裝置，讓人流連忘返。

INFO

🏠 釜山市海雲台區 佑洞 부산 해운대구 우동

Map 14-3/ G4 ⑥

與見面 Ryan

Ryan Holiday in Busan
라이언 홀리데이 인 부산

主題店位置不算易找。

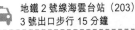 地鐵 2 號線海雲台站（203）3 號出口步行 15 分鐘

Ryan 主題店「Ryan Holiday in Busan」不算易找，穿海雲台海水浴場入口旁的神秘地下通道（就在 Grand Hotel 後方）就抵達。內有 Kakao Friends Café、Kakao Friends 商品店和展覽，還有一個 Ryan My Favourite Thing 4DX 體驗館（付費項目）。

海雲台獨家限定商品。

Ryan My Favourite Thing 4DX體驗館。

INFO

🏠 釜山市海雲台區海雲臺邊路 292，Grand 朝鮮酒店分館 B1~B2 樓부산광역시 해운대구 해운대해변로 292, 그랜드조선호텔 별관 B1~B2 층 | ⏰ 11:00am-8:00pm (7-8 月：10:00am-10:00pm) | 💲 成人／小童同價 W20,000 | 📷 https://www.instagram.com/ryanholiday.busan/

釜山

Amorepacific 釜山旗艦店

AMORE BUSAN 아모레부산 ⑦

 Map 14-3/ **F4**

🚕 地鐵 2 號線海雲台站（203）3 號出口步行 5 分鐘

AMORE BUSAN 是著名化妝品牌 Amorepacific 在海雲台區開設的一個複合文化空間，店內分為三個區域：品牌區、釜山特色區和 Story A 區。品牌區展示了 Amorepacific 旗下的 11 個代表性品牌，如蘭芝 (Laneige)、雪花秀 (Sulwhasoo) 及 Innisfree 等。釜山特色區是針對釜山這個旅遊勝地的特點而設計，提供了一些適合旅行時使用的產品，如旅行套裝、面膜、防曬霜等。Story A 則每個季度都有獨有的商品的展示，成為釜山新話題空間。

一樓是自由體驗愛茉莉太平洋的產品區。

AMORE BUSAN 是 Amorepacific 的複合文化空間。

釜山特色區，集旅行套裝 (小容量)、面膜 (面膜)、防曬護理等。

INFO

🏠 釜山海雲臺區龜南路 36 부산 해운대구 구남로 36 | 🕐 12:00nn-8:30pm，星期一休息 | 🌐 https://design.amorepacific.com/work/2023/amorepacific/amore-busan

---

O'sulloc T-house 就在 AMORE BUSAN 旁邊

招牌人氣飲品抹茶 Shot 維也納 (말차 샷 비엔나)。

Map 14-3/ **F4** ⑧ 生機煥發

O'sulloc Tea House 오설록오설록 티하우스

🚕 地鐵 2 號線海雲台站（203）3 號出口步行 5 分鐘

O'sulloc T-house 海雲台店採用簡約裝修，空間到處都擺放著植物，讓人感受到生機煥發。在一樓可以親眼看到完成茶品的製造過程，也可上二樓雅座品嚐招牌人氣飲品抹茶 Shot 維也納 (말차 샷 비엔나) 及抹茶 Shot 拿鐵 (말차 샷 라떼)，體現濟州抹茶濃厚的風味。

Tea House 三樓雅座。

INFO

🏠 釜山海雲台區龜南路 36-1 부산 해운대구 구남로 36-1| 🕐 11:00am-10:00pm| 🌐 https://www.osulloc.com/kr/

不喝醉也要吃 Map 14-3/ F3
元祖奶奶解酒湯飯

🚕 地鐵 2 號線海雲台站 (203)3 號出口步行約 10 分鐘

　　這家解酒湯飯店由1962年營業至今，數十年累積了很多長期客人，店的食品不花巧，只有簡單幾款湯飯。解酒湯飯其實是既營養又夠飽足的牛肉湯飯，吃一點暖胃食物，補充宿醉人士最需要的養分，早一點回復體力和精神。一份牛肉湯飯只需 W5000，份量十足。

牛肉泡飯湯頭微辣，還送上一枝益力多，相當特別。

INFO

🏠 釜山市海雲台區龜南路 21 號街 27 부산광역시 해운대구 구남로 21 번길 27| 📞 051-746-0387| 🕐 8:30am-8:30pm| 💲 W4,000 起

店內的廚房設計示範，簡約而好看。

Map 14-2/ A4

 ⑩

韓版「宜居」
Hanssem

🚕 地下鐵 2 號線中洞站 (202)7 號出口出站即達

書房設計得有古典味道。

一樓是咖啡廳，可以稍稍停下腳步休息一下。

　　Hanssem開業於1970年，是韓國的大型的家俱。Hannssem設有5層，廚房、臥室、客廳、書房、兒童房、浴室的家具用品都應有盡有，近年更引入環保物料製作家具。店內各家具的設計新穎，更設有多個展示室，收納了多種風格獨特的室內家居設計。

INFO

🏠 釜山市海雲台區佑洞 1515 號부산 해운대구 우동 1515 | 📞 051-790-8500 | 🕐 10:30am-8:00pm | 🌐 https://www.hanssem.com/shop/shopDetail.do?shopMstIdx=721

大到無朋友
新世界百貨

Map 14-2 / A3 ⑪

新世界百貨公司旁的便是樂天百貨。Centum City,是一個購物天堂。

🚕 地下鐵2號線 Centum City 站 (206)6 號出口, 右
手邊是樂天百貨公司, 左手方邊是新世界百貨公司

很多遊客到韓國購物只會想起首爾, 但其實釜山
擁有全世界最大的百貨公司──新世界百貨。新世
界百貨於, 有23.9萬平方米, 樓高14層, 分成4個
區域。百貨公司內有60多個世界品牌店和680多個
暢銷品牌店。

除了品牌店外, 在新世界百貨內更有SPA、電
影院、書店、畫廊、主題公園, 設備非常全面。而
在夏季時會有購物節, 遊客手持護照便可獲購物優
惠, 而平時遊客亦可持護照獲退稅。

不少大品牌的 pop up 和 showcase 都在此舉行。2023
年11月就有CHANEL 的 COCO CRUSH 釜山站。

INFO

🏠 釜山市海雲台區佑洞 1495 號부산광역시 해운대구 센텀남대로 35 (우동)| 🕐 10:30am-8:00pm;星期六日假日營業至
9:00pm | 🌐 www.shinsegae.com

SPA LAND

SPA LAND是一個韓式和日式風格的SPA設施，有傳統的汗蒸幕，也有木炭室，針對不同功效需要。SPA LAND內還有其他娛樂設施，如按摩區、餐廳等。客人先在一樓登記和保管私人物品，再進入2樓的大堂。

SPA LAND 大堂及保管櫃區

INFO

🏠 新世界百貨 1 至 3 樓 | 📞 051-745-2900 | 🕐 6:00am-12:00mn | 💲 星期一至五 W15,000，星期六日 W18,000

ZOORAJI

新世界百貨公司的頂層是ZOORAJI恐龍公園，以恐龍和動物為主題的小型遊樂園，小朋友最喜歡。這裡有不同的恐龍模型擺設，造型生動，像真度很高，公園的環境也設計成熱帶樹林的感覺。小朋友可以在這裡放放電，而且免費入場，又有工作人員在場，保證安全遊玩。

造型生動的恐龍模型。

ZOORAJI公園。

INFO

🏠 新世界百貨公司 9 樓 | 🕐 10:30am-8:00pm；星期六日營業至 9:00pm | 💲 免費

釜山

感受最浪漫的海雲台　⑫ **Map** 14-2A

海雲台藍線公園 해운대블루라인파크

南浦洞、札嘎其市場

海雲台

🚗 地鐵2號線海雲台站（203）3號出口步行15分鐘、中洞站（202）7號出口步行10分鐘

　　海雲台藍線公園將東海南部線鐵路設施，改造成了一條沿著海岸線的4.8公里長的公園。公園內有兩種鐵路交通工具，分別是海雲台海灘列車(해변열차)和天空艙(스카이캡슐)，讓遊客以不同方式欣賞到美麗的海景。

天空艙就在海灘列車上方，視野比海灘列車更廣闊，車程約30分鐘。

　　海雲台海灘列車是一種有著面向窗戶的座位的慢速列車，它在6個車站停靠，往返一趟大約需要50分鐘。迎月隧道(Dalmaji Tunnel)是最受歡迎的一個站點，因為它有著漂亮的彩虹柱，非常適合拍照。

　　天空艙就在海雲台海灘列車的上方，離地面10米，只往來美浦到青莎浦兩站。每個天空艙僅容納四人，特別適合親密的情侶們居高臨下欣賞海雲台最美的景色。

海灘列車採用復古設計，有極大的觀景大窗。

迎月隧道。

釜山的日落。

海雲台藍線公園尾浦車站。對面是人氣景點 Busan x the sky。

INFO

🏠 海雲台藍線公園尾浦車站：釜山海雲台中洞948-1 부산 해운대구 중동 948-1 | ⏰ 9:00am-6:0pm（按淡旺季不定，旺季至8:00pm）|$【海灘列車費用】搭乘1次：W7,000（下車後無法重新進場）、搭乘2次：W10,000（下車後可重新進場1次）、自由券：W13,000 所有車站均可搭乘（無法兩次進入同一個車站）；【天空艙費用】1-2人：單程 W30,000、往返 W55,000、3人：單程 W39,000、往返 W69,000、4人：單程 W44,000、往返 W77,000 | 🌐 https://www.bluelinepark.com/ | 建議預先在網站訂位

14-12

全韓國最大之樂園
釜山樂天世界
Lotte World Adventure Busan

Map 14-2A

⑬

🚗 搭乘地鐵東海線至奧西利亞(오시리아역)站(K122)，於1號出口出站後。步行約15分鐘

釜山樂天世界於2022年開幕，佔地約50萬平方米，是全韓國最大的樂園之一。

樂天分為六大區域，分別是Underland、Tinker Falls、Rainbow Springs、Wonder Woods、Joyful Meadows和Royal Garden。其中最受歡迎的設施包括全球僅有八座，以時速105公里高速飛馳的過山車Giant Diger、從13層樓的高度直線俯衝的水上雲霄飛車Giant Splash、高45米、時速110公里的巨型圓盤鞦韆Giant Swing，與及樂園的地標和最佳打卡點—夢幻的歐洲城堡Lorry Castle。

除了遊樂設施，釜山樂天世界還有各種精彩的表演和遊行，如魔法森林花車遊行、舞台劇演出等。樂園內還有20多家咖啡廳和餐廳，以及樂天百貨、樂天飯店等，讓遊客可以吃喝玩樂一應俱全。

釜山樂天世界佔地比首爾的大三倍多。

Giant Swing是一個360度巨型鞦韆，高45公尺，以時速110km旋轉。

每天也都會有兩場大型演出，表演時間會依據季節有所調整。

Lorry Castle城堡是樂天世界的Icon，城堡內更可租借校服打卡。

Giant Diger以時速105公里高速飛馳。

會說話和動作的Talking Tree是樂園的守護者和熱門打卡點。

INFO

🏠 釜山廣域市機張郡東釜山觀光路42 부산광역시기장군동부산관광로 42 | 🕙 10:00am- 9:00pm | 💲一日券成人W47,000、學生W39,000、兒童W33,000、嬰兒W12,000；下午四點後入園：成人W33,000、學生W31,000、兒童W29,000、嬰兒W12,000；Magic Pass Premium 快速通關：使用2次W15,000、使用4次W27,000 | ✈ 香港或台灣遊客可在Klook或KKday 訂票，有額外優惠；持釜山通行證 Visit Busan Pass 可免費入場 | 🌐 https://adventurebusan.lotteworld.com/

釜山
速度與激情
⑭ Map 14-2A
SKYLINE Luge 釜山
(스카이라인 루지)

🚕 搭乘地鐵東海線至奧西利亞(오시리아역)站(K122)，
於 1 號出口出站後，步行約 15 分鐘即可抵達

斜坡滑車SKYLINE Luge是釜山最新的景點之一，毗鄰釜山樂天世界。SKYLINE Luge共有四條滑車路線，總長達2.4公里，每條路線都有不同的難度和風景，適合不同年齡層和喜好的遊客。滑車上有煞車和油門，遊客可以根據自己的喜好調節速度，但要注意保持安全距離和遵守規則。滑車路線上有大彎道、隧道、路障等，讓遊客體驗到驚險刺激的感覺。

SKYLINE Luge是釜山最新的景點。

出發前會有簡單安全教學。

滑車控制不複雜，大人小朋友都可掌握。

先乘纜車到山頂才可參加滑車。

同場可以參加高空滑索，更加刺激。

INFO

🏠 釜山廣域市機張郡機張海岸路 205 부산 기장군 기장해안로 205 | 🕐 10:00am-7:00pm、星期六、日、假日至 8:00pm | 💲 兩程券 W27,000、三程券 W30,000、四程券 W33,000、五程券 W36,000 ※ 身高 85cm 以上需成人陪同共乘，身高 110cm 以上或滿 6 歲可獨立乘搭 | 🌐 https://www.skylineluge.kr/busan/ | ✈ 香港或台灣遊客可在 Klook 或 KKday 訂票，有額外優惠；持釜山通行證 Visit Busan Pass 可免費入場

1/ 簽證：

香港特區護照及 BNO 持有人

　　香港特區護照及 BN（O）持有人可享免簽證逗留南韓90天。

駐香港韓國總領事館
地址：中環夏慤道16號遠東金融中心5樓
電話：2529 4141/ 傳真：2861 3699
辦公時間：星期一至五 9:30am-12:00nn、
　　　　　2:00pm-4:00pm

2/ 貨幣及時差：

　　韓國國內使用圜（W，讀音為「環」），貨幣面值由W1至W50,000不等，現時兌率為HK$1=W168（此兌換率截至2024年3月）。

　　如需於當地兌換貨幣，除銀行及機場外，各大旅遊區如明洞、東大門等均設找換店。

　　時間比香港快1小時（GMT +0900）。
即香港10:00am；首爾為11:00am

3/ 電壓及插頭：

　　電壓一般為220v，與香港相同，插頭為兩腳圓頭插，跟德國及法國一樣。**請注意，插座本身也是要圓身的，見圖。否則不能插入牆身插座。**

圓腳

圓插座

4/ 入境表 填寫：

　　韓國入境最新規定從2023年4月起，台灣、日本、香港等地區的民眾不再需要申請KETA就可以免簽證入境韓國，**但在入境時仍需要填寫韓國入境資料（紙本韓國入境卡）**，不過自2023年5月起如果沒有需要申報海關的物品，就不需要填寫並提交海關申報單，如有申報需求的話，自7月起也開放線上填寫申報及繳交稅金。

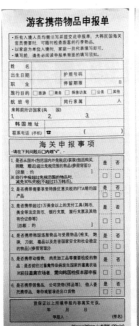

5/ 有用電話：

警局   112

此報案專線提供外語通譯服務，包括英、日、中、俄、法、德及西班牙語通譯。

通譯服務時間：8:00am-11:00pm（星期一至五）、9:00am-6:00pm（星期六及日）

消防局	119
緊急醫療事故	1339
24小時國際急救專線	02-790-7561

與韓國內各大醫院連線，提供緊急救護服務

中國駐韓大使館	02-738-1038
24小時南韓旅遊諮詢熱線	1330（提供中、英、日語服務）
旅客申訴熱線	02-735-0101
電話號碼查詢	114
韓國VISA卡報失專線	00-308-44-0050
韓國MASTER卡報失專線	0078-1-1887-0823

在首爾區內以手機致電，需於前面加上區號02，海外查詢則撥82-2 加 電話號碼。

如：在首爾區內以手機打出，應打02-1330；海外致電至首爾，應打82-2-1330

6/ 流動數據通訊：

Pocket Wifi

　　客人只要向服務供應商租用一部數據機，便能在韓國隨時使用流動上網。而一部數據機可分享給5-10部電話、平板電腦和手提電腦同時使用，人多攤分租用費相當划算。

　　此外，如果將會入住的民宿旅館，可能沒有上網服務提供，數據機可連接電腦上網。收費亦廉宜，每天租用費約 $30-$60不等。

電話卡

　　如果同行人數不多，可考慮在香港或韓國買Sim卡，按旅行天數及用量而選購。大多數卡的天數是以接通網絡一刻起計，盡可能到當地才啟動。一般在香港買只需簡單設定 VPN 就可使用，而韓國則要到指定網頁註冊，相對比較麻煩。

中國聯通8天Sim卡約售 HK$80。

7/ 消費稅及退稅資訊

韓國設有10%的消費稅,是在購物及外出用膳時產生的稅項。大部分的消費稅已經包含在商品的價格內,帳單都會列明消費品當中已包括10%稅款。

外國遊客可以享有退稅服務,韓國分別有六家退稅公司。設有退稅服務的商店,都會貼有「TAX FREE」標誌。遊客在貼有「TAX FREE」的店舖,消費滿W15,000,就可以退稅。扣除手續費後,大約可退得商品價格約3-7%。

自助退稅機

見到這些免稅標記就代表單一消費滿W15,000,就可以退稅。

退稅手續

在貼有退稅標誌的商店內單一收據超過15,000韓元以上,即可向商店索取退稅單 (Tax Free Form)。

▼

集齊手上的退稅單,到機場進行退稅

▼

到航空公司辦登機手續,並向職員表示有行李需要進行退稅(説 "Tax Free")。

▼

| 單一張退稅單的金額不多於W75,000 行李過磅後,不必領回行李 | 單一張退稅單的金額多於W75,000 行李過磅後,職員會將行李先退還給你。 |

▼

預備所有退稅單 (Tax Free Forms),登機證,護照及行李 (如有)前往D或J區的自助退稅機進行掃描。

▼

| 不用海關蓋章、不用檢驗退稅商品 | 海關蓋章確認,並將行李托運 |

▼

通過海關及安檢後,去24號(自動退稅機)或41號(人工退稅窗口)登機閘口後方的退稅公司櫃台排隊領取稅款(現金)

溫馨提示

1. 單筆消費金額不能超過W1,000,000,超過的額度不能辦理退稅

2. 單筆消費的退稅金額高於W75,000,便無法用退稅機辦理退稅,需到機場海關櫃台處理

旅遊達人 .... 市區退稅

現在在首爾市區設有退稅服務處（見表），遊客可在這些退稅處即時退稅取回現金。回港時，依舊在航空公司登機櫃位處向職員表示有退稅物品，之後帶著行李及退稅單到D區或J區的海關蓋章確認即可。

樂天百貨公司(AVENUEL總店) 1樓
現代百貨公司(新村店)10樓
Galleria百貨公司(名品館)外國人服務櫃檯
樂天百貨公司(蠶室店)10樓

新世界百貨公司(總店)	現代百貨公司(狎鷗亭總店)
現代百貨公司(COEX店)	Galleria百貨公司(名品館)
東大門Doota	東大門樂天FITIN

Olive Young明洞總店
(首爾市中區明洞1街9-20 Olive Young明洞總店2樓)

GLOBAL TAX FREE　KIOSK(自助退稅機)
Olive Young弘大入口站店
(首爾市麻浦區東橋洞165-8 LG Palace 103號)
MCM明洞SPACE　(首爾市中區忠武路2街8-1號 3樓)

註：在市區退稅處退稅，必需提供同一姓名的1)退稅單；2)護照及；3)信用卡。退稅處職員會先在信用卡預取與退款相等的金額，然後交付現金給旅客。旅客必須在機場離境時到D/J或B區的海關櫃位確認及交回退稅文件，否則你的信用卡將會被「過數」。辦好手續後，信用卡的預取交易會自動取消，不會扣款。

Global Blue：www.globalblue.com
GLOBAL TAX FREE：http://web.gtfetrs.com/en/index.page
KT Tourist Reward：www.koreataxfree.com/index.do
Easy Tax Refund：www.easytaxrefund.co.kr/ENG
CubeRefund：www.cuberefund.com
EASY TAX FREE(Email)：www.taegyungeasytaxfree@gmail.com

2024退稅新安排 .... 即場退稅

首爾開始安排在各大免稅店進行即時退稅，例如首爾站的樂天超市等，省卻填寫退稅單及排隊之苦。記得隨身攜帶Passport！但有兩項新規定：
1) 單件物品不可超過20萬韓圜；
2) 即時的退稅額不可超過100萬韓圜
否則必須依舊在機場經海關蓋章才可取回稅款。

金浦機場：Global　Blue(藍色標記)

　　金浦機場沒有退稅服務台，需要把退稅確認書放入專用收集箱，設於2樓大韓航空公司的櫃台附近，以及3樓離境閘口和海關之間。需要先在海關蓋印確認，然後選擇信用卡退款或郵寄支票退款。之後把退稅確認書放入專用收集箱。